中国能源消费总量控制的
经济及环境影响与优化研究

张倩倩 著

北 京
冶 金 工 业 出 版 社
2019

内 容 提 要

本书共分 6 章，主要包括绪论、能源消费的经济及环境影响分析、2013 年能源消费总量控制的经济及环境影响研究、2020 年能源消费总量控制的经济及环境影响研究、基于多目标决策的行业能源消费量优化研究以及能源消费总量控制的配套政策设计等内容。

本书可供从事能源经济与管理工作的人员阅读，也可供相关院校的师生参考。

图书在版编目(CIP)数据

中国能源消费总量控制的经济及环境影响与优化研究/张倩倩著 .—北京：冶金工业出版社，2019.10
ISBN 978-7-5024-8233-6

Ⅰ.①中⋯ Ⅱ.①张⋯ Ⅲ.①能源消费—经济发展—研究—中国 ②能源消费—环境影响—研究—中国
Ⅳ.①F426.2 ②X24

中国版本图书馆 CIP 数据核字(2019)第 178376 号

出 版 人 陈玉千
地 址 北京市东城区嵩祝院北巷 39 号 邮编 100009 电话 (010)64027926
网 址 www.cnmip.com.cn 电子信箱 yjcbs@cnmip.com.cn
责任编辑 杜婷婷 美术编辑 郑小利 版式设计 禹 蕊
责任校对 石 静 责任印制 李玉山
ISBN 978-7-5024-8233-6
冶金工业出版社出版发行；各地新华书店经销；固安华明印业有限公司印刷
2019 年 10 月第 1 版，2019 年 10 月第 1 次印刷
169mm×239mm；10.75 印张；210 千字；162 页
49.00 元
冶金工业出版社 投稿电话 (010)64027932 投稿信箱 tougao@cnmip.com.cn
冶金工业出版社营销中心 电话 (010)64044283 传真 (010)64027893
冶金工业出版社天猫旗舰店 yjgycbs.tmall.com
(本书如有印装质量问题，本社营销中心负责退换)

前　言

2009 年哥本哈根气候大会上，我国政府做出了 "2020 年单位 GDP 碳排放量比 2005 年下降 40%~45%" 的承诺；2015 年巴黎气候大会上，我国政府又做出了 "中国在'国家自主贡献'中提出将于 2030 年左右使二氧碳排放达到峰值并争取尽早实现，2030 年单位国内生产总值二氧化碳排放比 2005 年下降 60%~65%" 的承诺。碳减排由相对量减排转变为绝对量减排，我国面临的碳减排压力不断增大。政府逐渐提高了对能源与环境问题的重视程度，我国的能源政策由保障能源供给为主逐步转变为优化能源结构、节能、提高能源效率等兼顾经济和环境效益上来，并且，关于节能的要求由能源消费强度控制逐步转变为能源消费总量和强度的 "双控制"。

能源消费强度等于能源消费总量除以国内生产总值，它是相对量控制指标，控制力度较弱；能源消费总量控制是对未来的能源消费量设置 "天花板"，它是绝对量控制指标，控制力度很强。随着政府对环境问题重视程度的提高，自 2013 年以来，能源政策文件密集提出了关于实施能源消费总量控制的要求和目标，对总量控制的重视程度超过了强度控制，并逐步形成以实施能源消费总量控制为主，以能源消费强度控制为辅的能源控制政策导向。2013 年 1 月 1 日发布的《能源发展 "十二五" 规划》提出了实施能源消费总量和强度 "双控制"，对 2015 年的能源消费总量提出了目标约束。2013 年 9 月发布的《大气污染防治行动计划》首次提出对煤炭消费总量进行控制，提出京津冀、长三角、珠三角区域实现煤炭消费总量负增长。2014 年 11 月发布的《能源发展战略行动计划（2014—2020 年)》提出了 2020 年我国一次能源消费总量控制在 48 亿吨标准煤左右，煤炭消费总量控制在 42 亿吨左右。2016 年 12 月发布的《能源发展"十三五"规划》提出了 2020 年我国能源消费总量控制在 50 亿吨标准煤以内。

实施能源消费总量控制，有利于形成能源消费总量的倒逼机制，对于产生节能和减排效益具有重要作用。然而，能源是保障经济增长的重要因素，控制能源消费总量，必然会对经济产生影响。控制能源消费总量到底对经济增长会产生什么影响，又会产生多大的环境效益呢？本书以能源消费碳排放表示环境影响，根据《国民经济行业分类》（GB/T 4754—2017）中两位数行业的分类情况，结合统计年鉴中公布的分行业统计数据，将全国三次产业分为 40 个行业进行研究。

本书在分析能源消费产生的经济及环境影响的基础上，研究了 2013 年能源消费总量控制的经济及环境影响，预测模拟了 2020 年能源消费总量控制的经济及环境影响，对实现经济和环境双重效益的 2020 年各行业的能源消费量进行了优化，提出了能源消费总量控制的配套政策设计。本书的研究主题有利于全面认识能源消费总量控制产生的正向与负向影响，对实现能源消费总量的控制目标，制定相关能源、经济和环境政策，具有重要的参考意义。

本书的主要创新点是：

（1）建立了基于 C-D 生产函数的静态面板数据模型与基于 STIRPAT 模型的动态面板数据模型，定量测算了 2013 年能源消费总量控制对经济与环境的影响；建立了能源消费总量控制对经济异质性与环境异质性影响的倍差法模型，分析了 2013 年能源消费总量控制与高能源密集行业的经济异质性影响、高碳密集行业的环境异质性影响的关系。

（2）建立了生活能耗量预测的组合模型、能耗结构预测的马尔科夫链模型、各行业单位增加值能耗系数预测的非限制性 VAR 模型；预测了两种情景下，2020 年我国能源消费总量控制在 50 亿吨标准煤时的经济总量和经济增速、碳排放总量和碳强度。

（3）构建了兼顾公平与效率的多目标优化模型，测算了在经济总量最大、碳排放总量最小、公平性最强的目标下，2020 年各行业的最优能源消费量；提出了能源消费总量控制的配套政策，设计了基于科斯理论的用能权交易机制，明确了用能权交易中政府的最优节能补贴与监管水平。

本书的出版与有关研究得到了"十三五"国家重点研发项目"承压设备基于大数据的宏观安全风险防控和应急技术研究"（2016YFC0801906）以及中国矿业大学（北京）"越崎学者"的资助。本书在编写过程中，参阅了相关文献和资料，在此向其作者表示衷心的感谢。

由于编者水平所限，书中不妥之处，敬请读者批评指正。

作　者

2019 年 6 月

目　　录

1 绪 论

1.1 研究背景与问题

1.1.1 能源的地位和影响

1978~2011 年，我国经济发展处于高速增长期，GDP 总量由 1978 年的 3645 亿元迅速增长到 2011 年的 48.9 万亿元，年均增速超过 10%；与此同时，能源消费总量由 1978 年的 57144 万吨标准煤增长到 2011 年的 387043 万吨标准煤，年均增速约 6%。改革开放 30 多年来，我国能源消费以年均 6% 的增速支撑了经济年均 10% 的增速，能源在保障国民经济增长、促进社会进步和提高人民生活水平方面发挥了重要作用，是我国经济增长的重要动力之一。

2012 年以前，第二产业是我国的支柱产业。1978~2011 年第二产业占国内生产总值的比例在三次产业中最高，对我国经济增长的贡献最大，如图 1-1 所示。随着我国逐渐步入后工业化阶段，第二产业对经济增长的贡献从 2015 年开始低于第三产业，但仍占 41.6%。能源是工业的"粮食"，对保障工业部门的快速发展起到了关键作用。随着能源利用效率的提高和工业部门产值比例的下降，我国单位 GDP 能耗水平逐年下降，但 2015 年工业部门中六大高耗能行业[1]的工业销售产值之和占工业部门销售产值的 31.3%。高耗能行业对工业部门经济增长的贡献仍然很大，反映出能源在未来较长一段时期内，对我国经济增长仍具有很强的促进作用。

能源消费虽促进了经济发展，但以化石能源为主的能源消费结构也造成了严重的环境污染问题。2016 年 12 月，北京、天津、石家庄、太原等多个城市陆续发布雾霾红色预警，山东省济南、莱芜、泰安、济宁、淄博等 17 个城市发布了橙色预警。2016 年 12 月 16 日至 21 日，全国 23 个城市达到启动空气重污染红色预警级别，9 个城市达到启动空气污染橙色预警级别。根据环保部 2017 年 3 月 23 日公布的数据，2017 年 1~2 月全国 338 个地级及以上城市平均优良天数比例为 64.6%，同比 2016 年下降 4.8%。2017 年 1~2 月，全国 PM2.5、PM10 浓度分

---

[1] 《2010 年国民经济和社会发展统计报告》中提出，六大高耗能行业分别为：化学原料及化学制品制造业、非金属矿物制品业、黑色金属冶炼及压延加工业、有色金属冶炼及压延加工业、石油加工炼焦及核燃料加工业、电力热力的生产和供应业。

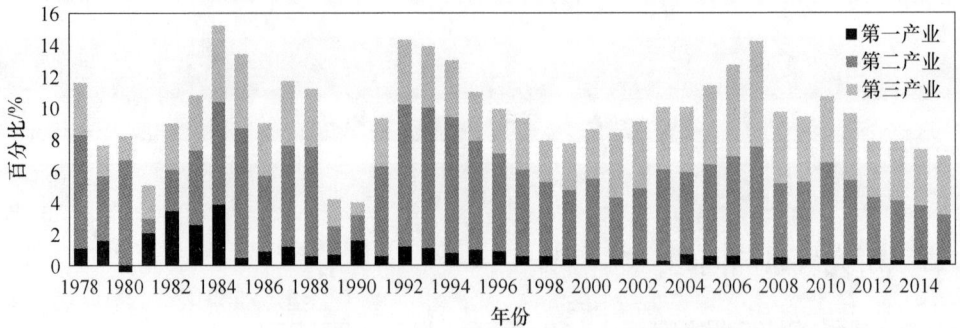

图 1-1　三次产业对国内生产总值增长的拉动情况

别为 $71\mu g/m^3$、$108\mu g/m^3$，远高于 2012 年 1～2 月全国平均值，全年治霾压力较大。

能源消费也带来了严重的碳减排压力，节能减排形势严峻。早在 2005 年，我国碳排放总量就超过美国，成为世界第一大碳排放国。在 2009 年哥本哈根气候大会上，我国政府作出了"2020 年单位 GDP 碳排放量比 2005 年下降 40%～45%"的承诺；在 2015 年的巴黎气候大会上，我国政府又承诺"2030 年碳排放总量达峰并尽早达峰"。碳减排由相对量减排转变为绝对量减排，我国面临的碳减排压力增大。随着国际社会对能源与环境问题的重视程度不断提高，发达国家纷纷提出了能源转型的目标和计划。通过提高能源效率实现节能、通过发展可再生能源促进能源清洁利用是国际能源转型的趋势和特征。

1.1.2　我国能源政策的演变

我国能源政策的演变如图 1-2 所示，大致经历了建国初期以加强能源生产和建设为中心的能源政策；"大跃进"时期以大炼钢铁为中心的能源生产建设政策；"文革"时期能源产业组织的小型化与分散化、能源结构调整的能源政策；改革开放后注重能源节约、以电力为中心的能源结构多元化、能源布局由均衡向倾斜的能源政策；世纪之交以经济和环境效益为重点、兼顾能源安全的能源政策；21 世纪以环境效益为重点，优化能源结构、实施能源消费总量和强度"双控制"的能源政策。

建国初期，恢复和发展国民经济是经济建设的重点，当时我国采取了"赶超"式的经济发展战略，试图通过"追赶政策"迅速赶上工业先进国。在赶超思想的指导下，我国"一五"计划的建设重点放在了重工业。这造成能源产量供不应求，能源政策以加强生产、建设为中心。

"大跃进"时期，钢铁生产为全部生产的核心，这一时期的能源政策都是围绕"以钢为纲"展开的，能源生产的数量由钢铁的计划产量决定。由于冶炼钢

```
┌──────────────────────┐          ┌──────────────────────┐
│ 21世纪               │          │ 世纪之交             │
│ ┌──────────────────┐ │          │ ┌──────────────────┐ │
│ │以环境效益为重点，优│ │◄────────│ │以经济效益和环境效益│ │
│ │化能源结构，能源消费│ │          │ │为重点，兼顾能源安全│ │
│ │总量和强度控制      │ │          │ │                  │ │
│ └──────────────────┘ │          │ └──────────────────┘ │
└──────────────────────┘          └──────────────────────┘
                                              ▲
┌──────────────────────┐          ┌──────────────────────┐
│ "文革"时期           │          │ 改革开放后           │
│ ┌──────────────────┐ │          │ ┌──────────────────┐ │
│ │能源产业组织小型化与│ │────────►│ │能源节约、以电力为中│ │
│ │分散化、能源结构调整│ │          │ │心能源结构多元化、布│ │
│ │                  │ │          │ │局由均衡向倾斜转变  │ │
│ └──────────────────┘ │          │ └──────────────────┘ │
└──────────────────────┘          └──────────────────────┘
        ▲
┌──────────────────────┐          ┌──────────────────────┐
│ "大跃进"时期         │          │ 建国初期             │
│ ┌──────────────────┐ │          │ ┌──────────────────┐ │
│ │以大炼钢铁为中心    │ │◄────────│ │加强能源生产和建设  │ │
│ │                  │ │          │ │为中心              │ │
│ └──────────────────┘ │          │ └──────────────────┘ │
└──────────────────────┘          └──────────────────────┘
```

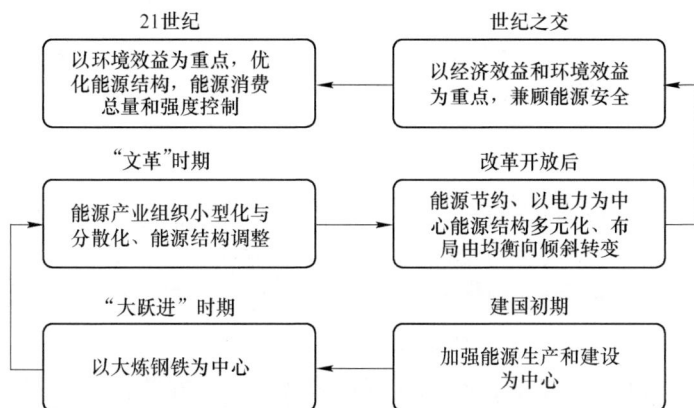

图1-2 我国能源政策的历史演变

铁需要消耗大量燃料，不论是"大洋群"还是"小土群"，都以煤炭为燃料，因此煤炭工业不得不以"全民大办煤矿""高指标"等极左的方式来完成越来越高的生产任务。此外，电力工业在"大跃进"时期忽视火电建设，盲目投资水电建设；石油工业受"瞎指挥""浮夸风"的影响，在开发和建设石油基地的过程中，也产生了极大的浪费。

"文革"时期，为了促进能源产量的提高，我国发动了大规模的群众运动，当时出于对战争形势的重新估计，突击进行"三线"建设，调整了当时能源工业的布局；为了扭转"北煤南运"的局面，在江南9省建设煤矿。这都造成了能源产业组织规模结构的进一步小型化。此外，"文革"时期相对提高了对农业和轻工业的重视程度，降低了重工业的生产比例。并且随着我国大庆油田的开发，我国逐步实现了石油的自给自足，我国的能源生产结构和消费结构发生了较大变化。

改革开放后，我国经济发展迅速，能源资源开发跟不上能源消费的增长速度，因此，政府将提高能源效率和节能提上了议事日程。从"六五"计划到"九五"计划，我国制订颁发了一系列关于节能的政策、法规和标准。截至1998年，颁布和实施了25项节能法规和条例，27项节能设计规范，近100项有关节能的国家标准。随着产业结构的调整和节能政策效果的逐步显现，我国多年来能源供应紧张的状况开始有所缓解。政府提出了以电力为中心、积极发展新能源和可再生能源的能源生产多元化政策，并且制定了经济激励政策支持可再生能源建设。此外，煤炭工业布局向山西和内蒙古转移，能源工业布局由均衡向倾斜转变。

世纪之交，可持续发展问题进入大众视野，1994年颁布的《中国21世纪议程》体现了我国政府对可持续发展问题的重视程度。"九五"计划明确了要实行经济体制和经济增长方式这两个根本点的转变，把可持续发展和科教兴国作为两项基本战略。20 世纪 90 年代以后的能源政策，也体现了可持续发展的精神。能源政策的内容强调能源的节约使用、能源开发过程中资源的可持续利用、注重新能源和可再生能源的利用。随着我国逐步转变为石油净进口国，石油的安全供应也成为能源政策的重要内容之一。能源政策要求我们利用国内国际两种资源、两个市场。

进入 21 世纪，经济的迅速增长带来了严重的环境问题，能源政策的制定更加关注环境效益。能源政策以提高能源效率、降低能耗强度、优化能源结构为重点，并逐步由能耗强度控制转变为能耗总量和强度"双控制"。自 2013 年以来，能源政策文件密集提出了关于实施能源消费总量控制的要求和目标，对总量控制的重视程度超过了强度控制，能源政策逐步转变为以实施能源消费总量控制为主，以能源消费强度控制为辅。2013 年 1 月 1 日发布的《能源发展"十二五"规划》对 2015 年的能源消费总量提出了目标约束。2013 年 9 月发布的《大气污染防治行动计划》首次提出了对煤炭消费总量进行控制，提出京津冀、长三角、珠三角区域要实现煤炭消费总量的负增长。2014 年 11 月发布的《能源发展战略行动计划（2014—2020 年）》明确规定了 2020 年我国一次能源消费总量控制在 48 亿吨标准煤左右，煤炭消费总量控制在 42 亿吨左右。2016 年 12 月发布的《能源发展"十三五"规划》提出了 2020 年能源消费总量控制在 50 亿吨标准煤以内。

综上所述，我国能源政策在不同的历史时期呈现出不同的侧重点，总体上表现为由保障能源供给为主向节能、提高能效、优化能源结构等可持续发展方向转化。能源节约方面，由制定能源强度约束性目标转变为制定能源消费总量和强度的"双控制"目标，并逐步转变为以总量控制为主、以强度控制为辅，控制力度逐步增大。

1.1.3 研究问题的提出

能源消费强度等于能源消费总量除以国内生产总值。在国内生产总值增速大于能源消费增速的情况下，能源消费强度就会持续下降，但未来的能源消费总量可以持续增加，故能源消费强度控制是相对量控制指标，控制力度较弱。而能源消费总量控制是对未来的能源消费量设置"天花板"，它是绝对量控制指标，控制力度很强。随着我国对环境问题重视程度的提高，我国的节能政策逐步转变为以总量控制为主、强度控制为辅，对能源消费的控制力度逐步增大。本书将对能源消费总量控制的经济及环境影响与优化问题进行研究。

能源是保障经济增长的重要因素，是工业部门的"粮食"，作为重要的生产投入要素，能源消费对我国经济增长和工业部门的经济增长产生了多大影响，又产生了多少碳排放？能源消费的经济及环境影响分析，是本书要研究的第一个问题。自 2013 年以来，能源政策文件中密集提出了实施能源消费总量控制，这对经济增长速度产生了怎样的影响，又在多大程度上起到了减少二氧化碳排放的作用？2013 年能源消费总量控制的经济及环境影响，是本书要研究的第二个问题。《能源发展"十三五"规划》提出了 2020 年我国能源消费总量要控制在 50 亿吨标准煤以内，当完成这一目标时，我国"十三五"时期的年均经济增长速度会达到多少，碳排放总量和碳排放强度又会达到多少？2020 年能源消费总量控制的经济及环境影响，是本书要研究的第三个问题。若 2020 年能源消费总量控制在 50 亿吨标准煤时对"十三五"时期的经济增长速度产生了一定的负面影响，如何优化各行业的能源消费量，以实现经济和环境的双重效益？基于多目标决策的行业能源消费量优化，是本书要研究的第四个问题。为促进能源消费总量控制目标的实现，政府该采取怎样的配套政策？能源消费总量控制的配套政策设计，是本书要研究的第五个问题。

1.2　相关研究现状

1.2.1　能源消费与经济增长的关系

在研究能源消费总量控制实施产生的影响之前，有必要先理清能源消费对经济增长产生的影响。关于能源与经济之间的关系，已有研究相对较为成熟，大多数研究采用计量经济分析方法，可分为时间序列数据模型和面板数据模型两类。

1.2.1.1　时间序列模型

A　国外研究

Bassem Kahouli（2017）收集了阿尔及利亚、埃及、以色列、黎巴嫩、摩洛哥和突尼斯六个国家的数据，研究了金融发展、能源消费与经济增长之间的长短期因果关系。Hongfang Lu 等（2016）利用时间序列数据，研究了二战后日本的温室气体排放、经济增长与能源消费之间的关系。Zhang Lanyue 等（2017）基于 3GR 模型，研究了能源消费、经济产出和能源强度三者之间的关系，认为能源消费和经济总产出之间呈线性关系。Kathia Pinzón（2017）研究了厄瓜多尔经济增长与能源消费之间的关系。Muhammad Shahbaz 等（2017）基于非线性自回归分布滞后模型，研究了印度能源消费与经济增长之间的非对称冲击效应，认为对能源消费的负向冲击会对经济增长产生影响。Chor Foon Tang 等（2016）运用协整检验和因果关系检验对越南的经济增长与能源消费之间的关系进行研究，认为存在从能源消费到经济增长的单向因果关系。Mehmet Akif Destek 和 Alper Aslan（2017）运用 bootstrap 面板因果检验研究了 17 个新兴经济体可再生与非可再生能源消费与经济增长的关系。Abdulkadir Abdulrashid Rafindadia 和 Ilhan Ozturk（2017）利用 ARDL 方法和 VECM 模型研究了德国可再生能源与经济增长的关系，认为可再生能源消费增加 1% 会促进经济增长 0.2194%。Ellene Kebede 等（2010）

运用计量经济分析方法研究了撒哈拉以南非洲能源消费对经济增长的影响。

B 国内研究

马宏伟等（2012）收集了我国 1978~2008 年的时间序列数据，采用协整检验和误差修正模型进行研究，认为长期来看经济增长是能源消费的格兰杰原因。杨子晖（2011）采用"有向无环图"技术，研究了我国经济增长和能源消费之间的动态关系，认为能源消费对我国经济增长具有重要的促进作用。袁程炜和张得（2015）基于四川省的时间序列数据，采用 VAR 模型进行研究，认为能源消费对经济增长的正效应要大于环境污染对经济增长的负效应。郑义和秦炳涛（2016）基于我国 1970~2010 年时间序列数据，采用因果关系检验和协整检验方法，得到了短期内能源消费对经济增长具有显著的正效应，长期来看影响效应不显著的结论。刘长生等（2009）认为我国能源消费对经济增长产生了"倒 U 形"影响，二者之间呈非线性关系。赫永达等（2016）基于我国 1978~2014 年的时间序列数据，采用平滑转移向量自回归（LSTVAR）模型和广义脉冲响应函数（GIRF）进行研究，得到了在经济高速增长和非高速增长状态下，能源消费与经济增长之间的相互冲击具有非对称特点的结论。尹建华和王兆华（2011）基于我国 1953~2008 年的时间序列数据，采用协整分析和 Granger 因果检验方法，得到了存在从能源消费到经济增长的单向因果关系，能源消费与经济增长之间存在长期的协整关系的结论。

1.2.1.2 面板数据模型

A 国外研究

Katsuya Ito（2017）基于 2002~2011 年 42 个发达国家的面板数据，研究了可再生、非可再生能源与碳排放和经济增长之间的关系，认为长期来看可再生能源消费对经济增长有正向影响。Seema Narayan（2016）利用 135 个国家的面板数据估计了经济增长与能源消费之间的关系。Angeliki N. Menegakia 和 Can Tansel Tugcu（2017）基于 G7 国家的面板数据，采用 ARDL 模型，对经济增长与能源消费之间的关系进行了研究。Khalid Zamana 和 Mitwali Abd-el. Moemen（2017）基于高、中、低收入国家 1975~2015 年的面板数据，对 EKC、IPAT、PHH 等假说进行了验证，研究结论支持 EKC 和 IPAT 假说的成立。Melike E. Bildiricia 和 Seyit M. Gökmenoğlu（2017）基于 G7 国家 1961~2013 年的面板数据，利用马尔科夫转换向量自回归（MS-VAR）和 MS-Granger 因果检验，研究了水电能源消费、环境污染和经济增长之间的关系，认为 G7 国家中，水电能源消费与经济增长之间为双向因果关系。Asma Esseghir 和 Leila Haouaoui Khouni（2014）基于 38 个地中海国家 1980~2010 年的面板数据，运用 ECM 模型研究了能源消费与经济增长的双向关系。Kais Saidi 等（2017）基于 53 个国家 1990~2014 年的面板数据，运用

VECM 方法进行研究，认为能源消费与经济增长之间存在长期的双向因果关系。

B 国内研究

胡军峰等（2011）利用北京市各区县的面板数据，基于面板协整理论和面板误差修正模型进行研究，认为长期来看能源消费与经济增长之间存在双向因果关系，短期来看仅存在从能源消费到经济增长的单向因果关系。张伟等（2012）基于分省面板数据，采用面板协整方法研究了经济增长对能源消费的影响。李小胜和张焕明（2013）基于我国 1997~2010 年的省际面板数据，采用面板向量自回归模型，对能源消费、经济增长和污染排放之间的动态关系进行研究。吴传清和万庆（2014）通过格兰杰因果关系检验和协整检验研究了湖北省能源消费与经济增长之间的关系。梁经纬等（2013）基于分省面板数据，对经济增长与能源消费之间的非线性关系进行研究，得到了全国范围上二者之间呈扁平 S 形非线性关系且呈上升趋势，东部地区呈 Logistic 型非线性关系，西部地区呈宽 U 形关系。盖美等（2014）基于弹性分析方法，以辽宁沿海经济带为研究对象，研究了能源碳排放与经济增长的脱钩关系，并对碳排放效率进行了测度。虞晓雯和雷明（2014）基于我国 1998~2011 年的分省面板数据，采用面板 VAR 模型研究了能源消费结构、产业结构、外商直接投资等因素对低碳经济增长的动态影响，认为能源消费结构不合理对低碳经济增长具有长期负效应冲击。宋锋华等（2016）基于分省面板数据研究了经济增长与能源消费之间的关系，得到了二者之间存在长期协整关系，并且随着经济增长，其对能源的依赖程度下降。徐盈之等（2014）基于我国省际面板数据，运用 Sys-GMM 动态面板估计方法进行研究，认为能源消费对经济增长具有重要的促进作用。赵湘莲等（2012）基于我国分省面板数据，运用空间计量分析方法，认为经济发展与能源消耗在大部分省市间为正相关，但存在地区差异，能源对经济增长的拉动作用在逐步减小；徐盈之和王进（2013）基于 1990~2010 年我国省际面板数据，采用非参数逐点估计方法进行研究，得到了能源消费与经济增长之间的关系在低收入地区呈线性关系，在高收入地区呈"倒 U 形"关系。

1.2.2 政策实施的影响效应评估

政策效应评估的常用实证方法主要有工具变量法、倍差法（DID 方法）、断点回归方法和倾向得分匹配法。其中，工具变量法是政策评估领域最早开始使用的方法；断点回归方法在 2000 年后才开始使用，并且使用较少。下面逐一对这四种方法在政策评价中的应用现状进行梳理，并对其他一些较为常用的政策效应评估方法进行归纳总结。

（1）工具变量法。工具变量法通过应用合适的工具变量，解决变量的内生性问题和遗漏变量问题，以识别政策变量与因变量之间的因果关系。孙圣民和陈强选取初始固定资产投资和气象灾害的滞后项作为家庭联产承包责任制度的工具变量，研究了该政策的实施对农业增长产生的影响。Darren K. Burns 等（2017）运用面板数据工具变量法，研究了外商直接投资对中低收入国家居民健康状况的影响，认为其对成年人健康状况起到了显著的正向影响。Nazim Habibov 等（2017）运用工具变量法，研究了社会信任对增加居民税费支付意愿以提高公众健康的影响，认为社会信任的增加，提高了居民税费的支付意愿，有利于公众健康度的提高。Zaichao Du 等（2014）应用工具变量法，研究了父辈收入对子辈收入差距的影响。工具变量法虽应用简单，但工具变量的选择必须满足相关性和外生性，即必须与内生解释变量强相关，与扰动项不相关（陈强，2014），故选取合适的工具变量比较困难，在政策效果评估中的应用并不十分广泛。

（2）断点回归方法。断点回归方法最早在 1960 年由 Donald L. Thistlethwaite 和 Donald T. Campbell 提出，他们将超过某一变量断点的个体作为处理组，未超过的个体作为控制组，研究了政策制度的处置效应。这一方法在当时并未获得重视，直到 20 世纪 90 年代末，才涌现出一批应用断点回归方法的文献。Angrist 和 Victor Lavy（1999）应用断点回归方法估计了班级大小和教育资助水平对教育产出的影响。Sandra E. Black（1999）应用断点回归方法，以学习区域边界为断点，研究了地理区域对于教育支付的影响。国内应用断点回归方法的研究还不多，Zibin Zhang 等（2017）以电力消费量为间断点，研究了中国的电价控制政策对城镇居民用电量的影响。通过知网检索到的以"断点回归"为关键词的期刊文献仅 134 篇，且相关研究多集中于我国的养老退休政策的影响、教育政策的影响等。断点回归方法并不适用于以时间作为间断点，因此本书关于能源消费总量控制政策实施影响的研究不能应用该方法。

（3）倾向得分匹配法。倾向得分匹配法是根据处理组可观察的概率特征建立一个统计上的对照组构成反事实，通过对比两组产出平均值的差来获取政策的处置效应。该方法多应用于医药卫生领域，国内近年来也开始应用此方法进行公共政策的评估。如，崔宝玉等（2016）基于 3765 户农户的调查数据，应用倾向得分匹配法研究了土地征收对农户收入的影响。胡宏伟等（2012）基于 2011 年"中国城乡居家养老服务"调查数据，应用倾向得分匹配法研究了社会养老保险对老年人医疗卫生服务利用的影响。李佳路（2010）基于某省 2009 年 30 个重点县 2400 户的样本数据，应用倾向得分匹配法对扶贫项目的减贫效果进行研究。倾向得分匹配法的应用对前提假设要求极强、对数据量要求极大，这使得该方法的应用受到一定的局限。本书要研究的是 2013 年能源消费总量控制的实施对工业各行业的经济和环境影响，由于该政策是一次性铺开的，所有行业都受到影响，因此无法应用该方法定量研究控制实施对行业的平均影响。在研究控制实施对高能源密集行业和高碳密集行业的净影响时，可以根据该方法为上述两组寻找对照组，但由于总共只有 34 个行业的数据，受数据量限制，因此本书无法应用此方法。

（4）倍差法。倍差法是政策评估领域应用最为广泛的方法，通过处理组在政策实施前后的变化减去控制组在政策实施前后的变化，得到政策实施对于处理组的影响。在构建倍差法模型时，需构建两个虚拟变量，一个为 du，反映个体是否受政策影响（受政策影响的个体 $du=1$，反之为 0），另一个为 dt，反映政策是否实施（政策实施后 $dt=1$，反之为 0），并在模型中加入交叉项 $du×dt$，其系数反映了政策对处理组的影响。Jane Leer（2016）应用倍差法研究了教育分散化对印度尼西亚教育产出的影响。Jennifer A. Delaney 和 Tyler D. Kearney（2015）应用倍差法研究了学费保障政策对高等教育学费水平的影响；Nick Deschacht 和 Katie Goeman（2015）应用倍差法研究了混合学习方式对成人课程学习持续性和表现的影响效应。在国内，DID 方法在政策评估领域得到了广泛地应用，其应用方式可分为两种：

1）一项政策在局部范围内实行，则受政策影响的个体成为处理组，不受政策影响的个体成为对照组，应用倍差法估计政策实施对处理组的影响。如，包群等（2011）以出口企业作为处理组，非出口企业作为对照组，研究了出口对企业员工收入的影响；赵峦和孙文凯（2010）以受农信社改革影响的农户为处理组，不受影响的农户作为对照组，研究了农信社改革对农户贷款的影响。

2）一项政策是在全国范围内实施，在所有的地区或者行业均受到政策影响的情况下，将地区或者行业分为两组，研究政策实施对于其中一组的净影响。如，张俊（2016）将 2005 年《可再生能源法》的颁布作为一次自然实验，将发电企业分为使用清洁技术发电的企业和使用污染技术发电的企业，应用倍差法估计了《可再生能源法》的发布对清洁发电企业发电量和全要素生产率 TFP 的影响；李树和陈刚（2013）以 2000 年《大气污染防治法》的修订作为一次自然实验，将工业行业分为空气污染密集型行业和其他行业，运用倍差法估计了《大气污染防治法》的修订对空气污染密集型行业 TFP 的影响。

除了上述四种政策效应评估方法外，已有研究还应用了如下三类方法分析政策实施的效应。

（1）通过近似指标替代或者其他测算方法得到政策的表征量，然后运用计量经济方法对政策的影响进行分析。如，张卫东和汪海（2007）用工业污染治理项目当年完成总额作为环境规制政策的表征量，基于 VAR 模型的脉冲响应和方差分解方法分析了环境规制对经济增长与环境污染的影响。范群林等（2013）使用"三同时"制度、环境影响评估制度、环保法规、排污许可证制度、污染限期治理制度五个制度的执行比例来代表环境规制情况，研究了其对环境技术创新的影响效应。霍增辉等（2015）为研究中部地区粮食补贴政策的影响，用粮食补贴数额作为解释变量，研究了其对农户增收的影响。

（2）通过构建评价指标体系，对政策实施的效应进行评价。何在中等（2015）构建了青海省生态畜牧业发展的政策效应评价指标体系，通过经济指标、生态指标和社会指标来反映政策实施的效应。彭曦和陈仲常（2016）构建了包含经济、社会、资源、环境的综合评价指标体系，通过计算综合评价值考察了西部大开发政策对西部省份的影响。曹洪华等（2014）构建了"城镇上山"政策效应的评价指标体系，对该政策的可行性进行了评价。

（3）使用单差法，通过加入政策是否实施的虚拟变量，研究政策实施产生的影响。如，Xiaoli Zhao等（2012）通过引入虚拟变量表示政策是否实施，研究了1985~2007年电力改革对于电力市场发展的影响效应。杨睿（2014）通过引入政策是否实施的虚拟变量，研究了可再生能源政策对可再生能源发展水平的影响。项后军等（2016）引入政策是否实施的虚拟变量，研究了上海自贸区设立对货物进出口的影响。

此外，研究中还梳理了能源政策的相关文献，关于能源政策的相关研究多集中于不同国家能源政策的进展与对比，且多为定性研究。能源消费总量控制方面，戴彦德等（2015）定性地分析了实施能源消费总量控制的必要性，刘冰和孙华臣（2015）研究了能源消费对产业结构高级化的门限影响效应，事实上并没有实现研究能源消费总量控制的实施所产生的影响。

1.2.3　能源约束对经济的影响

1931年，Hotelling（1931）提出了霍特林法则，他将可耗竭能源引入了经济增长模型。但20世纪60年代之前，经济增长的资源约束问题未受到学术界的重视，且霍特林法则也未被主要工业化国家的经济增长实践所印证，因此，直到20世纪70年代世界石油危机的爆发，经济增长的资源约束问题、能源约束问题才进入经济学家的研究范围，能源经济学理论开始广泛传播。Stigliz、Solow（1976）较早开始对经济增长的资源约束问题进行研究，两位经济学家均认为，在自然资源存量既定和人口规模扩张的情况下，经济产出可以保持长期增长。Rasche和Tatom（1974）在研究能源与经济增长的关系时，最早将能源因素引入柯布-道格拉斯函数，认为在平衡增长路径上，不可再生能源的耗竭会导致经济增长不能持续。Moon和Sonn（1996）同样将能源因素引入柯布-道格拉斯函数，构建了跨期内生增长模型，研究了能源价格和能源投入对经济增长的影响，认为随着能源消费的增长，经济增长速度会先升后降。随着内生经济增长理论的不断演化与发展，关于能源约束下的经济增长问题，国内外学者进行了不断深入的研究。

国内研究方面，相关研究可分为三类：

(1) 构建能源约束下的内生经济增长模型，研究能源约束对经济增长的影响。如张华和魏晓平 (2015) 将能源和环境污染治理引入生产函数，将污染引入效用函数，构建了 3E 系统的内生增长模型，探讨了 3E 系统在环境污染和能源资源耗竭情况下的解约束条件，认为人力资本是破解 3E 系统约束的关键变量。崔百胜和朱麟 (2016) 构建了能源约束和碳排放约束下的内生经济增长模型，并运用全局向量自回归 (GVAR) 模型，研究了我国各省区能源消费控制对经济增长和碳排放的动态影响，认为在不影响经济增长的情况下完成能源消费总量的考核目标，可通过增加碳基能源边际产出、研发可再生能源、提高碳排放清洁技术水平实现，能源消费总量目标约束对能耗依赖强的地区约束性较强。唐建荣和程静 (2016) 构建了包含能源约束、技术进步和劳动力投入的经济增长最优模型，研究了能源约束、技术进步和劳动力投入对内生经济的影响，认为技术进步和劳动力投入可缓解节能减排对经济的负面影响。蔡海霞 (2014) 构建了包含能源生产部门、研发部门和最终产品生产部门的三部门内生增长模型，得到了经济稳态增长路径上的经济增长率等于能源增长率和技术进步增长率的加权和，通过足够的人力资本和技术进步积累，可以克服能源约束，保持经济最优增长。

(2) 将能源要素引入生产函数，研究能源对经济增长的"尾效"。如，王伟同和褚志明 (2012) 基于 Romer 的经济增长"尾效"假说，根据城市化增长函数拓展了城市化进程中的能源"尾效"模型，以辽宁为例进行实证分析，认为辽宁能源约束对城市化有明显的"尾效"。李晓和李述山 (2015) 根据 Romer 的假说，构造了上海市能源要素对经济增长的约束模型，得到了上海市煤炭对经济增长的阻尼系数为 0.0347%，电力对经济增长的阻尼系数为 2.359% 的结论。张文爱 (2013) 通过研究同样得到了 $C-D$ 生产函数中，能源约束对经济增长的阻尼效应为 5.06%，CES 生产函数中的阻尼系数为 4.53% 的结论，验证了能源消费对经济发展的重要性。许冬兰和李琰 (2012) 研究了能源约束对城市化进程和经济增长的影响，认为能源投入量保持不变会导致城市化进程速度降低 0.81%，导致山东省经济增速降低 1.71%。李影和沈坤荣 (2010) 对不同能源的经济增长"尾效"进行研究，认为不同能源对经济增长的"尾效"由大至小依次为石油、天然气、水电/风电、核电、煤炭，认为能源结构问题是我国能源利用的主要矛盾。胡洋和陈闻君 (2015) 基于"增长尾效"分析框架，研究了能源约束对新疆经济增长的影响，得到了新疆能源约束对经济增长的阻力为 11.88% 的结论。李影 (2015) 借鉴 Romer 的资源约束模型，构建了一次能源的资源约束经济增长模型，从东、中、西部地区视角出发，研究了能源约束对区域经济增长影响的差异性，得到了能源约束对西部地区的增长"尾效"为 0.1062，东部和中部分别为 0.0824、0.0790 的结论。

(3) 研究能源消费为既定量时的经济增速预测。如，阮加和雅倩 (2011)

研究了能源消费总量控制对地区"十二五"发展的影响。他们将全国分为东、中、西和东北四大地区，通过预测各地区的单位 GDP 能耗，用各地区能耗总量除以单位 GDP 能耗量预测得到未来各地区的经济总量和经济增速。马骥和唐任伍（2008）同样用能耗总量除以单位 GDP 能耗量得到经济产出的方法，预测能耗约束下的经济增长情况，其通过历史能耗量对未来能耗量进行预测，并设置高、中、低三种能效变动情景，对未来的经济产出进行了预测，认为能源约束限制了环渤海地区的经济增长。

除上述三个主要方面外，还有学者运用其他方法研究能源约束与经济的关系，如，陈潇君等（2015）基于情景分析法，研究了空气质量改善需求对煤炭消费和污染物排放的约束问题，认为要实现空气质量改善的阶段性目标，2020 年我国煤炭消费总量要控制在 40.8 亿吨左右、2030 年要控制在 37.7 亿吨左右。谭志雄（2014）研究了能源消费总量对经济收敛的影响，认为我国区域经济存在条件 β 收敛，能源消费总量控制能够促进经济收敛。魏玮等（2013）基于 215 个城市的面板数据，研究了能源约束和环境规制对外资流入的影响，认为能源约束对外商直接投资 FDI 流入沿海城市影响较弱，对流入内陆城市影响显著。石敏俊等（2014）构建了我国能源—经济—环境动态 CGE 模型，研究了化石能源供应约束对我国碳排放和经济增长的影响，认为与基准情况相比，在化石能源供应约束下，2020 年后 GDP 增速将降低 0.7% 左右，2050 年 GDP 总量减少 17%。张意翔和成金华（2013）运用 VAR 模型预测了我国 2013～2020 年不同情景下的能源供需缺口，认为我国工业化正面临越来越严重的能源制约。

1.2.4　能源资源优化配置

资源分配问题是指将供应量有限的资源分配给若干个竞争性的使用者，使资源利用收益最大（赵景文，1993）。能源资源的稀缺性使得资源优化问题成为能源研究领域的重要问题。

首先，资源分配问题的关注重点，由早期的只注重分配的公平性逐步转化为兼顾公平和效率。资源分配的效率性方面，Stinnett 和 Paltiel（1996）以医疗投资项目的效益最大化为目标，基于线性规划模型，优化了医疗资源的投资问题。Wey 和 Wu（2007）以交通建设项目的风险最小化为目标，基于 0-1 目标规划模型，优化了交通领域的资源分配。Klein、Luss 和 Rothblum（1995）对多阶段的资源分配问题进行了研究。近年来，资源分配的公平性问题得到越来越多学者的关注，特别是关于水资源、医疗、教育等公共资源的分配。Mandell（1991）构建了多目标规划模型，考虑分配结果的公平性和效率性，对公共服务部门的资源分配问题进行了研究。Giuseppina Siciliano 和 Frauke Urban（2017）从环境经济学出发，基于公平性研究了非洲和亚洲大型水电站建设中的资源分配问题。王国庆和崔敏（2012）构建了基于基尼系数的两级阶梯优化分配模型，对污染物的总量分配问题进行了研究。但他们仅提出了研究思路，而未进行求解，故研究方法还有待考证。正如葛洪磊和刘南等（2012）所说，国内很少有学者通过构建优化模型研究资源的公平分配，为事前决策提供参考，大多数的研究是对分配后资源的公平性进行事后评价，不能产生实际的参考价值。

其次，关于能源资源的优化分配方法方面，主要有评价指标体系法和数学模型优化法两种。指标评价法方面，刘红琴等（2014）从经济水平、能耗水平、社会生活、产业结构和区域特点5个维度构建了能耗总量分配指标体系，运用熵值法计算指标能耗调节因子，并以安徽省为例进行了能耗总量的分配。胡延龙等（2011）、李明辉（2011）根据构建的指标体系，采用AHP方法确定各指标权重，构建了节能目标分解模型。樊元等（2008）对单位GDP能耗的影响因素进行研究，并构建了节能指标分解的理论模型。陈晨（2013）构建了电力消费量区域分解指标体系对电力、消费量进行初次分解，而后基于基尼系数法对电力消费量的区域分解结果进行了调整。孙梅等（2011）通过对节能影响因素的分析，将目标年的节能率分解为基本节能率和浮动节能率。丁忠明和王海林（2016）构建了能源总量分配的指标体系，运用信息熵求各指标的权重，运用综合评价方法求能耗总量分配调节因子，并对10个省份的能耗量进行了分配。数学模型优化法方面，Aliyeh Kazemi等（2012）利用神经网络和模糊线性规划对伊朗2011~2020年的能耗需求量进行预测，然后运用模糊多目标线性规划模型对能源分配问题进行了优化。Qingyuan Zhu等（2017）运用数据包络分析法DEA方法对我国各省区的能源利用效率进行了测算，并研究了效率最优状态下的各省区资源分配情况。Hong Li等（2013）构建了多目标线性规划模型，以期望产出和投入的减少为目标、以非期望产出的变动为约束条件，研究了我国省域资源分配问题。苗壮（2013）、孙作人等（2012）以效率为导向，采用ZSG-DEA模型，分别研究了我国各省实现效率最优时的"十一五"、"十二五"时期能源强度指标的分配情况。张一清等（2015）以能源利用效用最大化为目标函数，在能源供给量约束、生态环境约束和最低保障约束等条件下，求得我国行业间能源优化配置结果。余鸿等（2014）基于碳夹点模型，在碳排放约束和能源供应量约束下，对天津市的能源分配问题进行研究。陈正惠和何志毅（2014）以基尼系数作为度量分配公平性的指标，以天然气利用效率最大、人均消费公平性最大、各省天然气消费占各省能源消费比例的差距最小为目标，构建优化模型进行天然气在省际的分配。杨宏林（2006）以能源消费效益的最大化为目标，同时考虑环境效益和经济效益，构建了能源部门配置优化模型。

1.2.5 能源与环境政策工具

自1983年英国学者胡德对政策工具进行定义以后，国内外学者进行了大量研究并从不同角度给出了定义。胡德（1983）认为可以将"工具"作为"客体"，在法律文献中，人们把法律法规称为工具，其是指形成法律法规的一套规则和命令。有些学者从集合活动的角度界定政策工具的概念，如美国的盖伊·彼得斯冯尼斯潘（2007）将政策工具定义为"政策工具是政策活动的一种集合，它表明了一些类似的特征，关注的是对社会过程的影响和治理"。Arthur B. Ringeling（1998）将工具的概念描述成"致力于影响和支配社会进步的具有共同特性的政策活动的集合"。我国学者张成福（2001）的定义为："政策工具又称为治理工具，它是指政府将其实质目标转化为具体的行动路径和机制，政策工具乃是政府治理的核心，没有政策工具，便无法实现政府的目标"。综合国内外相关学者的概念界定，本书倾向于采用盖伊·彼得斯冯尼斯潘和 Arthur B. Ringeling 的定义，将政策工具定义为："政策主体为实现政策目标所采取的一系列具有共同特性的政策活动的集合"。

关于能源环境政策工具的分类，经合组合（OECD）的三分法和世界银行的四分法是比较有影响的分类方法。三分法将政策工具分为经济手段、直接管制和劝说式手段。四分法将政策工具分为环境管制、利用市场、创建市场和公众参与。还有学者将政策工具四分为市场化工具、管控型工具、规劝工具和信息工具。此外，五分法将政策工具分为经济手段、法律手段、行政手段、宣传教育手段和技术手段。依据相关文献，三分法是主流的划分方法，因此，本书也采用该划分方法，将环境政策工具分为三类：经济激励型政策工具、命令控制型政策工具和自愿型政策工具。

传统的治理方式认为政府的强制力（如法律法规和标准）能够消除环境污染的外部性，因此，命令与控制手段成为第一代的环境治理政策工具。被规制者在目标选择（如政府规定的排污量）或实现目标的技术手段（如政府指定企业使用特定的技术）方面无法自由地做出选择，是命令控制手段的典型特点。20世纪80年代以后，通过经济激励的手段将外部性问题内部化成为更多人主张的方法。经济激励手段的特点是，通过利用市场信息刺激行为人的动机，而不通过法律法规和环境标准对人们的行为进行约束。经济激励型政策工具可分为创建市场型（如排污权交易）和利用市场型（如税、费、补贴等）两种类型。自愿型政策工具是指政府通过非强制手段改变被规制者的环境道德观念和成本效益结构，如通过道德说教、协商规劝、信息舆论等，以使被规制者能够采取保护环境的自愿行动，最终实现环境保护的目标。

国外能源与环境政策工具的演进经历了"命令控制—市场激励—自愿型"的逐步演变过程。20世纪50~70年代，在环境干预主义学派的影响下，发达国家的环境政策以命令控制型为主，政策工具有设置排放绩效标准、实施产品标准与禁令、制定生产工艺强制标准、制定市场准入退出规则、制定技术标准和技术规范。20 世纪 70~80 年代，在市场环境主义的影响下，发达国家的环境政策转变为以市场调控型为主，政策工具有污染税（费）、环境补贴、押金—退款制度、交易许可证、生产者责任延伸制、执行鼓励金制度等。20 世纪 90 年代至今，发达国家的环境政策以自愿协商机制为主，政策工具有自愿协议、技术条约、信息披露制度、环境标志与环境管理体系、环境网络等（罗小芳，2011）。当然，以上仅说明政策类型的演进，并非代表每个阶段仅使用一种类型的政策工具，当前政策工具的混合使用较为常见。

我国的能源与环境政策也同样经历了上述三个阶段的演进，但是我国的政策现状是：以命令控制型能源环境政策为主，如设置节能减排的约束性目标、制定防治污染方面的法律法规、制定技术标准和准入门槛、对不达标的企业进行关停等政策；市场激励型政策的运用在逐步增加，利用市场型政策方面实施了排污收费（税）、碳税、能源消费税等，创建型市场政策方面实施了碳排放权交易、排污权交易、节能量交易；自愿型政策逐步发展，如环保信息公开，建立绿色社区、生态示范区等，在政策工具的运用方面还有很多需要从发达国家学习和借鉴的地方。

关于能源环境政策的文献研究方面，刘丹鹤（2010）认为在政策工具的选择上，应综合权衡动态创新激励、静态效率收益、政策激励相容、行政管理成本和实施机制条件。许士春等（2012）比较研究了可交易污染许可、污染税、减排补贴对企业技术更新和减排行为的影响，以及不同政策措施的实施成本问题。郁培丽等（2014）构建了环境政策内生的三阶段博弈模型，研究了技术溢出效应存在时，环境政策组合工具对企业绿色技术创新的影响。刘松灵（2015）构建了潜在产出模型，对碳排放交易和命令控制型环境政策的减排效应进行了评估，认为二者均促使碳强度下降，但是与命令控制政策相比，碳交易政策促进了排放主体的技术创新。余伟等（2016）采用面板数据，运用计量方法研究了直接管制、经济手段和"软"手段对区域技术创新的影响，认为"软"手段对全国科技投入具有显著的促进作用。曾冰等（2016）运用面板数据模型研究了不同的环境政策工具类型对抑制不同类别环境污染所起的作用。王红梅和王振杰（2016）从效益、效率和可接受性三个维度，选取了八个指标，基于 AHP 方法对经济激励型、命令控制型和公众参与型三种政策工具的效果进行评价。颜建军等（2016）将低碳技术创新的机会成本引入 A–J 框架，研究了减排补贴、碳排放税、排放许可和碳排放标准四种政策工具对企业创新选择的影响。王红梅（2016）运用贝叶斯模型平均方法进行研究，认为命令-控制型工具和市场激励型工具仍然是当前我国治理环境污染最为有效的政策工具。黄鑫等（2009）基于社会节能总成本的视角，建立了命令控制型政策和可交易节能证书机制的数学模型，比较了两种政策的节能成本和效率。刘环环（2009）构建了节能政策工具的选择模型，研究了适合我国现阶段情况的节能政策工具组合。

命令控制型政策虽有见效快的特点，但不能发挥市场的基础作用，不能反映市场规律；自愿型政策对公众参与的要求较高，但受经济发展阶段和居民生活水平的限制，我国在自愿型政策工具的运用方面还有很长一段路要走；市场激励型政策工具利用市场手段将外部性问题内部化，充分反映了市场规律。因此，当前适用于解决我国能源环境问题的重要手段，应是市场型政策工具或以市场型工具为主的混合型政策工具。

1.2.6　研究评述

第一，能源消费与经济增长的关系方面，大多数研究集中于分析二者之间的因果关系与协整关系，一部分研究通过回归估计关注能源消费对经济增长的影响系数值，其中，绝大多数的研究认为能源消费与经济增长之间的关系为线性，少数研究认为存在非线性关系。从研究所用数据来看，部分研究采用时间序列数据，部分研究采用不同国家或地区或分省面板数据，而鲜有研究采用分行业的面板数据，并鲜有研究对能源消费对经济影响的行业差异性进行研究。由于能源消费的主体是行业，而工业行业能耗量占全国能耗总量的比例很大，因此，从行业的层面出发研究能源消费对经济增长的影响，并将工业行业能源消费对经济增长的影响与全国平均影响进行比较，以识别出能源消费对经济增长影响的行业差异性，具有重要意义。

第二，政策实施的影响效应评估方面。关于能源政策的相关研究多集中于定性分析，而关于能源消费总量控制实施效应的研究很少，关于控制实施所产生的经济与环境影响的研究还没有。在政策实施效应的研究方法上，采用近似指标替代或者综合评价方法测算政策效应具有一定的误差，不能很好地替代政策本身。并且，在不引入虚拟变量和控制变量情况下构建的计量模型中，所得到的政策影响系数是不准确的，因为该系数不能分离政策实施前后影响效应的变动，并且不能剥离其他因素对因变量的影响。工具变量法虽可以解决变量的内生性问题和遗漏变量问题，识别政策变量与因变量之间的因果关系，但是合适工具变量的选取较为困难。断点回归方法不能以时间作为间断点，故不适用于本书的研究。倾向得分匹配法需要存在受政策影响的个体和不受政策影响的个体，并且要求极大的数据量，故也不适用于本书的研究。本书第3章要研究2013年实施的能源消费总量控制对工业行业的经济影响和环境影响，由于政策是在全国范围内统一实施的，所有行业均受影响，因此在估计能源消费总量控制对工业行业的平均影响效应时，只能运用单差法，引入控制是否实施的虚拟变量来区别控制实施前与实施后对全部工业行业所产生的经济与环境影响，并尽可能多地加入其他控制变量以提高模型的精度。在研究能源消费总量控制的实施对不同行业影响的差异时，可运用倍差法，将行业分为两类，其中一类作为处理组，其余作为控制组，研究控制实施对处理组的影响。后文的研究将在上述文献综述的基础上，基于单差法研究能源消费总量控制的实施对行业的平均经济影响和环境影响，基于倍差法研究控制的实施对处理组行业的净影响。

第三，关于能源约束下经济增长的已有研究，多集中于能源约束下的最优经济增长路径研究、通过优化哪些因素以减少能源约束的影响，以及能源约束对经济增长的阻尼系数。而关于未来能源消耗量既定时的经济增速预测，仅阮加和雅倩、马骧和唐任伍的两篇文章进行过相关研究，关于既定能耗下的碳排放量预测还没有相关研究。阮加和雅倩（2011）关于单位 GDP 能耗量的预测采用单位 GDP 能耗与时间 t 的拟合，可靠程度相对较低。马骧和唐任伍（2008）的研究中并未对未来的单位 GDP 能耗量进行预测，只是设置了三种不同的单位 GDP 能耗量下降情景，并不能真正实现对未来既定能耗量下经济增速的预测。本书关于 2020 年能耗量为 50 亿吨标准煤时"十三五"时期的经济总量和经济增速预测、碳排放总量和碳排放强度预测，是对相关研究的一次补充，不仅从方法上为能耗量既定时的经济增速和碳排放量预测提供了参考，而且预测出的经济增速和碳强度结果为了解能源消费总量控制的实施效果、进行政策调整和优化提供了一定的参考，具有重要意义。

第四，能源资源优化配置方面。资源分配问题的目标已由仅关注分配的公平性向兼顾公平和效率转化，但是国内关于能源资源分配公平性多为事后评价，以公平性为目标的优化研究相对较少。资源分配问题的研究方法方面，指标评价方法虽能够较为全面地运用影响资源分配的各维度指标，但是在指标权重的确定上主观性较强、在指标的正负向性质确定上存在模糊不清、难以界定的情况，并且指标评价法得到的结果并非是资源分配的最优解。而数学模型方法通过给出优化目标和约束条件，求解出资源分配的最优结果。本书将综合考虑经济、环境和公平性，以经济总量最大、碳排放总量最小和公平性最强为目标，以能耗总量约束、能耗强度约束、碳强度约束、产业结构约束、行业结构约束等为约束条件，构建多目标优化模型，求解 2020 年各行业能源消费量的最优解。

第五，能源环境政策工具研究方面。当前适用于解决我国能源环境问题的政策工具是市场型政策工具，或以市场型政策工具为主的混合型政策工具。《能源发展"十三五"规划》提出了我国 2020 年能源消费总量的控制目标，这需要我们提出相应的市场型政策工具以促进能耗总量控制目标的实现。当前已有的文献研究多着重于比较不同类型政策工具的成本、效率等问题，而关于促进能源消费总量控制目标实现的配套市场激励政策等相关研究还没有。国家发改委于 2016 年 7 月 28 日发布了《关于开展用能权有偿使用和交易试点工作的函》，提出 2017 年开始，要在浙江、四川、河南、福建四个省份开展用能权交易试点，

2020 年视情况逐步推广。用能权交易制度是基于总量控制目标的创建市场型政策手段，能够促进能耗总量控制目标的实现，但目前已有的相关研究仅是浅析和建议类，缺少关于用能权交易制度的相关研究，本书尝试性地提出用能权交易机制的建设构想，以期为用能权交易制度的实施提供参考。此外，用能权交易制度虽以市场为主导，但必须发挥政府的培育和引导作用，本书对政府引导用能权交易市场建立过程中的最优节能补贴行为和监管行为进行分析，以期为完善用能权交易制度提供参考。

1.3 研究内容、意义与方案

1.3.1 研究内容

本书的研究内容如下：

第 1 章，绪论。从能源的地位和影响、我国能源政策的历史演变两个方面分析本书的研究背景，提出五个方面的研究问题，并就国内外相关研究现状进行综述；阐述各章节的研究内容以及本书的研究意义；给出研究所采用的方法和技术路线。

第 2 章，能源消费的经济及环境影响分析。第一，从能源消费的总量和结构特征、能源消费的行业及结构特征两方面对我国能源消费的现状进行分析。第二，基于全国 2000~2015 年分行业面板数据，构建能源消费对经济增长影响的计量模型，运用面板数据模型方法定量分析能源消费对全行业和对工业行业经济增长的静态影响。运用面板 VAR 模型（PVAR 模型）定量分析能源消费对全行业和对工业行业经济增长的动态影响。从静态和动态两方面研究能源消费对全行业和对工业行业经济影响的差异性。第三，本书用能源消费碳排放反映能源消费的环境影响，计算我国能源消费碳排放量，从碳排放的总量及结构特征、碳排放的行业及结构特征两方面分析我国能源消费碳排放现状。第四，基于能源消费的经济影响实证研究和环境影响分析，阐述能源消费总量控制的经济与环境影响机制。

第 3 章，2013 年能源消费总量控制的经济及环境影响研究。基于 34 个工业行业 2000~2015 年的面板数据，构建能源消费总量控制的经济影响模型。基于面板数据单差法模型，定量研究实施能源消费总量控制对工业行业的平均经济影响和动态经济影响。引入"能源密集度"的概念，将 34 个工业行业分为高、中、中低和低能源密集行业，基于倍差法模型，定量研究实施能源消费总量控制对高能源密集行业的经济异质性影响。构建能源消费总量控制的环境影响模型，用能源消费碳排放量表示环境影响。基于动态面板数据单差法模型，定量研究实施能源消费总量控制对工业行业的平均环境影响和动态环境影响。引入"碳密集度"的概念，将 34 个工业行业分为高、中、中低和低碳密集行业，基于倍差法模型，定量研究实施能源消费总量控制对高碳密集行业的环境异质性影响。

第 4 章，2020 年能源消费总量控制的经济及环境影响研究。实证研究 2020 年能源消费总量控制在 50 亿吨标准煤时，我国"十三五"时期的经济总量和经济增长速度、碳排放总量和碳强度。首先，为得到 2020 年我国的生产能耗量，必须先对生活能耗量进行预测。基于指数平滑法、ARIMA（3，1，8）、IDGM（1，1）、VAR 模型的组合预测模型，对 2016~2020 年我国生活能耗量进行预测。其次，基于马尔科夫链模型，运用二次规划法，以估算的状态转移概率矩阵得到的能源消费结构与实际的能源消费结构在 n 个阶段的误差绝对值之和最小为目标函数，求解最优的状态转移概率矩阵，并预测 2016~2020 年各行业的能耗结构和生活能耗结构。第三，基于非限制性 VAR 模型，对 320 个分行业分类能耗系数中重要程度排前 80% 的共计 80 个能耗系数值进行预测，其余 240 个系数根据历史变动趋势调整得到 2020 年预测值。最后，基于上述预测结果，设置两种情景：情景一，假设 2020 年各行业能耗量占生产总能耗的比例保持 2015 年不变。情景二，根据各行业能耗量占生产总能耗比例的历史变动情况，预测 2020 年各行业能耗占比。研究这两种情景下，"十三五"时期我国的经济总量和经济增速、碳排放总量和碳强度。

第 5 章，基于多目标决策的行业能源消费量优化研究。分别构建经济总量最大、碳排放总量最小、公平性最强的优化模型以及综合考虑上述三个目标的多目标优化模型，以能耗总量约束、能耗强度约束、碳强度约束、产业结构、行业结构等为约束条件，求解三个单目标优化模型和多目标优化模型中各行业的最优能源消费量，并对不同目标下的经济增速和碳强度进行对比分析。

第 6 章，能源消费总量控制的配套政策设计。论述基于庇古理论的税收和补贴手段、基于科斯理论的用能权交易手段的作用机理，从用能权监测与核证环节、用能权交易环节等方面提出用能权交易机制的构建设想，研究用能权交易中的政府保障行为，基于委托代理理论，研究政府的最优节能补贴水平。以政府的监管成本与损失最小为目标，研究政府的最优监管水平。

1.3.2 研究意义

本书对实施能源消费总量控制的经济及环境影响、优化和配套政策进行研究，具有如下意义：

（1）我国能源消费总量控制是在国内外环境压力的日益增加背景下提出的，实施能源消费总量控制，必然能够减少能源消费引起的碳排放等环境问题，但是削减能源消费量对经济增长产生的影响也是政策制定和实施需要考虑的问题，如何在降低环境污染的同时最小限度地影响经济增长是能源消费总量控制成功实施的关键。本书定量研究了 2013 年能源消费总量控制对经济增长速度产生的影响、对碳排放产生的影响、对高能源密集行业的经济异质性影响、对高碳密集行业的环境异质性影响，从经济与环境两个方面对其产生的影响进行评估，为了解能源消费总量控制的实施效果、为后续相关政策制定和优化提供参考。

（2）本书定量研究了 2020 年我国能源消费总量为 50 亿吨标准煤时，"十三五"时期的经济总量和经济增长速度、碳排放总量和碳排放强度，对 2020 年能源消费总量控制的实施效果进行预测模拟，有利于及时了解能源消费总量控制实施的正面和负面影响，以便在实施的过程中及时进行调整，或及时采取配套措施进行修正，以减少负面影响，增强正面影响。

（3）本书对 2020 年各行业的能源消费量进行的优化，是以经济总量最大、碳排放总量最小和公平性最强为目标的，是在能耗总量约束下，对各行业最优能源消费量的探究，为政府制定行业能耗政策以及实施用能权交易中一级市场的用能权分配提供了一定的参考，具有重要的意义。

（4）《"十三五"规划纲要》中提出了"建立健全用能权初始分配制度，创新有偿使用，培育和发展交易市场"，而后，2016 年 7 月，国家发改委发布了《用能权有偿使用和交易制度试点方案》，提出要在浙江、四川、河南、福建开展用能权有偿使用和交易试点。在用能权交易制度实施之初，本书基于科斯理论提出的用能权交易机制构建设想，对于建立和逐步完善我国用能权交易制度具有一定的参考意义。此外，关于政府最优节能补贴激励力度和监管水平的研究，对政府在保障用能权交易实现中的行为具有重要的参考价值，有利于政府引导用能权交易市场的形成。

1.3.3　研究方法

基于本书的主要研究内容，研究过程将涉及经济学、统计学、计量经济学、管理学等多学科的理论与方法，具体如下：

（1）文献研究法。在提出本书要研究的五个方面问题后，通过文献统计数据库对已有研究进行了搜集、鉴别和整理，在总结前人研究方法、内容和结论的基础上，找出了本书的研究空间，深化了本研究对拟解决问题的认识以及对方法的借鉴和改进等。

（2）计量经济方法。在研究能源消费的经济影响，以及 2013 年能源消费总量控制产生的经济及环境影响时，运用计量经济方法，构建了能源消费总量对经济增长影响的计量模型、能源消费总量控制实施产生的经济及环境影响的计量模型，运用 Stata 软件，得到各类影响效应的系数值。

（3）数学与管理学相结合的方法。在组合预测模型中确定各单一预测模型所占权重时，将数学规划方法结合进来，以实际值和预测值的误差平方和最小为目标函数求解最优权重；在运用马尔科夫链模型预测行业能耗结构时，以预测值

研究准备部分 第1章

```
┌─────────────────┐
│     研究背景      │
└─────────────────┘
┌─────────────────┐
│   提出研究问题    │
└─────────────────┘
┌─────────┐         ┌─────────┐
│ 文献综述 │         │ 理论基础 │
└─────────┘         └─────────┘
```

第2章

```
┌─────────────────────────────┐
│   能源消费的经济及环境影响分析    │
└─────────────────────────────┘
┌───────────┐         ┌───────────┐
│ 经济影响研究 │         │ 环境影响分析 │
└───────────┘         └───────────┘
┌─────────────────────────────┐
│ 能源消费的经济及环境影响机制分析  │
└─────────────────────────────┘
```

第3章

```
┌──────────────────────────────────┐
│ 2013年能源消费总量控制的经济及环境影响研究 │
└──────────────────────────────────┘
┌───────────┐                  ┌───────────┐
│ 经济影响研究 │                  │ 环境影响研究 │
└───────────┘                  └───────────┘
┌─────────┐ ┌─────────┐    ┌─────────┐ ┌─────────┐
│基于静态面板│ │基于倍差法模│    │基于动态面板│ │基于倍差法模│
│模型的平均经│ │型的行业异质│    │模型的平均环│ │型的行业异质│
│济影响     │ │性经济影响  │    │境影响     │ │性环境影响  │
└─────────┘ └─────────┘    └─────────┘ └─────────┘
```

实证研究部分 第4章

```
┌──────────────────────────────────┐
│ 2020年能源消费总量控制的经济及环境影响研究 │
└──────────────────────────────────┘
┌─────────┐    ┌─────────┐    ┌─────────┐
│基于组合预测│    │基于马尔科夫│    │基于非限制性│
│模型的生活能│    │链模型的能耗│    │VAR模型的能│
│耗量预测   │    │结构预测   │    │耗系数预测  │
└─────────┘    └─────────┘    └─────────┘
┌───────────┐                  ┌───────────┐
│ 经济影响预测 │                  │ 环境影响预测 │
└───────────┘                  └───────────┘
```

第5章

```
┌──────────────────────────────┐
│   基于多目标决策的行业能源消费量优化研究 │
└──────────────────────────────┘
┌─────────────┐ ┌───────────────┐ ┌─────────────┐
│经济总量最大优化模型│ │碳排放总量最小优化模型│ │公平性最强优化模型 │
└─────────────┘ └───────────────┘ └─────────────┘
┌─────────────┐
│  多目标优化模型  │
└─────────────┘
```

第6章

```
┌─────────────────────────┐
│   能源消费总量控制的配套政策设计   │
└─────────────────────────┘
┌─────────────────┐    ┌─────────────────┐
│ 基于庇古理论的经济手段 │    │ 基于科斯理论的经济手段 │
└─────────────────┘    └─────────────────┘
┌─────────────────┐
│  用能权交易机制构想   │
└─────────────────┘
┌─────────────────┐
│  用能权交易中的政策设计 │
└─────────────────┘
┌─────────────┐         ┌─────────────┐
│ 节能补贴激励设计 │         │ 最优监管水平设计 │
└─────────────┘         └─────────────┘
```

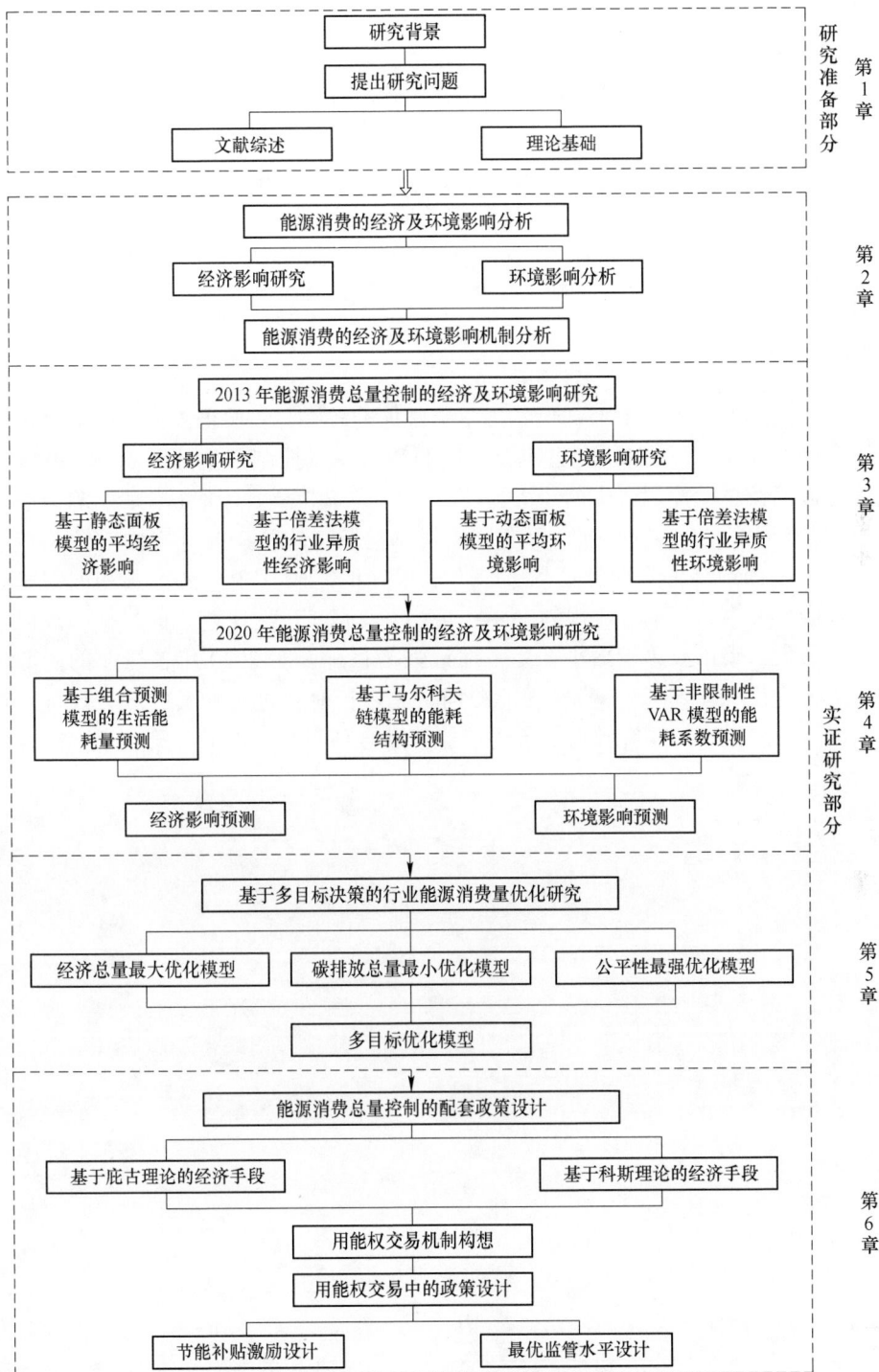

图1-3 研究的技术路线

和实际值在 n 个阶段的误差绝对值之和最小为目标函数求解最优的状态转移概率矩阵；在研究行业能源消费量的优化问题时，运用多目标规划方法，求解最优的行业能耗量。这些都是将数学方法运用到实际经济与管理问题之中。

（4）博弈论与信息经济学方法。在研究用能权交易中的政府保障行为时，运用了信息经济学中的委托代理方法，通过设置参与约束和激励相容约束，求解政府的最优节能补贴激励力度；在研究政府的最优监管水平时，运用博弈论方法，求解政府的最优监管水平、用能单位的最优违规用能量和二者的纳什均衡解。

1.3.4　技术路线

研究的技术路线如图 1-3 所示。本书整体的思路是：验证能源消费对经济与环境有影响（第 2 章）→研究已实施的能源消费总量控制产生的影响，即 2013 年实施能源消费总量控制产生的经济与环境影响（第 3 章）→研究未来能源消费总量控制会产生的影响，即 2020 年能源消费总量控制的经济与环境影响预测模拟（第 4 章）→因预测得到两种情景下，不能很好地完成《中华人民共和国国民经济和社会发展第十三个五年规划纲要》（简称"十三五"规划）的目标，故以经济总量最大、碳排放总量最小、公平性最强为目标，对 2020 年各行业的能源消费量进行优化（第 5 章）→为实现能源消费总量控制，进行配套的政策设计，构想用能权交易机制，研究政府的最优节能补贴激励和监管水平（第 6 章）。

② 能源消费的经济及环境影响分析

本章首先分析我国能源消费的现状和特点；而后利用第一、二、三产业分行业数据，基于面板数据模型和面板 VAR 模型（PVAR 模型）实证研究能源消费对全行业和对工业经济增长的静态和动态影响；以能源消费碳排放量表示环境影响，计算能源消费碳排放总量并分析现状及特点；最后分析我国实施能源消费总量控制的经济及环境影响机制，为研究能源消费总量控制的经济及环境影响提供基础。

2.1 能源消费的经济影响研究

本节运用静态面板数据模型和 PVAR 模型，分别从静态和动态两个方面研究能源消费对经济增长的影响。此外，为研究能源消费对全行业和对工业行业的不同影响，在 2.1.1 和 2.1.2 节中，分别将全行业经济总量、工业行业经济总量作为被解释变量构建模型，以研究能源消费对全行业和对工业行业的不同经济影响。

2.1.1 基于面板数据模型的能源消费对经济增长的静态影响研究

2.1.1.1 面板数据模型设定

采用柯布道格拉斯生产函数作为模型框架，$C\text{-}D$ 生产函数最初形式中的生产要素包含资本和劳动，后来不少学者在研究时均加入了能源要素，本书采用加入能源要素后的生产函数形式：

$$Y = A_0 e^{\lambda t} K^{\alpha} L^{\beta} E^{\gamma} \tag{2-1}$$

式中，Y 为产出；A_0 为常数，代表基期的科技水平；K 为资本投入；L 为劳动投入；E 为能源投入；λ 为技术进步的速率；t 为时间序列；α、β、γ 分别为资本、劳动和能源的产出弹性系数。

为实现研究目的，对等式两边同时取对数，得到：

$$\ln Y = \ln A_0 + \alpha \ln K + \beta \ln L + \gamma \ln E + \lambda t \tag{2-2}$$

基于上述 $C\text{-}D$ 生产函数的变形形式，本书构建式（2-3）所示的能源消费对经济增长的面板数据模型：

$$\ln Y_{it} = c + \alpha \ln K_{it} + \beta \ln L_{it} + \gamma \ln E_{it} + \lambda t + \varepsilon_{it} \tag{2-3}$$

式中，i 代表行业；t 代表时间；α、β、γ 分别表示资本、劳动、能源变动对产出的影响程度；ε_{it} 为残差项。

2.1.1.2　资本存量的测算及数据来源

根据《国民经济行业分类》（GB/T 4754—2017），考虑《中国统计年鉴》和《中国能源统计年鉴》、《中国工业经济统计年鉴》中的分行业统计数据情况，本书在研究中将全国三次产业分为 40 个行业，其中，第一产业为农林牧渔水利业，第二产业包括工业和建筑业在内的 36 个行业，第三产业包括 3 个行业。行业分类及代码见表 2-1。

表 2-1　行业分类及代码

代码	行业名称	代码	行业名称
H1	农、林、牧、渔、水利业	H21	化学纤维制造业
H2	煤炭开采和洗选业	H22	橡胶和塑料制品业
H3	原油和天然气业	H23	非金属矿物制品业
H4	黑色金属矿采选业	H24	黑色金属冶炼及压延加工业
H5	有色金属矿采选业	H25	有色金属冶炼及压延加工业
H6	非金属矿及其他矿采选业	H26	金属制品业
H7	农副食品加工及食品制造业	H27	通用设备制造业
H8	饮料制造业	H28	专用设备制造业
H9	烟草制品业	H29	交通运输设备制造业
H10	纺织业	H30	电气机械及器材制造业
H11	纺织服装、鞋、帽制造业	H31	通信、计算机及其他电子设备制造业
H12	皮革、毛皮、羽毛（绒）及其制品业	H32	仪器仪表及文化、办公用机械制造业
H13	木材加工及藤、棕、草制品业	H33	其他制造业
H14	家具制造业	H34	电力热力业
H15	造纸及纸制品业	H35	燃气生产和供应业
H16	印刷业和记录媒介复制业	H36	水的生产和供应业
H17	文教体育用品制造业	H37	建筑业
H18	石油制品炼焦业	H38	交通运输、仓储和邮政业
H19	化学原料及化学制品制造业	H39	批发、零售业和住宿、餐饮业
H20	医药制造业	H40	其他行业

由于 2004 年以前的统计年鉴，不统计 H33 其他制造业的相关数据，并且 H33 其他制造业的产出、能耗量占全行业的比重很小，为保持研究数据的一致性，在本章中，研究所用数据不包括 H33 其他制造业的数据，研究共使用 39 个行业的数据，其中工业行业为 34 个。由于行业总产值数据从 2012 年开始停止公

布，数据存在缺失，故本书用工业行业销售总产值代替，并用价格指数进行定基处理，数据来自《中国工业经济统计年鉴》；各行业的劳动力数据用行业年末从业人员数表示，数据来自《中国劳动统计年鉴》；各行业的能源消费总量均折算为标准煤，数据来自《中国能源统计年鉴》；各行业资本存量的计算采用永续盘存法，计算公式为：

$$K_t = K_{t-1}(1 - \delta) + I_t \qquad (2-4)$$

式中　K_t，K_{t-1}——第 t 年和第 $t-1$ 年的资本存量，亿元；

　　　　δ——折旧率，%；

　　　　I_t——第 t 年的实际投资量，亿元。

由式（2-4）可知，计算资本存量的关键在于折旧率的确定、基年资本存量的确定、当年投资量指标的选择以及投资品价格指数的选取。

在当年投资量指标的选择上，当年固定资产投资总额和固定资本形成总额均在已有文献中被用来作为当年投资量，而用固定资本形成总额作为当年投资量的较为普遍。但由于统计年鉴中没有公布各行业的固定资本形成总额数据，故本书用当年固定资产投资总额作为当年投资量指标；投资品价格指数采用固定资产投资价格指数；基年资本存量的确定采用单豪杰（2008）的方法，由于本书用固定资产投资总额作为当年投资量指标，故基年资本存量=基年固定资产投资额/（固定资产投资额年均增长率+折旧率）。关于当年投资量指标、基年资本存量指标和投资品价格指数的确定学术界已达成共识，但是关于折旧率指标如何确定，目前争议仍较大。

关于折旧率的估算主要有如下两种方法：

（1）假定固定不变的折旧率，如王小鲁和樊纲（2000）假设折旧率为5%，Hu（1997）假设折旧率为3.6%，龚六堂和谢丹阳（2004）假设全国各省折旧率为10%，但是全国各省或各行业的折旧率不可能完全一样、一成不变，故主观确定固定不变折旧率的方法与实际不符。

（2）通过一定的方法对折旧率进行估计，这是近年来学者较多采用的方法。例如，张军等（2004）、单豪杰（2008）将资本分类，利用法定残值率和寿命期估计各类资本品的折旧，然后加权得到总资本品的折旧率。但是对于本书的研究对象——不同行业而言，各行业分类资本品的寿命期很难估计，且各类资本品的权重确定具有主观性，因此本书不采用该方法。薛俊波和王铮（2007）利用折旧额和资本存量之间的关系以及永续盘存法资本存量的计算公式，以投入产出表中给出的各行业折旧额为依据，通过迭代计算，求得一定时间区间内的折旧率，但是该方法忽略了基年不同对估算结果的影响。陈诗一（2011）利用《中国工业经济统计年鉴》中给出的各行业累计折旧额和固定资产原值数据，根据变量之间的关系推断出隐含的折旧率。该做法还原了官方的折旧率，且能得到不同行业随时间变动的折旧率，较为合理，故本书借鉴陈诗一（2011）的方法计算各行业的折旧率，公式如下：

$$\delta_t = \frac{ND_t}{OVFA_{t-1}} \tag{2-5}$$

$$ND_t = CD_t - CD_{t-1} \tag{2-6}$$

$$CD_t = OVFA_t - NVFA_t \tag{2-7}$$

式中，δ_t 表示 t 时期某一行业的折旧率；ND_t 表示 t 时期的行业折旧额；CD_t 代表 t 时期的行业累计折旧额；$OVFA_t$ 表示 t 时期某行业的固定资产原值；$NVFA_t$ 表示 t 时期的行业固定资产净值。

根据各年份《中国工业经济统计年鉴》中的数据，按照上述方法，可计算得到工业行业 2001~2015 年的折旧率。由于第一、第三产业缺少各行业的相关指标数据，无法按照该方法计算折旧率，故第一、三产业行业折旧率按 5% 计算。受篇幅限制，本节仅给出 2001~2015 年工业各行业的年均折旧率计算结果，见表 2-2。

表 2-2　2001~2015 工业各行业年均折旧率计算结果

行业	年均折旧率	行业	年均折旧率	行业	年均折旧率
H2	0.0626	H14	0.0749	H26	0.0785
H3	0.0724	H15	0.0548	H27	0.0614
H4	0.0855	H16	0.0599	H28	0.0704
H5	0.0493	H17	0.1050	H29	0.0657
H6	0.1004	H18	0.0616	H30	0.0840
H7	0.0766	H19	0.0626	H31	0.0828
H8	0.0514	H20	0.0678	H32	0.0690
H9	0.0558	H21	0.0568	H34	0.0608
H10	0.0461	H22	0.1080	H35	0.0451
H11	0.0725	H23	0.0544	H36	0.0458
H12	0.0666	H24	0.0636		
H13	0.0743	H25	0.0613		

依据计算得到的各行业折旧率，根据永续盘存法，即可计算得到各行业的资本存量。

2.1.1.3　实证结果分析与讨论

A　面板数据单位根检验

为避免伪回归，必须首先对变量的平稳性进行检验，表 2-3 为全行业数据和工业行业数据在 4 种检验方法下的单位根检验结果。

表 2-3 单位根检验结果

分　类	变量	LLC	IPS	Fisher-ADF	Fisher-PP
全行业	$\ln Y$	−15.0340***	−10.0332***	246.6070***	351.5860***
	$\ln K$	−15.6468***	−26.3813***	489.4670***	456.0070***
	$\ln L$	−6.1584***	−4.0273***	128.5280***	81.7170
	$\ln E$	−14.4742***	−5.3798***	162.0110***	226.1530***
工业行业	$\ln Y'$	−15.9244***	−10.4344***	233.6550***	343.5590***
	$\ln K'$	−29.4330***	−27.6389***	465.4150***	434.3000***
	$\ln L'$	−6.1308***	−4.2593***	116.4390***	71.7173
	$\ln E'$	−14.5305***	−5.9371***	155.9660***	218.1410***

注:*** 表示1%的显著性水平。

全行业模型的单位根检验结果中,变量 $\ln Y$、$\ln K$、$\ln E$ 在四种检验方法下均水平平稳,变量 $\ln L$ 仅在 Fisher-PP 检验方法下不平稳,在其余三种检验方法下均平稳,故认为变量 $\ln L$ 也为水平平稳。工业行业模型的单位根检验结果同上,不再赘述。由于所有变量均为水平平稳变量,可直接进行回归估计。

B　面板数据模型设定形式检验

本书运用 Stata 软件进行估计,面板数据模型设定形式检验结果见表 2-4。

表 2-4 面板数据模型设定形式检验结果

分　类	检验目标	检验统计量值	P 值
全行业	固定效应模型的 F 检验	$F(38, 542) = 256.10$	0.0000
	随机效应模型的 LM 检验	Chibar2(01) = 3302.85	0.0000
工业行业	固定效应模型的 F 检验	$F(38, 542) = 208.03$	0.0000
	随机效应模型的 LM 检验	Chibar2(01) = 2803.87	0.0000

由表 2-4 可知,在全行业模型对个体固定效应模型的 F 检验结果中,P 值小于 0.05,拒绝混合回归模型是合理的原假设;对个体随机效应模型的 LM 检验结果中,P 值小于 0.05,同样拒绝混合回归模型是合理的原假设。为确定全行业面板模型为个体固定效应模型还是个体随机效应模型,还需进行 Hausman 检验。检验结果对应的 P 值为 0.1043,不能拒绝随机效应模型合理的原假设,最终确定应建立全行业个体随机效应模型。同理,最终确定应建立工业行业个体固定效应模型。

C　实证结果

为验证模型估计结果的稳健性,将混合回归模型(OLS)、个体随机效应模型(RE)和个体固定效应模型(FE)的估计结果均列于表 2-5 中。但在具体分析影响系数的大小时，全行业采用个体随机效应模型的估计结果，工业行业采用个体固定效应模型的估计结果。

表 2-5　全行业和工业行业能源消费对经济增长影响的回归估计结果

解释变量	全 行 业			工 业 行 业		
	OLS	RE	FE	OLS	RE	FE
$\ln K$	0.0201 （0.0355）	0.2671 * * * （0.0141）	0.2676 * * * （0.0144）	0.0652 （0.0455）	0.2032 * * * （0.0176）	0.1938 * * * （0.0181）
$\ln L$	0.5242 * * * （0.0349）	0.3496 * * * （0.0366）	0.3527 * * * （0.0395）	0.8458 * * * （0.0453）	0.3568 * * * （0.0420）	0.3149 * * * （0.0436）
$\ln E$	0.1957 * * * （0.0279）	0.1777 * * * （0.0415）	0.1944 * * * （0.0458）	0.1092 * * * （0.0261）	0.2736 * * * （0.0457）	0.3187 * * * （0.0523）
t	0.1183 * * * （0.0119）	0.0438 * * * （0.0044）	0.0423 * * * （0.0045）	0.1066 * * * （0.0158）	0.0628 * * * （0.0054）	0.0642 * * * （0.0054）
常数项	2.5095 * * * （0.1841）	2.5162 * * * （0.3137）	2.3710 * * * （0.3341）	0.8009 * * * （0.2486）	2.1780 * * * （0.3348）	2.1817 * * * （0.3576）
within-R^2	0.7405	0.9540	0.9540	0.7893	0.9586	0.9587
样本量	585	585	585	510	510	510

注：* * * 表示在 1% 的显著性水平下显著，OLS 为混合回归模型估计结果，RE 为个体随机效应模型估计结果，FE 为个体固定效应模型估计结果。

由表 2-5 可知，全行业个体随机效应模型的估计结果中，解释变量均在 1% 的显著性水平下显著。其中，劳动力投入对经济增长的影响最大，劳动力投入增加 1% 将促使全行业经济增长 0.3496%。资本存量和能源投入对经济增长也产生较大影响，资本和能源每增加 1% 将分别促使全行业经济增长 0.2671% 和 0.1777%。解释变量 t 的系数代表技术进步速率，估计结果显示 2001～2015 年我国技术进步年均增长率为 4.38%。工业行业个体固定效应模型的估计结果中，解释变量均在 1% 的显著性水平下显著。其中，能源投入对经济增长的拉动作用最大，能源投入每增加 1% 将促使工业经济增长 0.3187%。劳动力投入对工业经济增长的影响仅次于能源，投入每增加 1% 将促使经济增长 0.3149%；资本投入对工业行业经济增长的影响相对较小，投入增加 1% 会促使经济增长 0.1938%。解释变量 t 的系数值反映出 2001～2015 年我国工业行业平均技术进步速度为 6.42%。

综上可知，能源投入增加 1% 会促使全行业经济增长 0.1777%，会促使工业经济增长 0.3187%。可见，能源消费变动对工业经济增长的影响较大。这是由于工业行业多为能源密集型，经济增长对能源的依赖程度相对较高，故能源消费变动对工业经济增长的影响必然要高于其对全行业的平均影响。

为检验能源消费与经济增长之间是否存在高次关系，将能源消费 $\ln E$ 的二次至五次方加入模型中进行回归估计，发现加入高次项后，模型的拟合程度并没有得到提高，反而导致能源消费 $\ln E$ 的一次方项至五次方项的 t 检验均不通过，即系数值均不显著，说明能源消费与经济增长之间呈线性关系，模型设定形式无误。关于能源消费与经济增长之间的关系，赵进文和范继涛（2007）基于非线性 STR 模型技术对我国能源消费与经济增长的内在依从关系进行了研究，得到了只要 GDP 增速大于 0 且不超过 18.04%，则经济增长同能源消费之间将保持稳定的线性关系；GDP 增速一旦超过 18.04% 或出现负增长，则二者的关系就由线性转化为非线性。该结论也验证了本书模型设定及结论的正确性。

2.1.2 基于 PVAR 模型的能源消费对经济增长的动态影响研究

面板向量自回归模型（Panel Vector Autoregression，PVAR）最早由 Holtz - Eakin 等（1988）提出，其沿袭了 Sims 提出的向量自回归模型（Vector Autoreg Ression，VAR）的优点，并经 Pesaran 和 Smith、Binder 和 Hsiao、Love 和 Zicchino 等学者不断发展和完善，已成为较为成熟的分析工具。相对于 VAR 模型对较长时间序列的要求，PVAR 模型具有截面大、时序短的特点，能有效利用面板数据解决个体异质性问题，充分考虑了时间效应和个体效应。本书构建 PVAR 模型形式如下：

$$Y_{it} = \Gamma_0 + \sum_{p=1}^{n} \Gamma_p Y_{it-p} + f_i + e_i + \mu_{it} \tag{2-8}$$

式中，Y_{it} 为四元向量，$Y_{it} = (y_{it}, e_{it}, k_{it}, l_{it})$，其中，$y_{it}$、$e_{it}$、$k_{it}$、$l_{it}$ 分别代表 i 行业 t 时期总产出、能源、资本和劳动的增长率；Y_{it-p} 表示 p 阶滞后项；i 表示行业；t 表示时期；Γ_p 为待估的滞后效应矩阵；e_i 表示特定冲击的时间效应；f_i 表示个体效应；μ_{it} 表示干扰项；Γ_0 为待估的常数矩阵。

为消除式（2-3）中等式右边的 λt 项，继续对公式两边对 t 求导，用差分代替微分，并令 $dt = 1$，可得：

$$\frac{\Delta Y}{Y} = \lambda + \alpha \frac{\Delta K}{K} + \beta \frac{\Delta L}{L} + \gamma \frac{\Delta E}{E} \tag{2-9}$$

令 $y = \Delta Y/Y$，$k = \Delta K/K$，$l = \Delta L/L$，$\gamma = \Delta E/E$ 可得：

$$y = \lambda + \alpha k + \beta l + \gamma e \tag{2-10}$$

将式（2-10）与式（2-8）结合，构建出 PVAR 模型。

因为 PVAR 模型中包含固定效应，所以不满足古典线性回归中解释变量严格外生的假定。采用"向前均值差分"法即 Helmert 变换来消除模型中的固定效应，以保障回归结果有效。在估计 PVAR 模型过程中，采用系统广义矩估计 Sys-

GMM 方法，并用蒙特卡洛模拟过程进行脉冲响应和方差分解，以分析能源消费与经济增长之间的影响关系。

2.1.2.1　单位根检验

本节所用数据为各行业的总产出、资本存量、劳动投入量和能耗量的增长率数据。为避免伪回归，必须首先对变量的平稳性进行检验，表 2-6 给出了全行业和工业行业面板数据在 4 种检验方法下的单位根检验结果。

表 2-6　单位根检验结果

分　类	变量	LLC 检验	IPS	Fisher-ADF	Fisher-PP
全行业	y	−2.2118***	−3.4400***	117.7180***	221.8640***
	k	−1.9390**	−1.8738**	94.4225*	247.9260***
	l	−4.8241***	−1.0219	139.8940***	331.132***
	e	−6.5503***	−6.1586***	169.5600***	324.1500***
工业行业	y'	−6.6990***	−4.1456***	134.6310***	305.0770***
	k'	−10.2280***	−5.8302***	154.0240***	152.4140***
	l'	−4.0844***	−4.8918***	131.8800***	232.813***
	e'	−15.5271***	−6.0007***	126.3090***	222.3600***

注：***、**、*分别表示 1%、5%、10%的显著性水平。

全行业面板数据单位根检验结果中，变量 y、k、e 在四种检验方法下均水平平稳；变量 l 仅在 IPS 检验方法下不平稳，在其余三种检验方法下均平稳，故认为变量 l 也为水平平稳。由于所有变量均为水平平稳变量，可直接进行回归估计。根据工业行业面板数据单位根检验结果，四个变量在四种检验方法下均水平平稳，可直接进行回归估计。

2.1.2.2　PVAR 模型滞后阶数的确定

滞后阶数的选择对 PVAR 模型具有重要影响，滞后阶数过长会导致自由度受损，滞后阶数过短会导致检验结果不可靠。本书采取 AIC、BIC 和 HQIC 信息准则确定模型的滞后阶数，各指标结果见表 2-7。

表 2-7　PVAR 模型滞后阶数选择

分　类	滞后阶数	AIC	BIC	HQIC
全行业	1	16.1716	−169.1462	−57.5837
	2	30.9762	−92.5689	−18.1939
	3	−3.6649	−65.4375	−28.2500

分 类	滞后阶数	AIC	BIC	HQIC
工业行业	1	14.9725	−163.7596	−56.5086
	2	24.7710	−94.3838	−22.8832
	3	−6.5265	−66.1039	−30.3535

根据表 2-7 可知，全行业和工业行业模型中，BIC 和 HQIC 准则均支持建立滞后 1 阶模型，AIC 准则均支持建立滞后 3 阶模型。一般来说，BIC 和 HQIC 倾向于选择更精简的模型，通常优于 AIC 准则，且考虑多数原则，对于全行业和工业行业，均建立滞后 1 阶的 PVAR 模型。

2.1.2.3 PVAR 模型稳定性检验

为检验模型的稳定性，做出了模型稳定性检验结果图（见图 2-1）。由图 2-1 可知，全行业和工业行业 PVAR 模型四个特征根的模的倒数均位于单位圆内，表明所建立的模型均是稳定的。

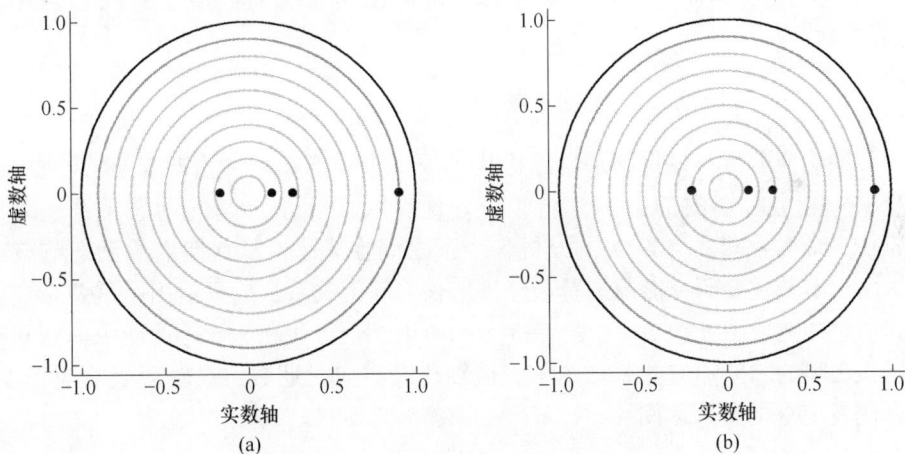

图 2-1　面板 VAR 模型稳定性检验图
（a）全行业 PVAR 模型稳定性检验；（b）工业行业 PVAR 模型稳定性检验

2.1.2.4 PVAR 模型估计结果

运用 Sys-GMM 估计方法，得到了全行业和工业行业总产出、资本存量、劳动力和能源之间的 PVAR 模型估计结果，见表 2-8。

表 2-8　PVAR 模型估计结果

分　类	变量	h_y 的方程	h_e 的方程	h_k 方程	h_l 方程
全行业	l.h_y	0.4585 ***	0.3616 ***	1.1373 ***	0.0374
	l.h_e	0.1409 **	-0.0444	0.5744 ***	0.0164
	l.h_k	0.0824 ***	0.1108 ***	0.4897 ***	0.0008 *
	l.h_l	0.0356	0.0883	-0.4388 *	0.2346
工业行业	l.h_y	0.4534 ***	0.3596 ***	1.1684 ***	0.0440
	l.h_e	0.1498 **	-0.0649	0.6836 ***	0.0249
	l.h_k	0.0792 ***	0.1117 ***	0.4858 ***	-0.0001 ***
	l.h_l	0.0367	0.0854	-0.5242 *	0.2478

注：*** 、** 、* 分别表示 1%、5%、10%的显著性水平。

由表 2-8 估计结果可知，全行业和工业行业中，滞后 1 期的能源消费增速均对总产出增速的影响系数显著为正，反映出能源消费增长对经济增长具有显著的促进作用。从影响系数大小来看，全国 39 个行业的 PVAR 模型中，滞后 1 期的能源消费对总产出增速的影响系数为 0.1409，略小于 34 个工业行业的 PVAR 模型中的系数值 0.1498，反映出工业行业能源消费增长对经济增长的影响相对更强。

2.1.2.5　脉冲响应与方差分解分析

脉冲响应分析可以得到来自随机扰动项一个标准差的冲击对 VAR 系统中各变量未来一定时期内的影响，能够较好地反映出变量之间的动态关系。采用 Monte Carlo 方法模拟 500 次，分析各变量之间在未来 0~10 期内的动态响应关系。由于本节主要研究能源消费与经济增长之间的关系，故只给出了这两个变量之间的脉冲响应图，图 2-2、图 2-3 分别给出了全行业和工业行业能源消费和经济增长之间的脉冲响应关系。图中，横轴代表响应时期数，纵轴代表响应程度，阴影代表 95%的置信区间。

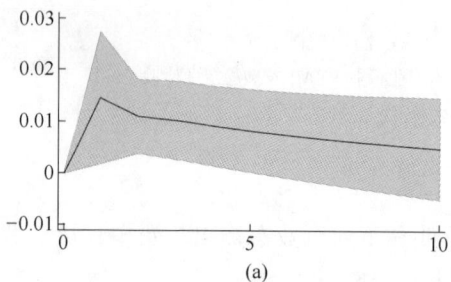

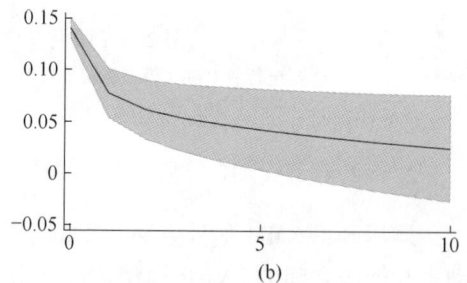

(a)　　　　　　　　　　　　　　　　(b)

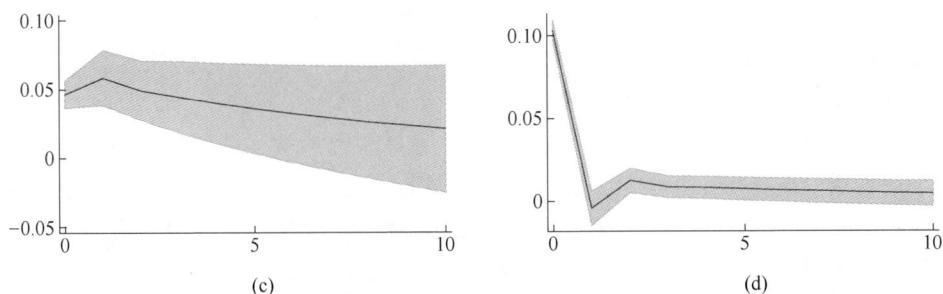

图 2-2　全行业能源消费与经济增长之间的脉冲响应关系

(图中横坐标为时期数，纵坐标为脉冲值)

(a) 全行业 y 对 e 的冲击响应；(b) 全行业 y 对 y 的冲击响应；

(c) 全行业 e 对 y 的冲击响应；(d) 全行业 e 对 e 的冲击响应

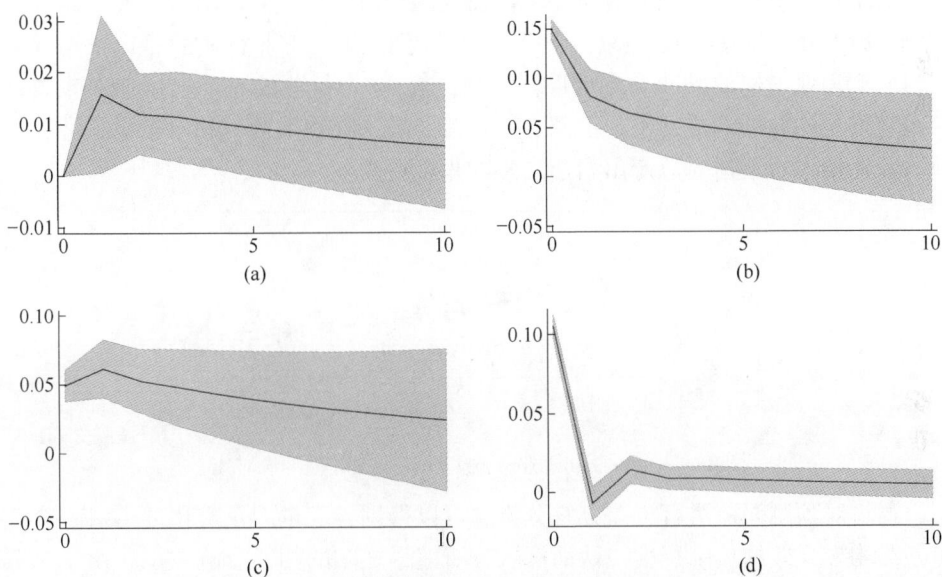

图 2-3　工业行业能源消费与经济增长之间的脉冲响应图

(图中横坐标为时期数，纵坐标为脉冲值)

(a) 工业行业 y 对 e 的冲击响应；(b) 工业行业 y 对 y 的冲击响应；

(c) 工业行业 e 对 y 的冲击响应；(d) 工业行业 e 对 e 的冲击响应

　　由图 2-2(a) 可知，全行业总产出增速对能源消费增速的冲击在 10 期内的响应处于 [0.0048，0.0145] 之间，且随着时期数的增加呈逐渐收敛状态。当给能源消费增速一个标准差的正向冲击后，总产出增速在当期的响应值为 0，在第 1 期达到最大值 0.0145，之后逐步缩小并趋向于 0。由图 2-2(c) 可知，全行业能源消费增速对总产出增速的冲击在 10 期内的响应值处于 [0.0211，0.0584] 之间，并随着时期数的增加呈逐步收敛状态。当给总产出增速一个标准差的正向冲击后，能源消费增速在当期的响应值为 0，在第 1 期达到最大值 0.0584，而后逐步减小并趋近于 0。由此可知，能源消费增速和总产出增速之间相互影响，从响应程度来看，总产出对能源消费的影响要大于能源消费对总产出的影响。

由图 2-3(a) 可知，工业行业总产出增速对能源消费增速的冲击在 10 期内的响应处于 [0.0056, 0.0158] 之间，且随着时期数的增加呈逐渐收敛状态。当给能源消费增速一个标准差的正向冲击后，总产出增速在当期的响应值为 0，在第 1 期达到最大值 0.0158，之后逐步缩小并趋向于 0。由图 2-3(c) 可知，工业行业能源消费增速对总产出增速的冲击在 10 期内的响应值处于 [0.0233, 0.0613] 之间，并随着时期数的增加呈逐步收敛状态。当给总产出增速一个标准差的正向冲击后，能源消费增速在当期的响应值为 0，在第 1 期达到最大值 0.0613，而后逐步减小并趋近于 0。

为了将工业行业能源消费对经济增长的影响与全行业能源消费对经济增长的影响进行对比，作图 2-4。图 2-4 中，虚线代表 34 个工业行业的总产出增速对来自能源消费增速的脉冲响应结果，实线代表 39 个行业的总产出增速对来自能源消费增速的脉冲响应结果。由图 2-4 可知，在 1~10 期内，相对于全行业，工业行业能源消费增速对总产出增速的影响程度更高。

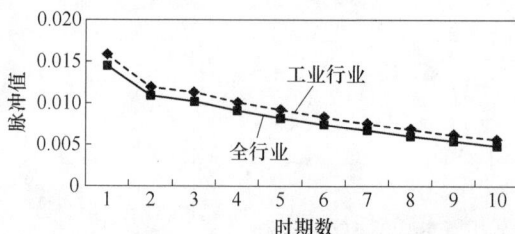

图 2-4　全行业和工业行业 PVAR 模型脉冲响应对比

通过对预测误差进行方差分解分析，可以得到各变量的正交化冲击对一个变量预测均方误差的贡献程度，从而深入分析变量之间的相互影响关系。由于本节主要分析能源消费与经济增长的关系，故只给出了能源消费增速和总产出增速 10 期内的方差分解结果，见表 2-9。

表 2-9　总产出增速和能源消费增速的方差分解结果

时期	全行业响应变量 y		全行业响应变量 e		工业响应变量 y		工业响应变量 e	
	y	e	y	e	y	e	y	e
0	0	0	0	0	0	0	0	0
1	1	0	0.1615	0.7938	1	0	0.1696	0.7819
2	0.9580	0.0079	0.3092	0.5895	0.9591	0.0082	0.3181	0.5748
3	0.9256	0.0104	0.3729	0.5023	0.9273	0.0109	0.3821	0.4880

时期	全行业响应变量 y		全行业响应变量 e		工业响应变量 y		工业响应变量 e	
	y	e	y	e	y	e	y	e
4	0.9033	0.0122	0.4121	0.4477	0.9047	0.0129	0.4219	0.4328
5	0.8880	0.0134	0.4373	0.4122	0.8891	0.0142	0.4474	0.3971
6	0.8772	0.0142	0.4548	0.3876	0.8779	0.0151	0.4651	0.3722
7	0.8693	0.0148	0.4674	0.3698	0.8697	0.0158	0.4779	0.3542
8	0.8635	0.0153	0.4768	0.3567	0.8636	0.0163	0.4874	0.3409
9	0.8591	0.0156	0.4838	0.3468	0.8589	0.0167	0.4946	0.3307
10	0.8557	0.0158	0.4892	0.3392	0.8553	0.0170	0.5002	0.3229

根据全行业总产出增速的方差分解结果可知，总产出增速预测误差的波动在 10 期内主要受自身影响。随着时期数的增加，能源消费增速对总产出增速的解释程度逐渐提高。由全行业能源消费增速的方差分解结果可知，在 3 期内主要受自身的影响，在第 4~10 期，总产出增速对其影响逐渐增加，并超越了能源消费增速自身的影响。比较可知，全行业能源消费对总产出增速的影响随着时期数的增加而逐渐增强，但影响程度弱于总产出增速对能源增速的影响。根据工业行业总产出增速的方差分解结果，其预测误差的波动在 10 期内主要受自身影响，随着时期数的增加，能源消费增速对总产出增速的贡献程度逐渐提高。根据工业行业能源消费增速的方差分解结果可知，在 2 期内主要受自身影响，在 3~10 期，总产出增速的影响程度逐渐增加，并在第 10 期超越了工业行业能源消费增速对自身的影响。

为了将工业行业能源消费对经济增长的影响与全行业情况进行对比，将 1~10 期的方差分解结果对比并作图 2-5。图 2-5 中，虚线为 34 个工业行业能源消费增速对总产出增速的方差分解结果，实线为全行业能源消费增速对总产出增速的方差分解结果。由图 2-5 可知，在 2~10 期的各期中，工业行业能源消费对总产出增长的解释程度均大于全行业，可见，能源消费对工业行业经济增长的影响要高于其对全行业的影响。

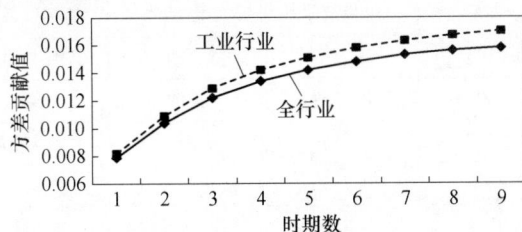

图 2-5　全行业和工业行业方差分解结果对比

2.2 能源消费的环境影响分析

本节以能源消费碳排放量表示能源消费产生的环境影响，计算各行业能源消费碳排放量，分析碳排放的总量及行业特征。

2.2.1 能源消费 CO_2 排放的总量及结构特征

根据《2006 年 IPCC 国家温室气体清单指南》，温室气体排放源包括能源活动、工业生产过程与产品使用、农业、林业和其他土地利用、废弃物及其他。农业、林业和其他土地利用以及废弃物处置排放的温室气体主要为 CH_4，CO_2 排放的主要来源为能源活动和工业生产过程与产品使用。工业生产过程和产品使用产生的 CO_2 排放涉及多个行业的水泥、石灰、玻璃、纯碱等多种产品的生产和使用，且这些产品的生产和使用过程的 CO_2 排放对生产工艺与生产条件的敏感性较强，不同行业差异较大。以水泥生产为例，仅水泥生产的 CO_2 排放就受到生产工艺技术类型、熟料中原料碳酸盐含量、燃料类型、熟料与水泥比等多个因素影响，故该部分 CO_2 排放的计算需要考虑多种工业生产过程和产品使用中的多种因素，统计数据的限制给计算此部分 CO_2 排放量带来很大困难。故本研究估算的 CO_2 排放量仅限于能源活动产生的 CO_2。

能源消费 CO_2 排放计算公式为：

$$C = \sum_{i=1}^{n} E_i \times f_i \tag{2-11}$$

式中，C 为能源消费产生的 CO_2 排放总量；E_i 为第 i 种能源的终端消费量；f_i 为第 i 种能源的 CO_2 排放系数；n 为能源品种的个数，CO_2 排放量的估算考虑 17 类能源品种终端消费所产生的 CO_2 排放量，故 $n = 17$。

主要能源的 CO_2 排放系数来源于《2006 年 IPCC 国家温室气体清单指南》所推荐的缺省值，原始数据的单位为 J，以 1t 标准煤等于 29.3GJ 为系数，将单位转换为标准煤。各类能源的折标煤系数与 CO_2 排放系数见表 2-10。

表 2-10 主要能源品种的折标煤系数与 CO_2 排放系数

能源品种	折标煤系数	CO_2 排放系数	能源品种	折标煤系数	CO_2 排放系数
原煤	0.7143	0.7559	煤油	1.4714	0.5714
洗精煤	0.9000	0.7559	柴油	1.4571	0.5921
其他洗煤	0.2857	0.7559	燃料油	1.4286	0.6185
型煤	0.6000	0.7559	液化石油气	1.7143	0.5042
焦炭	0.9714	0.8550	炼厂干气	1.5714	0.4602
焦炉煤气	0.6143	0.3548	天然气	1.3300	0.4483

能源品种	折标煤系数	CO$_2$ 排放系数	能源品种	折标煤系数	CO$_2$ 排放系数
其他煤气	0.3571	0.3548	其他石油制品	1.2000	0.5857
原油	1.4286	0.5857	其他焦化产品	1.3000	0.6449
汽油	1.4714	0.5538			

注: 1. 其他煤气折标煤系数采用水煤气的系数。

    2. 表中天然气、焦炉煤气、其他煤气的折标煤系数单位为千克标准煤/立方米, 其余能源品种的折标煤系数单位为千克标准煤/千克。

    3. 各类能源的碳排放系数单位均为千克碳/千克标准煤。

电力、热力在终端消费中不直接产生碳排放, 但是其在生产过程中会燃烧大量化石能源产生 CO$_2$, 因此, 电力与热力对应的间接 CO$_2$ 排放应计入, 本章将该部分 CO$_2$ 排放量计入电力与热力的生产与供应业, 计算数据依据《中国能源统计年鉴》的"能源平衡表"中的火力发电和供热加工转换部分的能源消耗情况, 其余行业和生活能耗不再计算终端能耗中电力与热力所产生的间接 CO$_2$ 排放。计算得到 2001~2015 年的 CO$_2$ 排放总量及增速如图 2-6 所示。

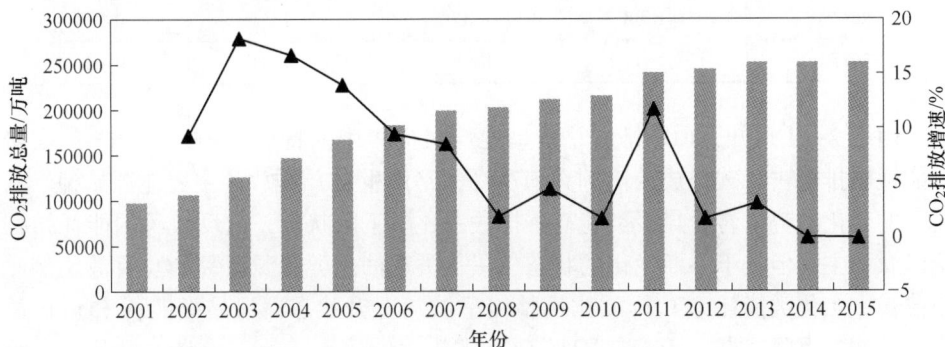

图 2-6　2001~2015 年能源消费 CO$_2$ 排放总量及增速

由图 2-6 可知, 2001~2013 年能源消费 CO$_2$ 排放总量逐年增长, 2014~2015 年趋于平稳并出现小幅负增长。其中, 从 2003 年开始 CO$_2$ 排放增速总体呈波动下降状态。但 2008 年以前, CO$_2$ 排放总量增长速度较快, 大于8%, 2008 年后除 2011 年以外, 其余年份增速均小于5%。我国能源消费 CO$_2$ 排放进入了相对缓慢的增长期。

为分析 CO$_2$ 排放的能源结构特征, 将估算 CO$_2$ 排放的 17 种能源品种分为煤炭类、焦化类、油品类和天然气四类。其中, 原煤、洗精煤、其他洗煤、型煤归入煤炭类, 焦炭、焦炉煤气、其他煤气、其他焦化产品归入焦化类, 原油、汽油、煤油、柴油、燃料油、液化石油气、炼厂干气归入油品类。四类能源 CO$_2$ 排放占总 CO$_2$ 排放的比例见表 2-11。

表 2-11　各类能源 CO_2 排放占总碳排放的比例情况

年　份	煤炭类比例	焦化类比例	油品类比例	天然气比例
2001	0.6731	0.1221	0.1884	0.0164
2002	0.6787	0.1204	0.1849	0.0159
2003	0.6874	0.1232	0.1737	0.0157
2004	0.6896	0.1213	0.1734	0.0158
2005	0.6817	0.1479	0.1543	0.0161
2006	0.6774	0.1532	0.1514	0.0181
2007	0.6738	0.1584	0.1472	0.0206
2008	0.6751	0.1570	0.1446	0.0233
2009	0.6621	0.1700	0.1434	0.0245
2010	0.6707	0.1672	0.1361	0.0260
2011	0.6773	0.1681	0.1259	0.0286
2012	0.6669	0.1743	0.1284	0.0303
2013	0.6605	0.1761	0.1307	0.0327
2014	0.6488	0.1807	0.1351	0.0354
2015	0.6414	0.1709	0.1444	0.0433

由表 2-11 可知，CO_2 排放总量呈现煤炭类集中的特点，2001~2015 年煤炭类能耗碳排放占总碳排放的比例高于 60%，是产生 CO_2 排放的主要能源品种。从比例的变化趋势来看，煤炭类能耗碳排放占比呈下降状态，这反映我国能耗结构虽以煤为主，但处于不断优化的状态。焦化类和油品类能源消费 CO_2 排放比例此消彼长，焦化类能耗 CO_2 排放比例整体呈波动上升状态，油品类能耗 CO_2 排放比例呈波动下降状态。天然气能耗 CO_2 排放比例较小，处于稳步上升状态。综上，以煤为主的能耗结构和煤炭的高排放系数决定了煤炭是我国 CO_2 排放的主要能源来源，随着能源消费结构的逐步优化，煤炭消费 CO_2 排放比例将不断下降，CO_2 排放增速也会逐步放缓。

2.2.2　能源消费 CO_2 排放的行业及结构特征

不同部门的能源消费 CO_2 排放具有不同的特点。

第一，从生产部门和生活部门来看，CO_2 排放总量方面，生产部门是主要的 CO_2 排放源，2001~2015 年生产部门 CO_2 排放量占总 CO_2 排放量的 93% 以上。CO_2 排放增速方面，自 2003 年以来，生产部门 CO_2 排放增速总体呈波动下降状态，2014~2015 年出现了负增长。生活部门 CO_2 排放增速总体呈波动状态，2014~2015 年增速走向呈上升趋势。生产部门和生活部门 CO_2 排放总量和增速如图 2-7 所示。

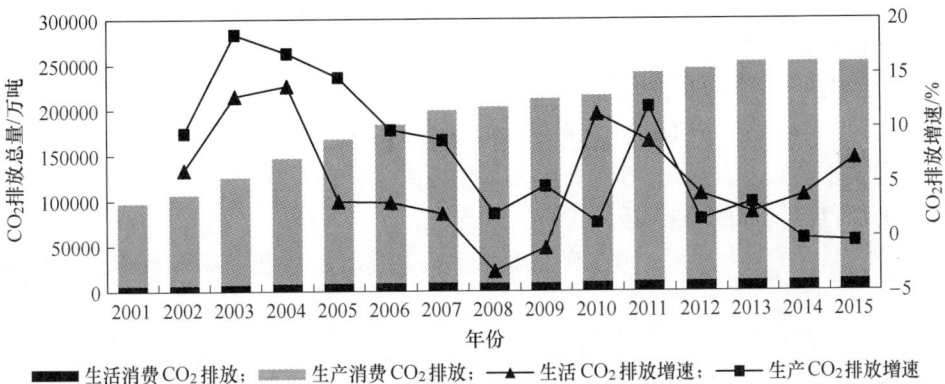

图 2-7 生产和生活部门 CO_2 排放总量与增速

第二，生产部门内部的 CO_2 排放量，呈现出产业集中的特点。从生产部门的一、二、三次产业来看，CO_2 排放总量方面，第二产业为生产部门 CO_2 排放的主要来源，从所占比例来看，2001~2015 年第二产业 CO_2 排放量占生产部门 CO_2 排放总量的 85% 以上。从比例的变动情况来看，第二产业 CO_2 排放占比自 2008 年开始，处于波动下降的状态，反映出第二产业产值和能耗量有所下降；第三产业为生产部门的第二大 CO_2 排放来源，但其 CO_2 排放量占生产部门总排放量的比例远小于第二产业，2001~2015 年第三产业 CO_2 排放量占比整体处于波动状态，自 2014 年开始出现了上升趋势，反映出第三产业产值和能耗量的增加；第一产业 CO_2 排放量最小，CO_2 排放量占生产部门总排放量的比例较为稳定，基本处于 1.5% 左右，反映出第一产业产值比例和能耗量比例变动幅度不大。2001~2015 年第一、二、三次产业 CO_2 排放总量和增速情况如图 2-8 所示。

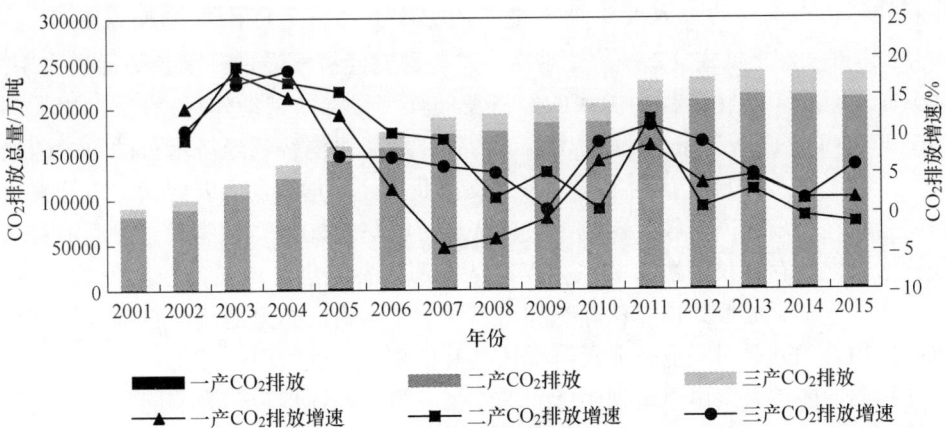

图 2-8 三次产业 CO_2 排放总量和增速情况

第三，工业部门内部的 CO_2 排放量，呈现出行业集中的特点。电力、热力的生产和供应业，黑色金属冶炼及压延加工业，非金属矿物制品业，化学原料及化学制品制造业，石油加工、炼焦及核燃料加工业，煤炭开采和洗选业六个行业为工业部门内部主要的 CO_2 排放来源，六个行业 2015 年 CO_2 排放量占工业部门 CO_2 排放总量的 82.84%。其中，电力、热力的生产和供应业 CO_2 排放比例最大，其次为黑色金属冶炼及压延加工业，两个行业 2015 年 CO_2 排放量占工业部门 CO_2 排放总量的 64.13%。2015 年工业内部六大主要 CO_2 排放来源行业情况见表 2-12。

表 2-12　工业内部主要 CO_2 排放行业情况

行　业	2015 年 CO_2 排放量/万吨	CO_2 排放占比
电力、热力的生产和供应业	106917	0.4577
黑色金属冶炼及压延加工业	42872	0.1835
非金属矿物制品业	17530	0.0750
化学原料及化学制品制造业	17174	0.0735
石油加工、炼焦及核燃料加工业	6664	0.0285
煤炭开采和洗选业	2357	0.0101

2.3　能源消费总量控制的经济及环境影响机制

2.3.1　能源消费总量控制的经济影响机制

柯布道格拉斯认为，资本和劳动是生产的投入要素，提出了 $Y = A_0 e^{\lambda t} K^\alpha L^\beta$ [符号含义见式（2-1）]。在柯布道格拉斯生产函数的基础上，不少学者在研究中将能源作为重要的投入要素加入生产函数中，并将生产函数拓展为 $Y = A_0 e^{\lambda t} K^\alpha L^\beta E^\gamma$ [符号含义见式（2-1）]。现实中，能源对经济发展具有重要的促进作用，尤其是对处于工业化进程中国家的经济发展具有很强的带动作用。Kathia Pinzón（2017）、Chor Foon Tang 等（2016）认为存在从能源消费到经济增长的单向因果关系。杨子晖（2011）认为能源消费是支撑我国经济增长的重要因素，节能减排措施会对经济增长产生较大影响。尹建华和王兆华（2011）认为我国能源消费与经济增长之间存在长期协整关系，存在从能源消费到经济增长的单向因果关系。本章 2.1 节基于面板数据，从静态和动态两个方面论证能源消费对经济增长具有重要作用，尤其是对工业行业经济增长具有更强的促进作用。

我国的能源政策由以重视生产、保障供应为中心逐步转变为节能、优化能源结构和实施能源消费总量控制。2013 年以来，《能源发展 "十二五" 规划》《大气污染防治行动计划》《能源发展战略行动计划（2014—2020 年）》《能源发展

"十三五"规划》均提出了要实施能源消费总量控制，能源消费总量控制在我国逐步开始加强实施。能源消费总量控制是通过直接提出未来的能源消费量削减目标或者能源消费总量控制目标值，对能源消费量进行约束控制。我国虽已步入工业化后期，但工业化进程远未结束，工业的重要地位仍未改变。由于能源是工业生产的重要投入要素，对经济增长具有重要的促进作用，因此，本书猜想，实施能源消费总量控制会对全行业经济增长速度产生一定的负向影响，会对工业行业的经济增长速度产生相对更强的负向影响。能源消费总量控制的经济影响机制如图 2-9 所示。

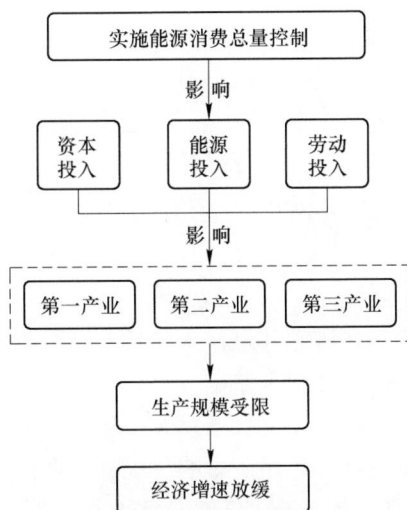

图 2-9　能源消费总量控制的经济影响机制

2.3.2　能源消费总量控制的环境影响机制

本研究中能源消费的环境影响仅指能源消费产生的碳排放。根据《2006 年 IPCC 国家温室气体清单指南》（以下简称《指南》），温室气体排放源包括能源活动、工业生产过程与产品使用、农业、林业和其他土地利用、废弃物及其他。根据该《指南》以及 2.2 节内容，能源消费是 CO_2 排放的主要来源，因此能源消费量的变化是碳排放量变动的主要原因之一。此外，不同的能源品种具有不同的碳排放系数，能源消费结构的变动是引起碳排放量变动的另一主要原因。能源消费总量控制的环境影响机制如图 2-10 所示。

我国实施能源消费总量控制，直接对未来的能源消费总量提出削减目标或者控制目标，控制实施后的能源消费量低于不实施时的能源消费量，在能源消费结构、能源利用效率不恶化的情况下，实施能源消费总量控制会促使能源消费产生的 CO_2 排放量下降。

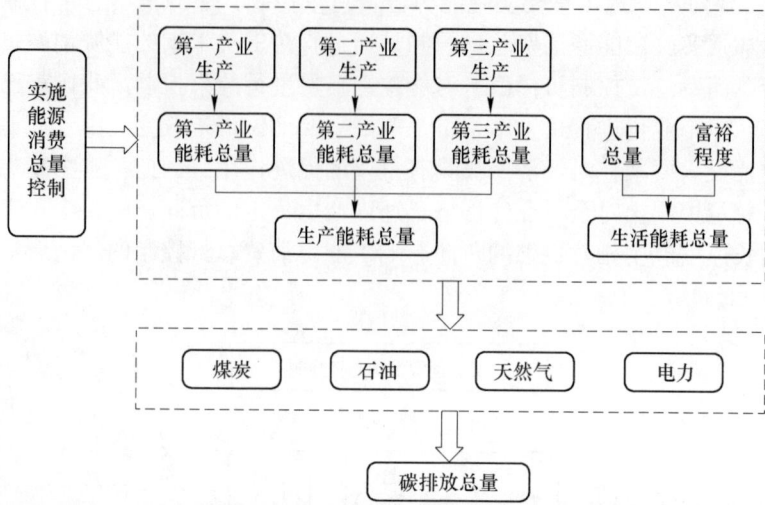

图 2-10　能源消费总量控制的环境影响机制

2.4　小结

本章明确了能源消费对经济和环境产生的重要影响，为后文研究实施能源消费总量控制的经济及环境影响奠定了基础。

首先，分别运用静态面板模型和面板 VAR 模型，从静态和动态两方面研究了能源消费对全行业和工业行业的经济影响。根据静态面板模型，得出全行业能源消费增加 1%将促使总产出增长 0.1777%，工业行业能源消费增加 1%将促使总产出增长 0.3187%；根据面板数据 VAR 模型（PVAR 模型），得出能源消费在 1~10 期内对工业行业的影响均大于其对全行业的影响。全行业的总产出增速对能源消费增速的冲击在 10 期内的响应处于 [0.0048, 0.0145] 之间，工业行业的总产出增速对能源消费增速的冲击在 10 期内的响应处于 [0.0056, 0.0158] 之间。

其次，计算了我国的能源消费碳排放总量，归纳分析了碳排放的总量和结构特征，以及碳排放的行业特点和结构特征。

最后，基于上述内容和已有文献，分析了我国能源消费总量控制对经济和环境产生影响的作用机制。

3 2013 年能源消费总量控制的经济及环境影响研究

面对严峻的国内环境问题和逐步增加的国际碳减排压力，政府对能源与环境问题的重视程度不断提高，中央和地方政府以及相关部门颁布了一系列的政策进行能源规划，且约束力度不断增强。根据对已有文献的梳理，关于能源消费总量控制（简称"总量控制"）的相关研究很少，目前还没有关于总量控制所产生的经济与环境影响的相关研究，本章将对该问题进行研究。由于第 2 章已证明了能源消费对工业行业的经济影响大于其对全行业的影响，因此本章以工业行业为重点，研究 2013 年以来不断加强实施的能源消费总量控制是否减缓了工业行业的总产出增长速度，又是否起到了减少污染物排放的作用。2013 年实施能源消费总量控制产生的经济及环境影响是本章的主要研究内容。

3.1 基于静态面板单差法模型的总量控制的经济影响研究

本节通过构建面板数据单差法模型，研究 2013 年起不断加强实施的能源消费总量控制对工业各行业经济增长产生的平均影响以及逐年动态影响。本节内容安排如下：第一部分陈述工业行业的经济增速现状；第二部分构建衡量能源消费总量控制实施的经济影响的单差法模型，陈述各变量数据的计算与来源；第三部分是对实证结果的分析与讨论；第四部分为稳健性检验，对实证结果的可靠性进行验证。

3.1.1 工业行业经济增速现状

由于工业各行业增加值统计数据于 2012 年停止发布，各行业总产值数据也于 2014 年停止发布，因此本节中的经济增速为各行业的工业销售产值增长速度。2010~2015 年 34 个工业行业的经济增长速度情况见表 3-1。

由表 3-1 的数据可知，从各年增速来看，除印刷业和记录媒介复制业、文教体育用品制造业和水的生产和供应业以外，其余所有行业的经济增速在 2010~2015 年均呈逐步下滑趋势。以 2013 年为结点，除纺织业、家具制造业、水的生产和供应业等少数几个低能耗行业外，其余所有行业 2013~2015 年的平均经济增速均低于 2010~2012 年的平均增速。那么，2013 年实施的能源消费总量控制是否造成了工业行业经济增速的下滑？这将由后文的实证部分给出结果。

表 3-1　工业各行业 2010~2015 年经济增速情况

行　业	各年增速			年平均增速	
	2010	2013	2015	2010~2012	2013~2015
煤炭开采和洗选业	0.2742	−0.0262	−0.1572	0.2002	−0.0884
石油和天然气开采业	0.2452	−0.0220	−0.2726	0.1373	−0.0815
黑色金属矿采选业	0.5233	0.1533	−0.1841	0.2955	−0.0106
有色金属矿采选业	0.2908	0.1185	0.0543	0.2328	0.0770
非金属矿采选业	0.2733	0.2096	0.0831	0.1956	0.1362
农副食品加工及食品制造	0.1802	0.1789	0.1079	0.1888	0.1275
饮料制造业	0.1640	0.1671	0.1357	0.1838	0.1348
烟草制品业	0.1289	0.1199	0.1132	0.1378	0.0995
纺织业	0.1791	0.1372	0.1021	0.0895	0.1078
纺织服装、鞋、帽制造业	0.1183	0.1488	0.1176	0.1608	0.1246
皮革、毛皮、羽毛及其制品业	0.1680	0.1458	0.1189	0.1776	0.1307
木材加工及藤、棕、草制品业	0.2178	0.1950	0.1045	0.1860	0.1468
家具制造业	0.2133	0.1948	0.1456	0.1527	0.1573
造纸及纸制品业	0.1974	0.0533	0.0886	0.1222	0.0747
印刷业和记录媒介复制业	0.1436	0.3636	0.1472	0.1271	0.2232
文教体育用品制造业	0.1290	0.2843	0.1317	0.7852	0.2004
石油加工、炼焦及核燃料加工业	0.2917	0.0494	−0.1131	0.1902	−0.0095
化学原料及化学制品制造业	0.2337	0.1627	0.0665	0.1891	0.1123
医药制造业	0.1734	0.2117	0.1703	0.1953	0.1856
化学纤维制造业	0.2207	0.0752	0.0789	0.1718	0.0667
橡胶和塑料制品业	0.1958	0.1596	0.1008	0.1294	0.1239
非金属矿物制品业	0.2229	0.2064	0.0866	0.1831	0.1430
黑色金属冶炼及压延加工业	0.1620	0.0796	−0.0902	0.1414	−0.0026
有色金属冶炼及压延加工业	0.3004	0.1583	0.0623	0.1967	0.1078
金属制品业	0.1923	0.1685	0.0854	0.1929	0.1259
通用设备制造业	0.2156	0.1678	0.0554	0.0928	0.1109
专用设备制造业	0.2103	0.1646	0.0894	0.1654	0.1180
交通运输设备制造业	0.2666	0.1612	0.1190	0.1417	0.1432
电气机械及器材制造业	0.2243	0.1558	0.0965	0.1495	0.1208
计算机及其他电子设备制造业	0.1759	0.1491	0.1304	0.1315	0.1298
仪器仪表及办公用机械制造业	0.1936	0.1583	0.1138	0.0729	0.1317

行　业	各年增速			年平均增速	
	2010	2013	2015	2010~2012	2013~2015
电力、热力的生产和供应业	0.1507	0.1122	0.0724	0.1188	0.0714
燃气生产和供应业	0.2553	0.2336	0.2207	0.1860	0.2532
水的生产和供应业	0.0658	0.1753	0.1864	0.0586	0.1642

3.1.2 面板数据单差法模型构建

3.1.2.1 模型构建

对于总产出增长的影响因素研究，采用 C-D 生产函数作为模型框架，C-D 生产函数最初形式中的生产要素包含资本和劳动，后来不少学者在进行研究时均加入了能源要素，本书 2.1 节关于能源消费的经济影响研究中采用了加入能源要素后的生产函数形式，见式（2-1）。为实现研究目的，对式（2-1）两边先取对数然后对时间 t 求导，得：

$$\frac{1}{Y}\frac{\mathrm{d}Y}{\mathrm{d}t} = \lambda + \frac{\alpha}{K}\frac{\mathrm{d}K}{\mathrm{d}t} + \frac{\beta}{L}\frac{\mathrm{d}L}{\mathrm{d}t} + \frac{\gamma}{E}\frac{\mathrm{d}E}{\mathrm{d}t} \tag{3-1}$$

由于统计数据为离散的，故用差分代替微分，且 $\mathrm{d}t = 1$，得：

$$\frac{\Delta Y}{Y} = \lambda + \alpha\frac{\Delta K}{K} + \beta\frac{\Delta L}{L} + \gamma\frac{\Delta E}{E} \tag{3-2}$$

令 $y = \Delta Y/Y$，$k = \Delta K/K$，$l = \Delta L/L$，$e = \Delta E/E$，可得：

$$y = \lambda + \alpha k + \beta l + \gamma e \tag{3-3}$$

式中，y、k、l、e 分别为产出、资本、劳动、能源的年均相对增长速度。

为研究 2013 年能源消费总量控制对产出增速的影响，引入虚拟变量 d 表示控制是否实施：当年份大于等于 2013 时 d 取 1，其余年份 d 取 0。然而，若将能源投入 e 和虚拟变量 d 同时加入模型中，则虚拟变量 d 衡量的将是控制能源投入以后的经济增速变化。但根据第 2 章的分析，能源消费总量控制通过影响能源投入对经济增长速度产生影响，因此，为实现本节的研究目的，将式（3-3）中的自变量能源去掉。此外，根据已有文献、本书分析以及数据的可获得性，将科技投入水平、外资引入以及行业规模增速作为自变量加入模型中。构建面板数据模型形式如式（3-4）：

$$y_{it} = c_1 + \alpha_1 \cdot labor_{it} + \beta_1 \cdot invest_{it} + \eta_1 \cdot rd_{it} + \delta_1 \cdot fdi_{it} + \lambda_1 \cdot gm_{it} + \phi_1 \cdot d_t + \varepsilon_{it} \tag{3-4}$$

为研究能源消费总量控制对工业行业产出增速的动态影响，即 2013 年、2014 年、2015 年的不同影响效应，进一步构建面板数据模型如式（3-5）：

$$y_{it} = c_2 + \alpha_2 \cdot labor_{it} + \beta_2 \cdot invest_{it} + \eta_2 \cdot rd_{it} + \delta_2 \cdot fdi_{it} + \lambda_2 \cdot gm_{it} +$$
$$\phi_2 \cdot d_{2013} + \phi_3 \cdot d_{2014} + \phi_4 \cdot d_{2015} + \varepsilon_{it} \tag{3-6}$$

式中，i 代表行业；t 代表时间；y、$labor$、$invest$ 分别代表产出、劳动投入、资本投入的年均增长速度；rd、fdi、gm 分别代表科技投入、外资投入和行业规模的年均增长速度；d、d_{2013}、d_{2014}、d_{2015} 分别代表平均、2013 年、2014 年和 2015 年控制是否实施的虚拟变量。

3.1.2.2　数据来源

由模型构建部分可知，在能源消费总量控制的经济影响模型中，解释变量包括资本、劳动投入量的年均增长速度，科技投入、外资引入和行业规模的年均增长速度，以及时间虚拟变量；被解释变量为行业总产值的年均增长速度。由于行业总产值数据从 2012 年开始停止公布，数据存在缺失，故本书用工业行业销售总产值代替，并以 2001 年为基期进行了定基处理，数据来自各年份的《中国工业经济统计年鉴》；资本投入量采用"永续盘存法"计算得到，工业各行业的资本存量在 2.1.1 节已计算得到，此处不再赘述；劳动力数据用工业行业年末就业人数表示，数据来自各年份的《中国劳动统计年鉴》；科技投入用 R&D 经费支出表示，行业规模的计算采用"按行业分规模以上工业企业工业总产值"除以"按行业分规模以上企业单位数"公式计算，得出的是不同行业的平均规模，科技投入、外商投资和行业规模相关数据均来自各年份的《中国工业经济统计年鉴》。

能源消费总量控制的经济影响模型中，各变量的描述性统计结果见表 3-2。

表 3-2　经济影响模型变量描述性统计结果

变量	样本量	均值	标准差	最小值	最大值
y	476	0.1872	0.1545	−0.2726	2.2622
$invest$	476	0.4766	0.4151	−0.0155	3.7772
$labor$	476	0.0355	0.1061	−0.2850	0.9394
rd	476	0.3101	0.8393	−0.8828	13.6492
fdi	476	0.8458	7.6838	−0.9922	148.4706
gm	476	0.1650	0.3980	−0.6863	7.3602

3.1.3　经济影响模型实证结果

3.1.3.1　面板数据单位根检验

为避免伪回归，在进行回归估计前必须进行数据的平稳性检验。表 3-3 给出了4种检验方法下的单位根检验结果。

表 3-3 单位根检验结果

变量	LLC 检验	IPS 检验	Fisher-ADF 检验	Fisher-PP 检验
y	−3.8956***	−1.8720***	89.9505***	158.0580***
$invest$	−10.2280***	−5.8302***	154.0240***	152.4140***
$labor$	−4.0844***	−4.8918***	131.8800***	232.8130***
e	−21.4268***	−7.0050***	139.1850***	271.4910***
rd	−15.2513***	−10.9991***	247.0930***	444.6930***
fdi	−12.8808***	−4.0128***	103.4250***	219.7020***
gm	−7.0408***	−4.6901***	123.1330***	227.2610***

注:***表示1%的显著性水平。

由表 3-3 可知,所有变量均为水平平稳,可直接进行回归估计。

3.1.3.2 面板数据单差法模型估计结果

在对面板数据进行估计前,首先需要确定面板数据模型的设定形式。设定形式检验包括如下几个方面:个体固定效应模型是否优于混合回归模型、个体随机效应模型是否优于混合回归模型、固定效应模型是否优于随机效应模型、固定效应模型中是否需要考虑时间效应即双向固定效应。本节运用 Stata 软件进行估计,面板数据模型设定形式检验结果见表 3-4。

表 3-4 面板数据模型设定形式检验结果

检验目标	检验统计量值	p 值
固定效应的 F 检验	$F(33, 437) = 0.9100$	0.6152
随机效应的 LM 检验	$Chibar2(01) = 0.0000$	1.0000

由表 3-4 可知,对个体固定效应模型的 F 检验结果,p 值大于 0.05,接受混合回归模型是合理的原假设;对个体随机效应模型的 LM 检验结果,p 值大于 0.05,同样接受混合回归模型是合理的原假设。故此次应建立混合回归模型,模型估计结果见表 3-5。

表 3-5 中,模型 1 为基本模型,仅加入了虚拟变量;模型 2~5 逐步加入了其他控制变量,模型 6 将虚拟变量分为 2013 年、2014 年和 2015 年三个年份,以观察控制实施的动态影响。根据加入所有自变量的模型 5 的估计结果可知,虚拟变量对总产出增速产生了显著的负向影响,能源消费总量控制的实施使得工业行业总产出平均增速下滑 8.10%;从其动态影响来看,能源消费总量控制的实施导致 2013~2015 年工业行业总产出增速分别下降 10.23%、5.74%、8.40%。

表 3-5　经济影响效应模型回归估计结果

解释变量	模型 1	模型 2	模型 3	模型 4	模型 5	模型 6
常数项	0.2089***	0.1473***	0.1448***	0.1460***	0.1403***	0.1394***
	(0.0077)	(0.0112)	(0.0111)	(0.0112)	(0.0118)	(0.0119)
invest		0.0833***	0.0740***	0.0733***	0.0764***	0.0767***
		(0.0157)	(0.0158)	(0.0158)	(0.0159)	(0.0159)
labor		0.4991***	0.4811***	0.4805***	0.4759***	0.5008***
		(0.0587)	(0.0583)	(0.0583)	(0.0583)	(0.0647)
rd			0.0253***	0.0251***	0.0247***	0.0246***
			(0.0075)	(0.0075)	(0.0075)	(0.0075)
fdi				−0.0008	−0.0007	−0.0007
				(0.0008)	(0.0008)	(0.0008)
gm					0.0236	0.0232
					(0.0156)	(0.0157)
d	−0.1014***	−0.0817***	−0.0829***	−0.0838***	−0.0810***	
	(0.0166)	(0.0159)	(0.0157)	(0.0158)	(0.0158)	
d_{2013}						−0.1023***
						(0.0264)
d_{2014}						−0.0574***
						(0.0247)
d_{2015}						−0.0840***
						(0.0251)
R^2	0.0730	0.2324	0.2507	0.2521	0.2557	0.2585
行业数	34	34	34	34	34	34
样本数	476	476	476	476	476	476

注：***、**、*分别表示在 1%、5%、10%的显著水平下显著；括号内数值为估计系数值的标准
　　误差。

　　其他自变量方面，劳动力和资本投入对工业行业产出增长均起到正向的拉动
作用；科技投入对工业行业总产出起到显著的正向拉动作用，科技投入越多，工
业行业总产出增速越快；外商投资在本模型估计结果中对产出增速产生了负向影
响，但并不显著；行业规模对行业总产出增长起到了正向拉动作用，说明经济增
长具有规模效应，但系数并不显著。外商投资和行业规模在此并未对产出增速产
生显著的正向作用，这可能是由于本节构建的是面板数据混合回归模型，行业间
的异质性会使得对产出增速影响较小的因素不能对产出产生一致显著的估计结
果。并且，外商投资变量非显著的负向影响效应也可从路江涌（2008）的研究中

得到佐证，他认为外商直接投资对国有企业生产效率有显著的负向溢出效应，并且在不同企业类型间存在差异。

3.1.4 经济影响模型稳健性检验

首先，利用反事实法检验。假设能源消费总量控制的实施时间为 2010~2012 年，2010~2012 年中 $D' = 1$，其余年份 $D' = 0$，利用全样本数据重新进行估计，结果见表 3-6 中的模型 2。以 2010~2012 年为控制实施年份的虚拟变量 D' 的估计结果不显著。此外，对 2010~2012 年进行了逐年效应估计，结果见表 3-6 中的模型 3。D_{2010}、D_{2011} 和 D_{2012} 的估计系数均不显著，反映出假设 2010~2012 年为事件年度的影响效应不存在，验证了控制实施的效应仅出现于 2013 年及以后。

表 3-6 反事实法检验结果

解释变量	模型 1	模型 2	模型 3
d	-0.0810^{***} (0.0158)		
D'		-0.0191 (0.0167)	
D_{2010}			0.0366 (0.0247)
D_{2011}			-0.0445 (0.0329)
D_{2012}			-0.0084 (0.0248)
控制变量	Yes	Yes	Yes
R^2	0.2557	0.2164	0.2441
行业数	34	34	34
样本数	476	476	476

注：$***$、$**$、$*$ 分别表示在 1%、5%、10% 的显著水平下显著；回归系数括号内数值为标准误差。

其次，通过改变时间窗宽进行检验。分别取 2005~2015 年和 2010~2015 年为样本数据进行重新估计，结果见表 3-7。在以 2005~2015 年为样本的模型估计结果中，表示 2013~2015 年为控制实施年份的虚拟变量 d 的估计系数显著为负，表示 2010~2012 年为控制实施年份的虚拟变量 D' 的估计系数为正且不显著，D_{2010} 的估计系数显著为正，D_{2011} 和 D_{2012} 的估计系数均不显著。以 2010~2015 年为样本的估计结果中，d 的估计系数仍显著为负，D' 的估计系数显著为正，D_{2010} 的系数显著为正，D_{2011}和 D_{2012}的估计系数均不显著。这些均反映出，改变时间窗宽后，以 2010~2012 年为控制实施年份的影响效应仍不存在，控制实施的影响仅出现于 2013 年及以后，验证了前文实证结果的稳健性。

表 3-7　改变时间窗宽的检验结果

解释变量	2005~2015 年			2010~2015 年		
	模型 1	模型 2	模型 3	模型 4	模型 5	模型 6
d	−0.0733 *** (0.0163)			−0.0509 *** (0.0216)		
D'		0.0001 (0.0169)			0.0509 *** (0.0216)	
D_{2010}			0.0550 ** (0.0244)			0.1120 *** (0.0289)
D_{2011}			−0.0344 (0.0317)			−0.0283 (0.0311)
D_{2012}			0.0059 (0.0246)			0.0522 (0.0287)
控制变量	Yes	Yes	Yes	Yes	Yes	Yes
R^2	0.2641	0.2234	0.2567	0.3082	0.3082	0.3569
行业数	34	34	34	34	34	34
样本数	374	374	374	204	204	204

注：***、**、*分别表示在 1%、5%、10%的显著水平下显著；回归系数括号内数值为标准误差。

此外，还有一个担心是，2013 年后可能是其他因素而非能源消费总量控制的实施导致经济增速出现下滑。事实上，完全排除该可能性是很难的，但是在经济影响模型构建中，我们加入了影响工业行业经济增长的其他控制变量，一定程度上能够排除行业层面的因素对实证结果的竞争性解释，并且，2013 年以来影响工业行业的主要政策变化就是实施能源消费总量控制，除此以外，很难有其他因素使得实证结果产生如此显著、一致的效应。

3.2　基于倍差法的总量控制对高能源密集行业的经济异质性影响

上一节研究了能源消费总量控制的实施对工业行业的平均影响以及逐年动态影响。但是，不同的行业对能源的依赖程度不同，相对于低能耗行业，实施能源消费总量控制是否会对高能耗行业的产出增速产生更为显著的负向影响呢？这是本节的研究内容。本节首先对 34 个工业行业进行能源密集度的分类，然后构建倍差法模型，实证研究控制实施对高能源密集行业的影响，最后进行稳健性检验。

3.2.1 工业行业能源密集度划分

以往研究中，学者多依据能耗强度对行业进行分类，但能耗强度高的行业能耗规模不一定大，故仅使用能耗强度这一个指标并不能完全反映工业行业对能源的依赖程度。因此，参考赵细康、刘传江和赵晓梦的研究，本节引入"能源密集度"来反映行业对能源的依赖程度，它是对能耗强度和能耗规模进行综合的指标。

设第 i 个行业的能耗总量为 E_i，P_i 为 34 个工业行业中第 i 个行业的能耗规模，表示为：

$$P_i = \frac{E_i}{E_1 + E_2 + \cdots + E_n} \quad (n = 1, 2, \cdots, 34) \tag{3-6}$$

e_i 为第 i 个行业的能耗强度，即第 i 个行业能耗总量与增加值的比值，表示为：

$$e_i = \frac{E_i}{GDP_i} \tag{3-7}$$

将各行业的能耗规模和能耗强度数据进行如下归一化处理：

$$P_i' = \frac{P_i - \min P_i}{\max P_i - \min P_i} \tag{3-8}$$

$$e_i' = \frac{e_i - \min e_i}{\max e_i - \min e_i} \tag{3-9}$$

然后求能耗强度和能耗规模的几何平均值，即 $EI_i = \sqrt{P_i' \times e_i'}$ 为第 i 个行业的能源密集度。该值越大，反映行业的能源密集度越高，对能源的依赖度越强。根据上述方法，依据各行业 2015 年的能源消耗情况，计算得到了各行业的能源密集度，并据此对各行业进行了能源密集度划分，结果见表3-8。

表 3-8　工业行业能源密集度划分

能源密集度划分	范围	行　业	能耗规模	能耗强度	能源密集度
高能源密集行业	$EI_i \geqslant 0.3$	黑色金属冶炼及压延加工业	1	0.8550	0.9247
		化学原料及化学制品制造业	0.7655	0.5476	0.6475
		石油制品炼焦业	0.3602	1.0000	0.6002
		非金属矿物制品业	0.5377	0.4896	0.5131
		电力热力生产和供应业	0.4064	0.4221	0.4142

能源密集度划分	范围	行　业	能耗规模	能耗强度	能源密集度
高能源密集行业	$EI_i \geqslant 0.3$	有色金属冶炼及压延加工业	0.3214	0.5061	0.4033
		煤炭开采和洗选业	0.1560	0.6971	0.3297
中能源密集行业	$0.1 \leqslant EI_i < 0.3$	原油和天然气开采业	0.0634	0.6875	0.2087
		纺织业	0.1084	0.1459	0.1258
		水的生产和供应业	0.0166	0.8935	0.1219
		造纸及纸制品业	0.0596	0.2019	0.1097
		非金属矿及其他矿采选业	0.0277	0.4096	0.1065
中低能源密集行业	$0.05 \leqslant EI_i < 0.1$	橡胶和塑料制品业	0.0657	0.1087	0.0845
		金属制品业	0.0691	0.0918	0.0797
		黑色金属矿采选业	0.0224	0.2599	0.0764
		农副食品加工及食品制造业	0.0907	0.0633	0.0758
		化学纤维制造业	0.0263	0.1735	0.0675
		有色金属矿采选业	0.0148	0.3011	0.0667
低能源密集行业	$EI_i < 0.05$	通用设备制造业	0.0517	0.0449	0.0482
		医药制造业	0.0317	0.0558	0.0420
		木材加工及藤、棕、草制品业	0.0172	0.0688	0.0344
		饮料制造业	0.0196	0.0574	0.0335
		燃气生产和供应业	0.0072	0.1272	0.0302
		交通运输设备制造业	0.0602	0.0146	0.0296
		专用设备制造业	0.0253	0.0261	0.0257
		电气机械及器材制造业	0.0370	0.0133	0.0221
		纺织服装、鞋、帽制造业	0.0108	0.0188	0.0143
		皮革、毛皮、羽毛（绒）及其制品业	0.0063	0.0228	0.0120
		印刷业和记录媒介的复制	0.0037	0.0292	0.0104
		家具制造业	0.0023	0.0252	0.0076
		文教体育用品制造业	0.0026	0.0045	0.0034
		仪器仪表及文化、办公用机械制造业	0.0013	0.0062	0.0029
		烟草制品业	0	0.0033	0
		通信、计算机及其他电子设备制造业	0.0457	0	0

　　为分析能源消费总量控制的实施对高能源密集行业的影响，首先通过列表的形式进行初步分析。本节后面的分析均采用两分法，即将工业行业分为高能源密

集行业和其他行业两类，两类行业的总产出增速对比情况见表3-9。由表3-9中数据可知，以2013年为节点，高能源密集行业和其他行业的产出增速均出现了明显地下降；2013年以前，高能源密集行业的产出增速略高于其他行业，但2013年后却远低于其他行业，由此设想能源消费总量控制的实施对高能源密集行业的产出增长产生了更显著的抑制作用。但到底是否产生了更为显著的抑制作用、产生了多大的作用，还有赖于后文的实证分析。

表3-9　控制实施前后工业行业产出增速对比

分类	2010年	2011年	2012年	2013年	2014年	2015年	2002~2012年	2013~2015年
一类	0.2337	0.1824	0.1067	0.1061	0.0475	-0.0104	0.2331	0.0477
二类	0.2060	0.1277	0.2064	0.1640	0.1147	0.0904	0.2027	0.1230

注："一类"为高能源密集行业，"二类"为除高能源密集行业以外的其他所有行业；表中第2~7列数据为各年两类行业产出增速的平均值；第8列为政策实施前（2002~2012年），两类行业产出增速的平均值；第9列为政策实施后（2013~2015年），两类行业产出增速的平均值。

3.2.2　经济异质性影响的倍差法模型构建

本节的研究目的是考察能源消费总量控制的实施是否对高能源密集行业的产出增速产生了更为显著的抑制作用。将高能源密集行业作为处理组，将其他行业作为对照组，构建基础的倍差法模型如式（3-10）所示，模型构建出的控制实施前后处理组和对照组的差异比较见表3-10。

$$y_{it} = \beta_0 + \beta_1 \cdot du + \beta_2 \cdot dt + \gamma \cdot du \times dt + \varepsilon_{it} \tag{3-10}$$

式中，y_{it}为i行业第t年的产出增速；du为行业哑变量，$du=1$代表处理组，$du=0$表示对照组；dt为时间哑变量，$dt=1$代表控制实施之后的年份，$dt=0$代表控制实施之前的年份；ε为随机扰动项。交互项$du \times dt$的系数γ代表处理组在控制实施前后的差异减去对照组在控制实施前后的差异，衡量了控制实施对于处理组的"净"影响。

表3-10　处理组与对照组差异比较

分　组	政策实施前	政策实施后
处理组	$\beta_0+\beta_1$	$\beta_0+\beta_1+\beta_2+\gamma$
对照组	β_0	$\beta_0+\beta_2$

除了能源消费总量控制的影响外，工业行业的产出增速还受到其他变量的影响。为提高模型的有效性，在基础模型中加入了其他控制变量，各控制变量的含义与上节一致，此处不再赘述。构建模型如下：

$$y_{it} = \beta_0 + \beta_1 \cdot du + \beta_2 \cdot dt + \gamma \cdot du \times dt + \beta_3 \cdot invest_{it} + \beta_4 \cdot labor_{it} +$$
$$\beta_5 \cdot rd_{it} + \beta_6 \cdot fdi_{it} + \beta_7 \cdot gm_{it} + \varepsilon_{it}$$

$$(3-11)$$

模型（3-11）中交互项 $du \times dt$ 的系数 γ 衡量的是控制实施后（2013~2015年）的平均影响。为了解控制实施对于处理组的逐年动态影响，将模型（3-11）扩展为如下形式：

$$y_{it} = \beta_0 + \gamma_1 \cdot du \times d_{2013} + \gamma_2 \cdot du \times d_{2014} + \gamma_3 \cdot du \times d_{2015} + \beta_1 \cdot du + \beta_2 \cdot dt +$$
$$\beta_3 \cdot invest_{it} + \beta_4 \cdot labor_{it} + \beta_5 \cdot rd_{it} + \beta_6 \cdot fdi_{it} + \beta_7 \cdot gm_{it} + \varepsilon_{it}$$

$$(3-12)$$

式中，γ_1、γ_2、γ_3 分别表示控制实施对于处理组的逐年"净"影响。

3.2.3 经济异质性影响模型实证结果

本节依据前文构建的模型，估计能源消费总量控制实施对高能源密集行业产出增速的平均影响效应和逐年动态影响效应，结果见表3-11。

表 3-11 控制实施对高能源密集行业的经济影响倍差法估计结果

解释变量	平均影响效应			动态影响效应		
	模型 1	模型 2	模型 3	模型 4	模型 5	模型 6
$du \times dt$	−0.0638 * *	−0.0618 * *	−0.0550 * *			
	(0.0298)	(0.0261)	(0.0251)			
$d_{2013} \times du$				−0.0061	−0.0565	−0.0217
				(0.0320)	(0.0370)	(0.0382)
$d_{2014} \times du$				−0.0652 * *	−0.0472	−0.0706 * * *
				(0.0307)	(0.0300)	(0.0257)
$d_{2015} \times du$				−0.1201 * * *	−0.0817 *	−0.0699 *
				(0.0411)	(0.0471)	(0.0399)
du	0.0187	0.0335 *	0.0342	0.0187	0.0335	−0.0079
	(0.0210)	(0.0190)	(0.0184)	(0.0211)	(0.0190)	(0.0668)
dt	−0.0902 * * *	−0.0706 * * *	−0.0710 * * *	−0.0902 * * *	−0.0706 * * *	−0.0853 * *
	(0.0135)	(0.0170)	(0.0171)	(0.0136)	(0.0170)	(0.0351)
$invest$		0.0842 * * *	0.0774 * * *		0.0841 * * *	0.0773 * * *
		(0.0242)	(0.0234)		(0.0242)	(0.0234)
$labor$		0.5045 * *	0.4820 *		0.5029 *	0.4806 *
		(0.2791)	(0.2736)		(0.2849)	(0.2794)

解释变量	平均影响效应			动态影响效应		
	模型 1	模型 2	模型 3	模型 4	模型 5	模型 6
rd			0.0249**			0.0249**
			(0.0105)			(0.0105)
fdi			−0.0007			−0.0007
			(0.0007)			(0.0007)
gm			0.0232			0.0231
			(0.0174)			(0.0174)
常数项	0.2056***	0.1407***	0.1334***	0.2056***	0.1408**	0.1336**
	(0.0093)	(0.0130)	(0.0129)	(0.0093)	(0.0130)	(0.0129)
个体效应	No	No	Yes	No	No	Yes
时间效应	No	No	Yes	No	No	Yes
R^2	0.0774	0.2389	0.3887	0.0808	0.2392	0.3894
样本数	476	476	476	476	476	476

注：***、**、*分别表示在1%、5%、10%的显著水平下显著；回归系数括号内数值为聚类稳健标准误差。

表 3-11 中，模型 1~3 为控制实施的平均影响估计结果。其中，模型 1 为基础模型回归估计结果，未加入其他控制变量和个体效应与时间效应；模型 2 与模型 3 是在模型 1 的基础上逐步加入了控制变量与个体效应、时间效应。三个模型估计结果中，交互项 $du \times dt$ 的系数均显著为负，反映出能源消费总量控制的实施确实对高能源密集行业的产出增速产生了更为显著的抑制作用。将所有控制变量都加入后的估计结果显示，相对于其他行业，控制的实施使得高能源密集行业的产出增速多下降了 5.5%。

模型 4~6 为控制实施的逐年动态影响效应估计结果。同样的，模型 4 未加入其他控制变量和个体效应与时间效应，模型 5 与模型 6 是在模型 4 的基础上逐步加入了控制变量与个体、时间效应。由模型 6 的估计结果可知，能源消费总量控制的实施对行业产出增速的异质性影响具有一定的滞后性，交叉项 $d_{2013} \times du$ 的系数虽为负，但是不显著，说明实施能源消费总量控制在 2013 年对高能源密集行业和其他行业的影响并未产生显著的差异性。交叉项 $d_{2014} \times du$ 和 $d_{2015} \times du$ 的系数显著为负，说明在 2014 年和 2015 年，控制实施使得高能源密集行业产出增速多下降了 7.06% 和 6.99%。

3.2.4 经济异质性影响模型稳健性检验

为检验前文实证结果的稳健性：第一，进行安慰剂检验。假设 2010~2012 年为控制实施时间，重新进行估计（见表 3-12 中的模型 1），发现交叉项系数不显著，反映出实证发现仅出现于 2013 年及以后。

表 3-12　倍差法模型稳健性检验结果

解释变量	模型 1	模型 2	模型 3	模型 4	模型 5
$du \times dt$	-0.0186 (0.0325)				-0.0447 * (0.0286)
$d_{2010} \times du$		0.0089 (0.0319)			
$d_{2011} \times du$			0.0246 (0.0286)		
$d_{2012} \times du$				-0.0809 (0.0585)	
dt	-0.0487 (0.0322)	-0.0520 * (0.0308)	-0.0519 * (0.0308)	-0.0373 (0.0363)	-0.0652 * * (0.0290)
du	-0.0154 (0.0657)	-0.0120 (0.0650)	-0.0211 (0.0648)	-0.0134 (0.0644)	-0.0097 (0.0753)
控制变量	Yes	Yes	Yes	Yes	Yes
个体效应	Yes	Yes	Yes	Yes	Yes
时间效应	Yes	Yes	Yes	Yes	Yes
R^2	0.3861	0.3857	0.3860	0.3884	0.4823
样本数	476	476	476	476	204

注：* * *、* *、* 分别表示在 1%、5%、10%的显著水平下显著；回归系数括号内数值为聚类稳健标准误差。

　　第二，倍差法使用的一个前提是，如果不存在政策冲击，则处理组和对照组的产出增速不存在系统性差异。为此，本节将控制实施前的年份 2010 年、2011 年、2012 年分别作为事件年度，进行了三次回归估计，结果见表 3-12 中的模型 2、模型 3 和模型 4，发现三个年度的交叉项系数均不显著，反映出控制实施前控制组和处理组的产出增速不存在系统性差异，符合倍差法使用的前提条件。同时，这三个模型的估计结果也反映出控制政策效应在 2010 年、2011 年和 2012 年均不存在，仅存在于 2013 年及以后。

　　第三，改变样本的时间窗宽重新估计。以 2010 ~ 2015 年为样本时间，重新进行估计，结果见表 3-12 中的模型 5。交叉项系数依然在 10% 的显著性水平下显著为负，反映出改变样本大小并不能改变交叉项系数的符号及显著性，验证了前文结果的稳健性。

3.3　基于动态面板单差法模型的总量控制的环境影响研究

　　实施能源消费总量控制对工业行业碳排放量的影响，是本节的研究内容。本节首先估算 34 个工业行业 2001 ~ 2015 年能源消耗产生的碳排放量；然后基于动态面板数据模型，构建控制实施的环境效应模型；最后对模型的实证结果进行稳健性检验。

3.3.1 工业行业二氧化碳排放现状

根据2.2.1节列出的碳排放计算方法，计算各个工业行业能源消费碳排放量，结果见表3-13。

表3-13 工业行业碳排放量估算结果

行 业	年度排放量/万吨			平均排放量/万吨	
	2010年	2013年	2015年	2010~2012年	2013~2015年
电力、热力的生产和供应业	88374	108455	106917	96598	107619
黑色金属冶炼及压延加工业	37918	45192	42872	41158	44642
非金属矿物制品业	17068	18542	17530	19180	18130
化学原料及化学制品制造业	12743	14533	17174	13787	15778
石油加工、炼焦及核燃料加工业	5451	5621	6664	5790	6073
煤炭开采和洗选业	3401	3911	2357	3746	3076
有色金属冶炼及压延加工业	2024	1881	2012	2052	1937
农副食品加工及食品制造业	2084	1781	1845	1979	1813
石油和天然气开采业	1328	1280	1269	1255	1284
纺织业	1500	1239	886	1495	1012
造纸及纸制品业	1494	1115	877	1443	974
通用设备制造业	1287	919	853	1366	882
医药制造业	632	712	667	693	681
交通运输设备制造业	698	663	593	692	613
饮料制造业	578	633	583	598	612
橡胶和塑料制品业	702	566	490	673	517
金属制品业	479	579	483	510	507
非金属矿及其他矿采选业	450	372	466	449	411
黑色金属矿采选业	655	528	422	552	484
化学纤维制造业	330	374	354	374	350
专用设备制造业	540	377	325	477	354
木材加工及藤、棕、草制品业	370	334	277	387	319
电气机械及器材制造业	382	302	224	356	253
纺织服装、鞋、帽制造业	232	186	156	229	169

行　业	年度排放量/万吨			平均排放量/万吨	
	2010 年	2013 年	2015 年	2010~2012 年	2013~2015 年
有色金属矿采选业	119	124	117	134	124
通信、计算机与其他电子设备制造业	217	131	113	173	122
文教体育用品制造业	49	84	97	57	92
皮革、毛皮、羽毛（绒）及其制品业	125	117	94	128	103
印刷业和记录媒介复制业	67	59	70	60	66
燃气生产和供应业	59	51	61	48	47
家具制造业	68	54	48	64	49
烟草制品业	53	44	35	59	38
仪器仪表及文化、办公用品、机械制造业	49	36	25	42	30
水的生产和供应业	24	16	14	21	14

注：表中行业按照 2015 年碳排放量的大小自高往低进行排序。

由表 3-13 中的结果可知，2015 年，34 个工业行业中前 5 个碳排放大户分别为：电力热力的生产和供应业、黑色金属冶炼及压延加工业、非金属矿物制品业、化学原料及化学制品制造业、石油加工和炼焦及核燃料加工业。对比能源消费总量控制实施前后各行业年均碳排放量可知，除前 5 个排放大户以及石油和天然气开采业、饮料制造业、文教体育用品制造业、印刷业和记录媒介复制业以外，其余行业的碳排放量均或多或少的出现了下降。实施能源消费总量控制是否总体上促使工业行业的碳排放量出现下降，如果下降，那么下降了多少，将由后文的实证部分给出结果。

3.3.2　动态面板数据模型构建

对于环境变化的影响因素研究，IPAT 模型被广泛地作为模型框架，后经多次改进，形成了 STIRPAT 模型，见式（3-13）：

$$I = a \cdot P^b \cdot A^c \cdot T^d \tag{3-13}$$

式中，I 为环境压力；P 为人口规模；A 为富裕程度；T 为技术水平；a 为模型系数；b、c、d 为各变量的待估系数。

根据本书的研究目的，对 STIRPAT 模型进行改进。

首先，由于本书的研究对象为工业行业，投资规模是影响碳排放的关键因素，原模型中的人口规模在此不适合作为解释变量，故用行业投资规模替代人口规模，用工业行业固定资产投资总额表示。其次，本书用单位劳动力的产出值表示行业的富裕程度，为检验环境 CKC 假说，将单位劳动力的产出值的一次方项、二次方项和三次方项均加入模型中；对于技术水平，分别用科技投入比例和能源效率表示；考虑工业行业碳排放的其他影响因素，将能源消费结构作为解释变量加入模型中。由于碳排放具有路径依赖的特点，上一期碳排放量会对本期产生影响，因此将碳排放量的一阶滞后项加入模型中。为研究能源消费总量控制对碳排放量的影响，引入虚拟变量 D，其中，2013~2015 年 D 取 1，其余年份 D 取 0。动态面板数据模型构建形式见式（3-14）：

$$\ln C_{it} = \ln C_{it-1} + \beta_0 + \beta_1 \ln y_{it} + \beta_2 (\ln y_{it})^2 + \beta_3 (\ln y_{it})^3 + \beta_4 \ln f_{it} + $$
$$\beta_5 \ln e_{it} + \beta_6 \ln s_{it} + \beta_7 \ln r_{it} + \beta_8 D + \varepsilon_{it}$$

$$(3-14)$$

式中，i 代表行业；t 代表时间；C、y、f、e、s、r 分别代表碳排放量、单位劳动力的产出值、固定资产投资额、能源效率、能源结构、科技投入比例；β 代表各变量的待估系数；ε 为残差项。

为研究能源消费总量控制对工业行业碳排放量的动态影响，即 2013 年、2014 年和 2015 年的不同影响效应，进一步构建动态面板数据模型如式（3-15）：

$$\ln C_{it} = \ln C_{it-1} + \beta_0 + \beta_1 \ln y_{it} + \beta_2 (\ln y_{it})^2 + \beta_3 (\ln y_{it})^3 + \beta_4 \ln f_{it} + \beta_5 \ln e_{it} + $$
$$\beta_6 \ln s_{it} + \beta_7 \ln r_{it} + \beta_8 D_{2013} + \beta_9 D_{2014} + \beta_{10} D_{2015} + \varepsilon_{it}$$

$$(3-15)$$

在能源消费总量控制的环境影响模型中，被解释变量为碳排放量，解释变量包括碳排放量的一阶滞后项、单位劳动力的产出值的一次、二次和三次方项、固定资产投资额、科技投入比例、能源效率、能源结构以及虚拟变量。其中，碳排放量上节已经计算得到；单位劳动力的产出值用各行业工业销售产值除以各行业年末就业人数得到；科技投入比例用 R&D 经费支出占工业销售产值的比例表示；能源效率用单位总产值能耗量表示；能源结构用能源消费碳强度，即单位能耗的碳排放量表示。以上数据来自各年份的《中国工业经济统计年鉴》、《中国能源统计年鉴》、《中国劳动统计年鉴》。环境影响模型中各变量的描述性统计结果见表3-14。

表 3-14　环境影响模型中各变量的描述性统计

变量	样本量	均值	标准差	最小值	最大值
$\ln C$	510	6.4388	1.9776	6.4388	1.9776
$\ln f$	510	6.7298	1.7923	6.7298	1.7923
$\ln y$	510	2.1025	0.9042	2.1025	0.9042
$\ln e$	510	1.2428	1.1973	1.2428	1.1973
$\ln s$	510	−0.3685	0.0939	−0.7566	−0.2518
$\ln r$	510	−5.2246	0.8813	−9.4217	−3.5141

3.3.3　环境影响模型实证结果

3.3.3.1　单位根检验

为避免伪回归，在进行回归估计前必须进行数据的平稳性检验。表 3-15 给出了 4 种检验方法下的单位根检验结果。

表 3-15　单位根检验结果

变　量	LLC 检验	IPS 检验	Fisher-ADF 检验	Fisher-PP 检验
$\ln C$	−10. 5488***	−3. 7573***	123. 1630***	128. 0740***
$\ln f$	−19. 1123***	−9. 7965***	223. 8510***	525. 6990***
$\ln y$	−15. 1571***	−7. 2995***	183. 9630***	244. 2970***
$\ln e$	−7. 1787***	0. 1906	80. 3025	128. 5300***
$\ln s$	−3. 8501***	−0. 3531	83. 8455*	86. 8034*
$\ln r$	−6. 3754***	−4. 3760***	115. 3980***	120. 0340***

注：***、**、*分别表示在 1%、5%、10%的显著水平下显著。

根据表 3-15 检验结果可知，除变量 $\ln e$ 和 $\ln s$ 以外，其余变量均在所有检验方法下水平平稳；变量 $\ln e$ 和 $\ln s$ 的 LLC 检验和 Fisher-PP 检验均通过，由于 LLC 检验和 Fisher-PP 检验分别为含有相同单位根和不同单位根的检验方法，故可以认为变量 $\ln e$ 和 $\ln s$ 为水平平稳变量，可直接进行回归估计。

3.3.3.2　动态面板数据模型估计结果

由于被解释变量的滞后一期项包含在模型中，会导致解释变量和随机扰动项相关，因此需要借助工具变量进行估计。Arellano 和 Bond（1991）提出可用两阶段差分广义矩（Diff_GMM）进行估计。进一步的，Arellano 和 Bover（1995）、Blundel 和 Bond（1998）提出了系统广义矩（Sys_GMM）估计方法。该方法比 Diff_GMM 更有效，因为其可以利用变量差分变化和水平变化的信息，运用更为广泛。本书对环境影响模型的估计采用 Sys_GMM 估计方法。我国能源消费总量控制的环境影响模型估计结果见表 3-16。由于 AR（2）检验值均大于 0.05，Sys-GMM 估计不能拒绝模型干扰项不存在二阶序列相关的原假设，故 Sys-GMM 估计的估计量是一致的；Hansen 检验值概率均大于 0.05，不能拒绝工具变量不可靠的原假设，故本书选取的工具变量有效，Sys-GMM 估计有效。

表 3-16 中，模型 1~5 为控制实施对碳排放的平均影响模型依次加入控制变量的结果，模型 6 为控制实施对碳排放的逐年动态影响结果。由模型 1~5 的结果可知，虚拟变量 D 的系数均显著为负，反映了能源消费总量控制的实施对工业行业碳排放量产生了显著的抑制作用。根据加入所有控制变量的模型 5 的估计结果

可知，实施能源消费总量控制促使 2013 年后碳排放量平均下降 3.95%；从逐年动态影响来看，实施能源消费总量控制促使 2013 年碳排放量下降 5.37%，促使 2014 年下降 8.32%，对 2015 年的影响不显著。能源消费总量控制的实施改变了工业行业原有的能源消费增长路径，降低了能源消费增长速度，在该政策的倒逼影响下，工业行业必须提高能源效率、优化能源结构、加强节能，从而实现碳排放量的下降。

表 3-16　环境影响模型估计结果

解释变量	模型 1	模型 2	模型 3	模型 4	模型 5	模型 6
$\ln C_{it-1}$	1.0311 ***	1.0262 ***	1.0120 ***	0.9927 ***	0.9917 ***	0.9924 ***
	(0.0129)	(0.0102)	(0.0095)	(0.0230)	(0.0183)	(0.0180)
$\ln y_{it}$	1.4134 **	0.6387 *	0.5327 *	0.3241 **	0.2827 ***	0.2824 ***
	(0.5561)	(0.3485)	(0.2662)	(0.1340)	(0.1010)	(0.1013)
$(\ln y_{it})^2$	−0.8764 ***	−0.4244 **	−0.3444 **	−0.2052 **	−0.1812 ***	−0.1797 ***
	(0.2861)	(0.1941)	(0.1434)	(0.0818)	(0.0652)	(0.0648)
$(\ln y_{it})^3$	0.1474 ***	0.0695 **	0.0561 **	0.0338 **	0.0304 **	0.0299 **
	(0.0469)	(0.0319)	(0.0232)	(0.0146)	(0.0121)	(0.0120)
$\ln f_{it}$		0.0245 *	0.0096	0.0105	0.0073	0.0070
		(0.0149)	(0.0125)	(0.0177)	(0.0161)	(0.0161)
$\ln s_{it}$			0.2270 *	0.3824 **	0.3196 ***	0.3400 ***
			(0.1203)	(0.1589)	(0.0963)	(0.0931)
$\ln e_{it}$				−0.0478 *	−0.0447 *	−0.0443 *
				(0.0291)	(0.0250)	(0.0247)
$\ln r_{it}$				0.0277 **	0.0257 **	
				(0.0133)	(0.0131)	
D	−0.0433 *	−0.0488 **	−0.0403 *	−0.0336 *	−0.0395 *	
	(0.0254)	(0.0208)	(0.0231)	(0.0204)	(0.0201)	
D_{2013}						−0.0537 **
						(0.0239)
D_{2014}						−0.0832 ***
						(0.0276)
D_{2015}						0.0253
						(0.0363)
常数项	−0.6349 *	−0.4024 **	−0.1853	0.1217	0.2784 ***	0.2727 **
	(0.3094)	(0.1951)	(0.1761)	(0.1219)	(0.1271)	(0.1210)

解释变量	模型 1	模型 2	模型 3	模型 4	模型 5	模型 6
曲线类型	N 型	N 型	N 型	N 型	N 型	N 型
AR（1）	-3.64 (0.000)	-3.84 (0.000)	-3.90 (0.000)	-3.89 (0.000)	-3.89 (0.000)	-3.92 (0.000)
AR（2）	1.65 (0.100)	1.33 (0.183)	1.30 (0.195)	1.23 (0.218)	1.10 (0.271)	1.06 (0.287)
Hansen 检验	31.80 (0.669)	32.08 (1.00)	32.64 (1.00)	28.05 (1.000)	29.47 (1.000)	20.04 (1.000)
样本数	476	476	476	476	476	476

注：***、**、*分别表示在1%、5%、10%的显著水平下显著；回归系数括号内数值为聚类稳健标准误差；AR 和 Hansen 括号内数值为 p 值。

从其他控制变量的估计结果来看，碳排放具有显著的路径依赖性，前一期的碳排放量对本期具有显著的正向影响；反映人均富裕程度的劳均产出指标的二次项系数显著为负，三次项和一次项系数显著为正，反映了我国工业行业碳排放与人均富裕程度呈"N"型关系，验证了"CKC 重组"效应。从其他影响因素来看，能源效率的提高对碳排放量具有显著的抑制作用，能源效率提高1%会使得碳排放量下降 0.0447%。能源消费碳强度代表了能源消费中化石能源的比例，对碳排放量具有促进作用，其提高1%会导致碳排放量增加 0.3196%。模型估计结果中，科技投入对碳排放量产生正向影响，这可能是由于当前我国工业行业的科技投入主要用于促进产值增长方面，而未用于节能减排方面所导致的。这一结论与李小平和卢现祥（2010）以及何小钢和张耀辉（2011）的实证结论一致。

3.3.4　环境影响模型稳健性检验

首先，利用反事实法检验。假设政策实施时间为 2011~2012 年，利用全样本数据重新进行估计，结果见表 3-17 中的模型 2。虚拟变量 D_{2011} 和 D_{2012} 的系数均不显著，反映出假设 2011~2012 为事件年度的政策效应不存在，验证了政策效应仅出现于 2013 年及以后。

表 3-17　反事实与改变时间窗宽检验结果

解释变量	全样本		2010~2015 年	
	模型 1	模型 2	模型 3	模型 4
D	-0.0395** (0.0201)		-0.0593*** (0.0211)	

解释变量	全样本		2010~2015 年	
	模型1	模型2	模型3	模型4
D_{2011}		0.0127		0.0703***
		(0.0332)		(0.0359)
D_{2012}		0.0125		0.0530***
		(0.0352)		(0.0341)
控制变量	Yes	Yes	Yes	Yes
AR(1)	-3.89	-3.84	-2.26	-2.23
	(0.000)	(0.000)	(0.024)	(0.026)
AR(2)	1.10	1.07	-0.11	-0.24
	(0.271)	(0.284)	(0.914)	(0.810)
Hansen 检验	29.47	23.00	27.68	26.29
	(1.000)	(1.000)	(1.000)	(1.000)
行业数	34	34	34	34
样本数	476	476	170	170

注：***、**、*分别表示在1%、5%、10%的显著水平下显著；回归系数括号内数值为聚类稳健标准
　　误差；AR 和 Hansen 括号内数值为 p 值。

其次，通过改变时间窗宽进行检验。取能源消费总量控制开始实施年份（2013 年）前后 3 年的样本数据重新进行了估计，结果见表 3-17 中的模型 3~4。改变时间窗宽后，表示 2013 年控制开始实施的虚拟变量 D 的系数显著为负（模型 3）；虚拟变量 D_{2011}、D_{2012} 的系数在 2010~2015 年的样本估计（模型 4）中显著为正，表明 2011~2012 年碳排放量显著高于 2013 年及以后，同样反映出能源消费总量控制的实施对碳排放的抑制效应出现于 2013 年及以后。在研究中，还选取控制实施前后 2 年的数据（2011~2014 年）进行了估计，结果仍与前文保持一致，但由于样本时间太短造成 AR(2) 估计量缺失，致使 Sys-GMM 估计的估计量是否一致不能判断，故此处不再给出该时间窗宽检验下的估计结果。

3.4　基于倍差法的总量控制对高碳密集行业的环境异质性影响

3.4.1　工业行业碳密集度划分

以往研究中，学者多依据碳排放强度对行业进行分类，但考虑到碳排放强度高的行业，其排放规模不一定大，故仅使用碳排放强度这一个指标并不能完全反映工业行业的排放情况。因此，与 3.2 节类似，本节引入"碳密集度"来反映行

业的碳排放情况，它是对碳强度和碳排放规模进行综合的指标。

设第 i 个行业的碳排放总量为 C_i，Q_i 为 34 个工业行业中第 i 个行业的碳排放规模，表示为：

$$Q_i = \frac{C_i}{C_1 + C_2 + \cdots + C_n} \quad (n = 1, 2, \cdots, 34) \tag{3-16}$$

c_i 为第 i 个行业的碳排放强度，即第 i 个行业碳排放总量与增加值的比值，表示为：

$$c_i = \frac{C_i}{GDP_i} \tag{3-17}$$

将各行业的碳排放规模和碳强度数据进行如下归一化处理：

$$Q_i' = \frac{Q_i - \min Q_i}{\max Q_i - \min Q_i} \tag{3-18}$$

$$c_i' = \frac{c_i - \min c_i}{\max c_i - \min c_i} \tag{3-19}$$

然后求碳强度和碳排放规模的几何平均值，即 $CI_i = \sqrt{Q_i' \times c_i'}$ 为第 i 个行业的碳密集度。该值越大，反映行业的碳密集度越高。根据上述方法，依据各行业 2015 年的碳排放情况，计算得到了各行业的碳密集度，并据此对各行业进行了碳密集度划分，结果见表 3-18。

表 3-18　工业行业碳密集度划分

碳密集度划分	范　围	行　业	排放规模	碳强度	碳密集度
高碳密集行业	$CI_i \geqslant 0.1$	电力、热力的生产和供应业	1.0000	1.0000	1.0000
		黑色金属冶炼及压延加工业	0.4009	0.3250	0.3610
		非金属矿物制品业	0.1639	0.1430	0.1531
		化学原料及化学制品制造业	0.1605	0.1098	0.1328
		石油加工、炼焦及核燃料加工业	0.0622	0.1624	0.1005
中碳密集行业	$0.01 \leqslant CI_i < 0.1$	煤炭开采和洗选业	0.0219	0.0918	0.0449
		石油和天然气开采业	0.0117	0.1163	0.0370
		有色金属冶炼及压延加工业	0.0187	0.0280	0.0229
		非金属矿及其他矿采选业	0.0042	0.0552	0.0153
		农副食品加工及食品制造业	0.0171	0.0134	0.0151
		造纸及纸制品业	0.0081	0.0262	0.0146
		黑色金属矿采选业	0.0038	0.0388	0.0122

碳密集度划分	范围	行业	排放规模	碳强度	碳密集度
中低碳密集行业	$0.003 \leqslant CI_i < 0.01$	纺织业	0.0082	0.0109	0.0094
		饮料制造业	0.0053	0.0160	0.0092
		医药制造业	0.0061	0.0117	0.0085
		通用设备制造业	0.0078	0.0080	0.0079
		化学纤维制造业	0.0032	0.0194	0.0078
		橡胶和塑料制品业	0.0045	0.0074	0.0057
		金属制品业	0.0044	0.0060	0.0051
		木材加工及藤、棕、草制品业	0.0025	0.0096	0.0049
		有色金属矿采选业	0.0010	0.0173	0.0041
		交通运输设备制造业	0.0054	0.0022	0.0035
		专用设备制造业	0.0029	0.0039	0.0034
低碳密集行业	$CI_i < 0.003$	纺织服装、鞋、帽制造业	0.0013	0.0030	0.0020
		燃气生产和供应业	0.0004	0.0069	0.0017
		皮革、毛皮、羽毛（绒）及其制品业	0.0008	0.0030	0.0015
		电气机械及器材制造业	0.0020	0.0011	0.0015
		文教体育用品制造业	0.0008	0.0026	0.0014
		印刷业和记录媒介的复制	0.0005	0.0035	0.0014
		家具制造业	0.0003	0.0027	0.0009
		烟草制品业	0.0002	0.0014	0.0005
		仪器仪表及文化、办公用品、机械制造业	0.0001	0.0007	0.0003
		计算机及其他电子设备制造业	0.0009	0.0000	0.0000
		水的生产和供应业	0.0000	0.0050	0.0000

3.4.2 环境异质性影响的倍差法模型构建

本节的研究目的是考察实施能源消费总量控制是否对高碳密集行业的碳排放产生了更为显著的抑制作用。将高碳密集行业作为处理组，将其他行业作为对照组，构建基础的倍差法模型见式（3-20），模型构建出的控制实施前后处理组和对照组的差异比较见表 3-19。

$$C_{it} = \beta_0 + \beta_1 \cdot du + \beta_2 \cdot dt + \gamma \cdot du \times dt + \varepsilon_{it} \qquad (3-20)$$

式中，C_{it} 为 i 行业第 t 年的碳排放量；du 为行业哑变量，$du=1$ 代表处理组，$du=0$ 表示对照组；dt 为时间哑变量，$dt=1$ 代表控制实施之后的年份，$dt=0$ 代控制实施之前的年份；ε 为随机扰动项。交互项 $du \times dt$ 的系数 γ 代表处理组在控制实施前后的差异减去对照组在控制实施前后的差异，衡量了控制实施对于处理组的"净"影响。

表3-19　处理组与对照组差异比较

分　组	政策实施前	政策实施后
处理组	$\beta_0 + \beta_1$	$\beta_0 + \beta_1 + \beta_2 + \gamma$
对照组	β_0	$\beta_0 + \beta_2$

　　除了能源消费总量控制的影响外，工业行业的碳排放还受到其他变量的影响，为提高模型的精度，在基础模型中加入了其他控制变量，各控制变量的含义与3.3节一致，此处不再赘述。构建模型如下式：

$$\ln C_{it} = \beta_0 + \beta_1 \cdot du + \beta_2 \cdot dt + \gamma \cdot du \times dt + \beta_3 \cdot \ln C_{it-1} + \beta_4 \cdot (\ln y_{it}) + \beta_5 \cdot (\ln y_{it})^2 +$$
$$\beta_6 \cdot (\ln y_{it})^3 + \beta_7 \cdot \ln f_{it} + \beta_8 \cdot \ln e_{it} + \beta_9 \cdot \ln s_{it} + \beta_{10} \cdot \ln r_{it} + \varepsilon_{it}$$

$$(3-21)$$

　　模型（3-21）中交互项 $du \times dt$ 的系数 γ 衡量的是控制实施后（2013~2015年）的平均影响，为了了解控制实施对于处理组的逐年动态影响，将模型（3-21）扩展为如下式：

$$\ln C_{it} = \beta_0 + \gamma_1 \cdot du \times d_{2013} + \gamma_2 \cdot du \times d_{2014} + \gamma_3 \cdot du \times d_{2015} +$$
$$\beta_1 \cdot du + \beta_2 \cdot dt + \beta_3 \cdot \ln C_{it-1} + \beta_4 \cdot \ln y_{it} + \beta_5 \cdot (\ln y_{it})^2 +$$
$$\beta_6 \cdot (\ln y_{it})^3 + \beta_7 \cdot \ln f_{it} + \beta_8 \cdot \ln e_{it} + \beta_9 \cdot \ln s_{it} + \beta_{10} \cdot \ln r_{it} + \varepsilon_{it}$$

$$(3-22)$$

模型（3-22）中，γ_1、γ_2、γ_3 分别表示控制实施对于处理组的逐年"净"影响。

3.4.3　环境异质性影响模型实证结果

　　依据前文构建的模型，本节估计能源消费总量控制的实施对高碳密集行业碳排放的平均影响效应和动态影响效应，结果见表3-20。

表3-20　环境影响模型倍差法估计结果

解释变量	平均影响效应			动态影响效应		
	模型1	模型2	模型3	模型4	模型5	模型6
$du \times dt$	0.0445 (0.0375)	-0.0154 (0.0692)	0.0217 (0.0277)			
$d_{2013} \times du$				0.0212 (0.0414)	-0.0273 (0.0738)	0.0001 (0.0314)

解释变量	平均影响效应			动态影响效应		
	模型 1	模型 2	模型 3	模型 4	模型 5	模型 6
$d_{2014} \times du$				0.0443	-0.0487	0.0221
				(0.0336)	(0.0751)	(0.0242)
$d_{2015} \times du$				0.0379	-0.0213	0.0312
				(0.0483)	(0.0563)	(0.0420)
du	0.1177 * *	-0.0023	0.0937	0.1194 * *	0.0002	0.0942
	(0.0562)	(0.0885)	(0.0641)	(0.0569)	(0.0883)	(0.0641)
dt	-0.1007 * * *	-0.0404	-0.0422 * *	-0.0986 * * *	-0.0374	-0.0415 * *
	(0.0202)	(0.0282)	(0.0201)	(0.0200)	(0.0281)	(0.0203)
$\ln C_{it-1}$	0.9833 * * *	1.0094 * * *	0.9714 * * *	0.9834 * * *	1.0096 * * *	0.9718 * * *
	(0.0154)	(0.0311)	(0.0256)	(0.0156)	(0.0232)	(0.0253)
$\ln y_{it}$		1.3104 * *	0.2639 * * *		1.3017 * *	0.2611 * * *
		(0.5188)	(0.0970)		(0.5206)	(0.0928)
$(\ln y_{it})^2$		-0.8051 * * *	-0.1560 * *		-0.8001 * * *	-0.1544 * *
		(0.2721)	(0.0643)		(0.2740)	(0.0620)
$(\ln y_{it})^3$		0.1343 * * *	0.0250 * *		0.1335 * * *	0.0246 * *
		(0.0454)	(0.0121)		(0.0458)	(0.0117)
$\ln f_{it}$			0.0064			0.0065
			(0.0181)			(0.0181)
$\ln e_{it}$			-0.0453 *			-0.0449 *
			(0.0256)			(0.0253)
$\ln s_{it}$			0.3835 * * *			0.3832 * * *
			(0.1169)			(0.1168)
$\ln r_{it}$			0.0353 * *			0.0348 * *
			(0.0140)			(0.0139)
常数项	0.1304	-0.4692	0.4468 * * *	0.1293	-0.4684	0.4427 * * *
	(0.0942)	(0.2910)	(0.1599)	(0.0951)	(0.2898)	(0.1589)
AR(1)	-3.96	-3.72	-3.91	-3.96	-3.72	-3.92
	(0.000)	(0.000)	(0.000)	(0.000)	(0.000)	(0.000)
AR(2)	1.45	1.61	1.05	1.48	1.59	1.08
	(0.146)	(0.107)	(0.294)	(0.138)	(0.112)	(0.279)

解释变量	平均影响效应			动态影响效应		
	模型 1	模型 2	模型 3	模型 4	模型 5	模型 6
Hansen 检验	33.83 (0.704)	31.32 (0.691)	21.34 (1.000)	33.86 (0.703)	27.49 (0.845)	19.39 (1.000)
样本数	476	476	476	476	476	476

注: ***、**、* 分别表示在 1%、5%、10% 的显著水平下显著；回归系数括号内的数值为聚类稳健标准误差；AR 和 Hansen 括号内数值为 p 值。

表 3-20 的平均影响效应估计结果中，模型 1~3 为逐步加入控制变量后的回归结果。三个模型估计结果中，交互项 $du \times dt$ 的系数均不显著，反映了能源消费总量控制的实施并未对高碳密集行业的碳排放产生更为显著的抑制作用。为识别控制实施的动态影响，又进行了逐年动态效应的估计，结果见表 3-20 中动态影响效应估计结果，模型 4~6 为逐步加入控制变量后的回归结果。三个模型中，表示逐年效应的交叉项系数均十分不显著，反映出在能源消费总量控制开始实施后的三年内，均没有对高碳密集行业的碳排放产生更为显著的抑制作用。

3.4.4　环境异质性影响模型稳健性检验

为了验证前文估计结果的稳健性，此处基于 STIRPAT 模型的基本形式，构建模型（3-23），运用静态面板模型重新进行估计，得到的结果见表 3-21。

$$\ln C_{it} = \beta_0 + \gamma_1 \cdot du + \gamma_2 \cdot dt + \gamma_3 \cdot du \times dt + \beta_1 \cdot \ln y_{it} +$$
$$\beta_2 \cdot \ln f_{it} + \beta_3 \cdot \ln e_{it} + \beta_4 \cdot \ln s_{it} + \beta_5 \cdot \ln r_{it} + \varepsilon_{it}$$

$$(3-23)$$

表 3-21　稳健性检验结果

解释变量	模型 1	模型 2	模型 3
$du \times dt$	0.4657 (0.3246)	0.3768*** (0.0645)	
$d_{2013} \times du$			0.2892*** (0.0870)
$d_{2014} \times du$			0.4054*** (0.0936)
$d_{2015} \times du$			0.4372*** (0.1219)
du	3.9993*** (0.1391)	2.4348*** (0.1470)	2.4341*** (0.1465)

解释变量	模型 1	模型 2	模型 3
dt	−0.1132	−0.4963 ***	−0.5096 **
	(0.1621)	(0.2098)	(0.2116)
$\ln y_{it}$		0.4675 ***	0.4676 ***
		(0.0802)	(0.0803)
$\ln f_{it}$		0.1966 ***	0.1968 ***
		(0.0444)	(0.0445)
$\ln e_{it}$		−0.6205 ***	−0.6186 ***
		(0.1044)	(0.1048)
$\ln s_{it}$		2.1746 ***	2.1767 ***
		(0.5905)	(0.5872)
$\ln r_{it}$		−0.0144	−0.0143
		(0.0445)	(0.0446)
常数项	5.7424 ***	6.8769 ***	6.8782 ***
	(0.0692)	(0.3720)	(0.3725)
个体效应	No	Yes	Yes
时间效应	No	Yes	Yes
R^2	0.5722	0.9896	0.9896
样本数	510	510	510

注：***、**、* 分别表示在1%、5%、10%的显著水平下显著；回归系数括号内数值为聚类稳健标准误差。

由表3-21结果可知，交互项系数 $du×dt$ 显著为正，反映出实施能源消费总量控制不仅没有对高碳密集行业产生更为显著的抑制作用，反而产生了促进作用；从逐年动态效应来看，2013~2015年高碳密集行业碳排放量相对其他行业而言均没有出现显著的下降。这一结论与前文一致，进一步支撑了前文的实证结果。

为了识别2013~2015年高碳密集行业碳排放量没有出现显著下降的原因，本节又对碳排放的影响因素进行了倍差法检验，结果见表3-22。

表 3-22 碳排放的倍差法机制检验

解释变量	模型 1	模型 2	模型 3	模型 4
	$\ln y_{it}$	$\ln f_{it}$	$\ln e_{it}$	$\ln s_{it}$
$du×dt$	0.0521	−0.4923 ***	−0.1768 ***	0.0224 **
	(0.0585)	(0.1238)	(0.0608)	(0.0105)

解释变量	模型 1	模型 2	模型 3	模型 4
	$\ln y_{it}$	$\ln f_{it}$	$\ln e_{it}$	$\ln s_{it}$
du	1.2894***	1.7552***	0.1042	-0.0238***
	(0.0797)	(0.2112)	(0.0803)	(0.0076)
dt	2.0521***	4.7025***	1.6745***	-0.0524***
	(0.0785)	(0.1421)	(0.0711)	(0.0114)
常数项	-0.3203***	4.2953***	-0.7843***	-0.2919***
	(0.0935)	(0.1349)	(0.0856)	(0.0089)
个体效应	Yes	Yes	Yes	Yes
时间效应	Yes	Yes	Yes	Yes
R^2	0.9426	0.9613	0.9715	0.9174

注：***、**、*分别表示在1%、5%、10%的显著水平下显著；回归系数括号内数值为聚类稳健标准误差。

由表 3-22 结果可知，高碳密集行业在能源消费总量控制开始实施后，固定资产投资量相对其他行业出现了显著的下降。由前文实证结果可知，固定资产投资的增加会造成碳排放量的增加，故此处高碳密集行业固定资产投资的下降会降低碳排放量。由于能源效率与碳排放呈负相关，能源消费碳强度与碳排放呈正相关关系。根据模型 3~4 的估计结果，高碳密集行业的能源效率出现了显著地下降，而代表化石能源比例的能源消费碳强度出现了显著地上升，这必然导致碳排放量的增加。由于能源效率和能源消费碳强度两个因素对碳排放量影响的弹性系数均大于固定资产投资，最终导致了实施能源消费总量控制没有显著地抑制高碳密集行业的碳排放量。

3.5　小结

本章对我国 2013 年开始逐步加强实施的能源消费总量控制产生的经济和环境影响进行了研究。基于单差法构建了控制实施的平均经济和环境影响模型，实证研究了其对工业行业平均产出增速的影响以及碳排放量的影响；基于倍差法构建了控制实施的异质性经济和环境影响模型，实证研究了其对高能源密集行业产出增速的影响、对高碳密集行业碳排放量的影响。研究发现：

（1）我国能源消费总量控制的实施对工业行业的产出增速具有负向影响。其导致 2013 年以来工业行业平均产出增速下降 8.10%；从逐年动态影响来看，导致 2013~2015 年工业行业总产出增速分别下降 10.23%、5.74%、8.40%。

（2）我国能源消费总量控制的实施对工业行业的碳排放量具有抑制作用。其促使 2013 年以来工业行业碳排放量平均下降 3.95%；从逐年动态影响来看，促使 2013 年碳排放量下降 5.37%，促使 2014 年下降 8.32%。

（3）能源消费总量控制对高能源密集行业的产出增速具有更为显著的负向影响，但具有滞后性。与其他行业相比，其导致 2013 年以来高能源密集行业产出增速多下滑了 5.5%；从逐年动态影响来看，控制实施的经济异质性影响具有滞后性，对 2013 年的影响不显著，但导致 2014、2015 年高能源密集行业的产出增速分别多下降了 7.06% 和 6.99%。

（4）能源消费总量控制的实施没有显著降低高碳密集行业的碳排放量。控制实施的环境异质性影响的平均效应和逐年动态效应均不显著，究其原因，能源效率和能源结构是导致高碳密集行业碳排放量不能显著下降的两大主要因素。

4 2020 年能源消费总量控制的 经济及环境影响研究

2016 年 1 月发布的《能源发展"十三五"规划》和 2016 年 3 月发布的《"十三五"规划》均提出，2020 年我国能源消费总量要控制在 50 亿吨标准煤以内。那么当 2020 年我国能耗总量控制在 50 亿吨标准煤时，"十三五"时期我国的年均经济增速能达到多少？碳强度能达到多少？根据文献综述可知，关于能源约束下经济增长的研究，多集中于能源约束下的最优经济增长路径、能源约束对经济增长的阻尼系数等方面，而鲜有关于既定能源消费量下的经济增速和碳排放预测的相关研究。本章将对 2020 年能源消费总量控制在 50 亿吨标准煤时产生的经济及环境影响进行研究。

4.1 本章研究思路

为研究 2020 年我国能耗总量为 50 亿吨标准煤时的经济总量和碳排放总量，必须首先将生活能耗量和生产能耗量区分开来。考虑到控制能耗总量应从生产部门入手，而对于满足人民生活需要的生活能耗不应进行控制。因此，应先在依据自身变动规律及其影响因素变动规律的基础上预测出生活能耗量，再用 50 亿吨减去生活能耗量预测值得到 2020 年的生产能耗量。通过设置 2020 年各行业能耗占生产总能耗比例的不同情景，得到不同情景下 2020 年各行业的能耗量，通过预测出 2020 年各行业的能耗结构、生活能耗结构，求得 2020 年的生产部门碳排放量和生活部门碳排放量。可见，生活能耗量的预测、各行业能耗结构和生活能耗结构的预测是研究 2020 年总能耗为 50 亿吨标准煤时碳排放量的关键。

关于 2020 年的经济总量研究，本书基于公式：增加值=能耗量/单位增加值能耗，对 2020 年的经济总量进行研究。通过预测 2020 年各行业的单位增加值能耗系数，来求给定能耗约束下各行业的增加值以及国内生产总值。利用该公式求 2020 年给定能耗下各行业的增加值，其实假设了 2020 年各行业的能耗量与增加值呈线性关系，而我国当前以及未来的经济发展现状和趋势是处于经济与能源线性关系区间内的。赵进文和范继涛（2007）基于非线性 STR 模型技术对我国能源消费与经济增长的内在依从关系进行了研究，认为只要 GDP 增速大于 0 且不超过 18.04%，则经济增长同能源消费之间将保持稳定的线性关系；GDP 增速一旦超过 18.04% 或出现负增长，则二者的关系就由线性转化为非线性。他们认为

1956~1976 年间，我国经济增长对能源消费的影响呈明显的非线性特征，而自 1977 年开始，我国经济增长同能源消费的关系表现为稳定的线性关系，且持续至今。本书第 2 章基于面板数据研究能源消费与经济增长之间的关系时，将能源消费变量的二次方至五次方项加入模型中，均不显著，这也验证了二者之间为线性关系。此外，阮加和雅倩（2011）也通过对未来的单位 GDP 能耗进行预测，用未来的能耗总量除以预测得到的单位 GDP 能耗求得未来的 GDP 总量和 GDP 增速。他们对于单位 GDP 能耗的预测可另行斟酌，但研究方法与本书一致，也反映出本书研究方法的可信性。综上所述，为研究 2020 年我国能耗总量 50 亿吨标准煤时产生的经济影响，2020 年各行业单位增加值能耗系数的预测是解决问题的核心。

本章的研究思路如图 4-1 所示。4.2~4.4 节分别基于组合预测模型进行生活能耗量预测、基于马尔科夫链模型进行能耗结构预测、基于非限制性 VAR 模型进行分行业分类能耗系数预测，为 4.5 节中能耗总量控制目标下的经济总量预测和碳排放预测提供数据基础。

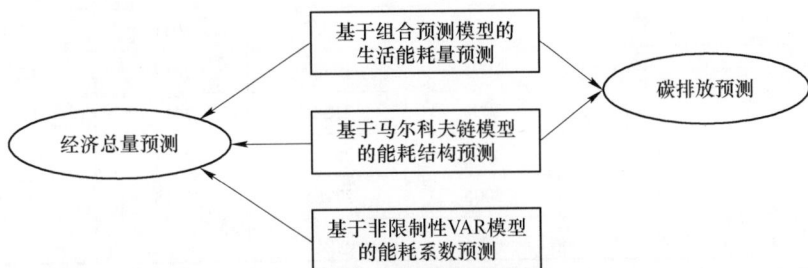

图 4-1　本章研究思路说明

4.2　基于组合预测模型的生活能耗量预测

关于能源消费量的预测，已有不少学者进行过研究。刘勇和汪旭辉（2007）运用 ARIMA 模型对我国能源消费量进行了预测。邓鸿鹄（2013）基于不同的预测方法对北京市能源消费量进行预测，验证得到了基于 ARIMA 模型、BP 神经网络和 Elman 神经网络模型的组合模型预测精度最高。徐步然（2014）运用灰色 GM(1, 1) 模型对重庆市能源消费总量进行了预测。张俊深和袁程炜（2016）基于 BP 神经网络与修正 GM(1, 1) 模型组合对能源消费量进行了预测。刘爱芹（2010）运用指数平滑法和 ARIMA 模型的组合模型对能源消费量进行了预测。曾胜（2011）采用能源消费弹性系数法进行了能源消费量预测。索瑞霞和王福林（2010）采用灰色 GM(1, 1) 模型、BP 神经网络模型和三次指数平滑模型进行组合预测。综上，关于能源预测的方法较多，但组合预测能综合不同模型的计算结果、取长补短，提高预测的精度。故本书将 ARIMA 模型、指数平滑法、灰色

GM(1，1) 模型和 VAR 模型进行组合，对生活能耗量进行预测。

4.2.1　指数平滑法预测

指数平滑法是在移动平均法基础上发展起来的一种时间序列分析预测法，是较为常用的预测方法。

4.2.1.1　数据来源

选取 1990~2015 年我国生活能源消费量数据，对 2016~2020 年生活能耗量进行预测。1990~2015 年我国生活能耗量数据见表 4-1 和图 4-2。

表 4-1　1990~2015 年我国生活能耗量

年份	生活能耗量	年份	生活能耗量	年份	生活能耗量
1990	15799	1999	14552	2008	31898
1991	15993	2000	14912	2009	33843
1992	15636	2001	15427	2010	36470
1993	15731	2002	17032	2011	37410
1994	15413	2003	19827	2012	42306
1995	15745	2004	21281	2013	45531
1996	17714	2005	25305	2014	47212
1997	16368	2006	27765	2015	50099
1998	14393	2007	30814		

注：表中数据单位为万吨标准煤。

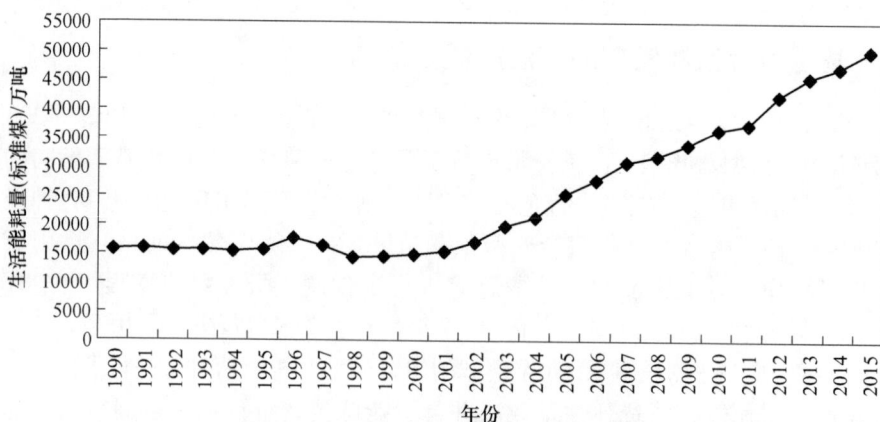

图 4-2　1990~2015 年我国生活能耗量

指数平滑法包括一次、二次和三次指数平滑法。其中，水平型的时间序列数据适用一次指数平滑法，呈线性斜坡型上升趋势的数据适用二次指数平滑法，呈非线性变换趋势的数据适用三次指数平滑法预测。由于生活能耗量数据呈明显的斜坡型线性趋势，故本书采用二次指数平滑法进行预测。其基本公式和预测模型为：

$$S_t^{(2)} = \alpha S_t^{(1)} + (1 - \alpha)S_{t-1}^{(2)} \tag{4-1}$$

$$Y_{T+t} = a_t + b_t \cdot T \tag{4-2}$$

$$a_t = 2S_t^{(1)} - S_t^{(2)} \tag{4-3}$$

$$b_t = \frac{\alpha(S_t^{(1)} - S_t^{(2)})}{1 - \alpha} \tag{4-4}$$

式中，Y_{T+t}是第 $T+t$ 期的预测值；T 是模型预测期与当前期之间的时间间隔；t 为模型所处的当前时期；α 为平滑系数；$S_t^{(1)}$ 为一次指数平滑值；$S_t^{(2)}$ 为二次指数平滑值；a_t、b_t 为待定系数。

4.2.1.2 初始值与平滑系数的选取

平滑初始值采用前三期数据的平均值，即：

$$S_0^{(1)} = S_0^{(2)} = \frac{x_1 + x_2 + x_3}{3} \tag{4-5}$$

式中，x_1、x_2、x_3 分别为 1990~1992 年的生活消耗量。

根据数据计算得到 $S_0^{(1)} = S_0^{(2)} = 15809$ 万吨标准煤。

平滑系数 α 的取值决定了近期数据和远期数据对预测结果的影响程度，对预测模型的影响很大。在计算过程中，以误差平方和最小为条件，经过多次试算，取平滑系数值 $\alpha = 0.6465$。2016~2020 年的预测公式为：$Y_{2014+T} = 50088.45 + 2613.27 * T$。受篇幅限制，本节仅呈现 2011~2020 年的预测结果，见表 4-2。将 2011~2015 年的预测值和实际值进行比较并计算误差，误差情况见表 4-2。

表 4-2 预测值及误差情况表

年 份	实际值	预测值	误 差
2011	37410	38581	0.0313
2012	42306	39243	−0.0724
2013	45531	44883	−0.0142
2014	47212	48656	0.0306
2015	50099	49973	−0.0025
2016		52702	
2017		55315	
2018		57928	

年　份	实际值	预测值	误　差
2019		60542	
2020		63155	

根据预测结果可知，2011~2015 年中，2012 年预测误差大于 5%，可见还需运用其他模型进行预测，通过组合预测降低误差。

4.2.2　ARIMA 模型预测

ARIMA 模型的全称是求和自回归移动平均模型，是 Box 和 Jenkins 于 1970 年提出的以随机理论为基础的时间序列预测方法。其基本思想是：将预测对象随时间推移而形成的数据序列视为一个随机序列，可以用数学模型来近似描述该序列。当该模型被识别后，就可以运用序列的过去值和现在值来预测未来值。ARIMA 模型包括三种基本类型：自回归模型（AR 模型）、移动平均模型（MA 模型）、自回归移动平均模型（ARMA 模型）。

一般的 p 阶自回归过程 AR(p) 可表示为：

$$X_t = \varphi_1 X_{t-1} + \varphi_2 X_{t-2} + \cdots + \varphi_p X_{t-p} + \mu_t \tag{4-6}$$

式中，μ_t 为误差项。

一般的 q 阶移动平均过程 MA(q) 可表示为：

$$X_t = \mu_t - \theta_1 \mu_{t-1} - \theta_2 \mu_{t-2} - \cdots - \theta_q \mu_{t-q} \tag{4-7}$$

式中，θ 为变量的系数。

将 AR(p) 与 MA(q) 结合，可得到一般的自回归移动平均模型 ARMA(p, q)：

$$X_t = \varphi_1 X_{t-1} + \varphi_2 X_{t-2} + \cdots + \varphi_p X_{t-p} + \mu_t - \theta_1 \mu_{t-1} - \theta_2 \mu_{t-2} - \cdots - \theta_q \mu_{t-q} \tag{4-8}$$

式中，X 为变量；p 为滞后阶数；φ 为变量的系数；t 为时期数。

以上公式表明，随机时间序列可由自回归移动平均过程生成。ARIMA 模型拟合的一般步骤包括：序列平稳性检验、模型识别与平稳性检验、预测。运用 ARIMA 模型进行生活能耗量预测的具体过程如下。

4.2.2.1　单位根检验

在进行预测前，首先要对预测序列进行平稳性检验，结果显示序列 X 非水平平稳。为消除原始数据的不平稳性，对 X 取对数并进行一阶差分化处理，其单位根检验结果见表 4-3。ADF 检验的 t 统计量为 -2.3115，小于 5% 检验水平的 t 统计量临界值，因此序列 $\Delta \ln X$ 为平稳序列，故可以建立 ARIMA$(p, 1, q)$ 模型。

表 4-3 ΔlnX 的 ADF 单位根检验结果

ADF 检验值		t 值	概率值
		−2.3115	0.0229
t 值	1%level	−2.6649	
	5%level	−1.9557	
	10%level	−1.6088	

4.2.2.2 ARIMA 模型识别

为确定 ARIMA 模型中的 p 和 q 的值，做序列 ΔlnX 的自相关图和偏自相关图，如图 4-3 所示。

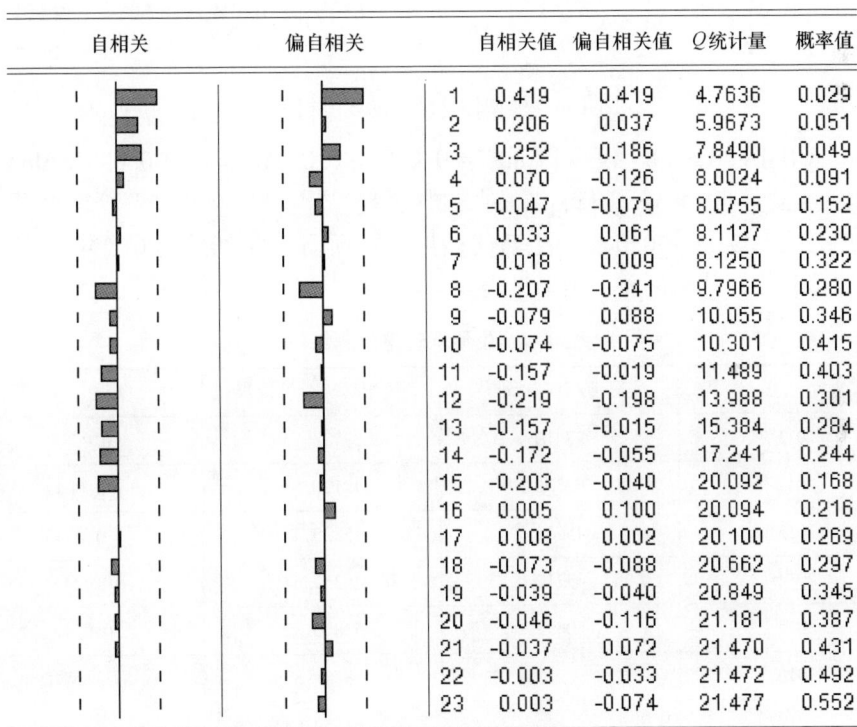

自相关	偏自相关		自相关值	偏自相关值	Q统计量	概率值
		1	0.419	0.419	4.7636	0.029
		2	0.206	0.037	5.9673	0.051
		3	0.252	0.186	7.8490	0.049
		4	0.070	−0.126	8.0024	0.091
		5	−0.047	−0.079	8.0755	0.152
		6	0.033	0.061	8.1127	0.230
		7	0.018	0.009	8.1250	0.322
		8	−0.207	−0.241	9.7966	0.280
		9	−0.079	0.088	10.055	0.346
		10	−0.074	−0.075	10.301	0.415
		11	−0.157	−0.019	11.489	0.403
		12	−0.219	−0.198	13.988	0.301
		13	−0.157	−0.015	15.384	0.284
		14	−0.172	−0.055	17.241	0.244
		15	−0.203	−0.040	20.092	0.168
		16	0.005	0.100	20.094	0.216
		17	0.008	0.002	20.100	0.269
		18	−0.073	−0.088	20.662	0.297
		19	−0.039	−0.040	20.849	0.345
		20	−0.046	−0.116	21.181	0.387
		21	−0.037	0.072	21.470	0.431
		22	−0.003	−0.033	21.472	0.492
		23	0.003	−0.074	21.477	0.552

图 4-3 序列 ΔlnX 的自相关和偏自相关图

由图 4-3 可知，序列 ΔlnX 的自相关函数和偏自相关函数均具有拖尾性，因此，可用 ARIMA(p, 1, q) 模型进行模拟。根据自相关和偏自相关函数的特点并比较不同模型的 AIC 值，经过反复计算和比较，最终确定 $p=3$、$q=8$，即构建 ARIMA(3, 1, 8) 模型进行预测。模型估计结果的各滞后多项式倒数根的模都在单位圆内，表明该模型是平稳的也是可逆的。模型估计结果的残差相关图如图

4-4所示。由图4-4可知，残差序列的样本自相关函数都在95%置信区域内，可以认为模型ARIMA（3，1，8）估计结果的残差序列满足随机性假设。

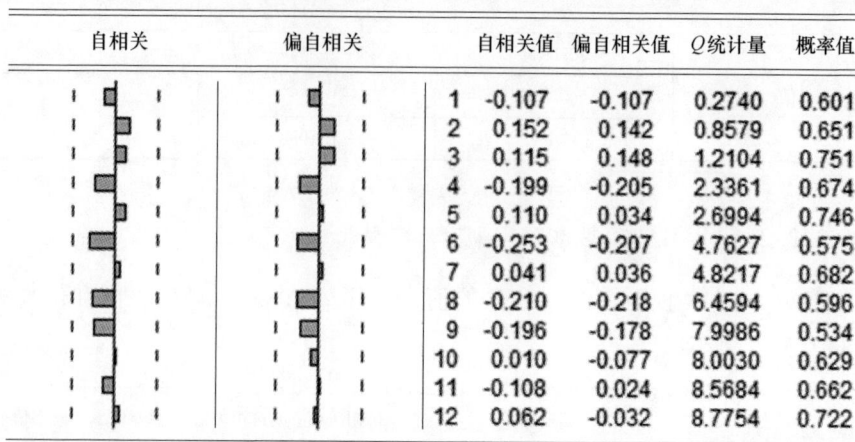

自相关	偏自相关		自相关值	偏自相关值	Q统计量	概率值
		1	-0.107	-0.107	0.2740	0.601
		2	0.152	0.142	0.8579	0.651
		3	0.115	0.148	1.2104	0.751
		4	-0.199	-0.205	2.3361	0.674
		5	0.110	0.034	2.6994	0.746
		6	-0.253	-0.207	4.7627	0.575
		7	0.041	0.036	4.8217	0.682
		8	-0.210	-0.218	6.4594	0.596
		9	-0.196	-0.178	7.9986	0.534
		10	0.010	-0.077	8.0030	0.629
		11	-0.108	0.024	8.5684	0.662
		12	0.062	-0.032	8.7754	0.722

图4-4　模型估计结果的残差相关图

由ARIMA（3，1，8）模型，$\Delta\ln X_t = 0.0904 - 0.0745\Delta\ln X_{t-1} + 0.09818\Delta\ln X_{t-2} - 0.0949\Delta\ln X_{t-3} - 0.9475\varepsilon_{t-8}$可得：$X_t = e^{\ln X_{t-1} + 0.0904 - 0.0745\Delta\ln X_{t-1} + 0.09818\Delta\ln X_{t-2} - 0.0949\Delta\ln X_{t-3} - 0.9475\varepsilon_{t-8}}$。根据该公式对2011~2020年的生活能耗量进行预测，将2011~2015年的实际值与预测值对比计算出误差，结果见表4-4。

表4-4　生活能耗量预测结果

年　份	实际值/万吨标准煤	预测值/万吨标准煤	误　差
2011	37410	37728.73	0.0085
2012	42306	42126.55	-0.0042
2013	45531	45325.47	-0.0045
2014	47212	48359.64	0.0243
2015	50099	52840.32	0.0547
2016		58281.33	
2017		64359.53	
2018		70876.7	
2019		78159.55	
2020		84484.92	

根据预测结果可知，ARIMA（3，1，8）模型预测精度相对较高，可用于对生活能耗量进行预测。

4.2.3 IDGM(1, 1) 模型预测

本节分别运用 GM(1, 1) 模型、DGM(1, 1) 模型、IDGM(1, 1) 模型对生活能耗量进行预测，并对预测精度进行比较，选用预测精度最高的作为本节的预测结果。

4.2.3.1 GM(1, 1) 模型预测

基于 2000~2015 年数据，运用 GM(1, 1) 建模。

第 1 步，原始序列的初始化。

初始化后的序列：14912，15427，17032，19827，21281，25305，27765，30814，31898，33843，36470，37410，42306，45531，47212，50099。

第 2 步，原始序列的 1-AGO。

1-AGO 序列：14912，30339，47371，67198，88479，113784，141549，172363，204261，238104，274574，311984，354290，399821，447033，497132。

第 3 步，1-AGO 的紧邻均值生成。

紧邻均值生成序列：22626，38855，57285，77839，101132，127667，156956，188312，221183，256339，293279，333137，377056，423427，472083。

第 4 步，发展系数和灰色作用量的计算。

$a = 0$，$b = 16225$。

第 5 步，模拟值的计算。

14912，18032，19454，20988，22643，24428，26354，28432，30674，33092，35701，38516，41553，44830，48364，52178。

第 6 步，计算残差。

残差为 34872988，平均相对误差为 5.1194%。2016~2020 年预测结果为：56292，60730，65519，70684，76258。

4.2.3.2 DGM(1, 1) 模型预测

DGM(1, 1) 模型的累加序列同 GM(1, 1) 模型，此处省略累加结果，直接从计算过程的第 3 步开始。

第 3 步，模型参数的计算。

$\beta_1 = 1$，$\beta_2 = 16878$。

第 4 步，模拟值的计算。

14912，18053，19476，21011，22667，24454，26381，28461，30704，33124，35735，38551，41590，44868，48404，52220。

第 5 步，计算残差。

残差为 35028965，平均相对误差 = 5.1096%。2016～2020 年预测结果为：56335，60776，65566，70734，76309。

4.2.3.3 IDGM(1，1) 模型预测

第 1 步，计算原始序列的累减生成序列。

$$Y^{(0)} = (y^{(0)}(1), y^{(0)}(2), \cdots, y^{(0)}(n-1))$$

$$y^{(0)}(k) = x^{(0)}(k+1) - x^{(0)}(k)$$

$$Y^{(0)} = (360, 515, 1605, 2795, 1454, 4024, 2460, 3049, 1084, 1945,$$
$$2627, 940, 4896, 3225, 1681, 2887)$$

第 2 步，计算累减生成序列的 DGM(1，1) 模型。

模拟值 $\hat{Y}^{(0)} = $ (360，1943，1995，2049，2105，2162，2220，2280，2342，2406，2471，2538，2606，2677，2749，2824)

第 3 步，原始序列的还原。

$$x^{(0)}(k+1) = y^{(0)}(k) + x^{(0)}(k)$$

$$\hat{X}^{(0)} = $$ (14552，14912，16855，18850，20899，23004，25166，27386，29666，32008，34414，36885，39423，42029，44706，47455，50279)

根据该模型预测得到的 2016～2020 年的生活能耗量分别为：53179，56158，59217，62359，65586。

表 4-5 给出了 GM(1，1)，DGM(1，1) 和 IDGM(1，1) 对 2011～2015 年生活能耗量的预测值及误差。

表 4-5 GM(1，1)、DGM(1，1) 和 IDGM(1，1) 预测结果对比

年 份	实际值	预测值			相对误差		
		GM(1，1)	DGM(1，1)	IDGM(1，1)	GM(1，1)	DGM(1，1)	IDGM(1，1)
2011	37410	38516	38551	39423	0.0296	0.0305	0.0538
2012	42306	41553	41590	42029	0.0178	0.0169	0.0066
2013	45531	44830	44868	44706	0.0154	0.0146	0.0181
2014	47212	48364	48404	47455	0.0244	0.0252	0.0051
2015	50099	52178	52220	50279	0.0415	0.0423	0.0036

根据表 4-5 可得出，传统 GM(1，1) 模型的平均相对误差为 1.25%，DGM(1，1) 模型的平均相对误差为 1.33%，IDGM(1，1) 模型的平均相对误差为 0.76%。由于 IDGM(1，1) 模型的预测误差相对较小，因此，灰色模型预测结果选用 IDGM(1，1) 模型的预测结果。

4.2.4 VAR 模型预测

预测是非限制性 VAR 模型的重要运用之一,由于模型方程右侧只含有各变量的滞后项,因此该模型不需要对解释变量在预测期内的取值进行预测,通过该模型可以并行预测得到解释变量和被解释变量在预测期内的取值。此外,与时间序列预测模型相比,VAR 预测模型考虑了被解释变量的影响因素,预测结果的可信度更高。本节运用 VAR 模型对我国的生活能耗量进行预测。

刘满芝和刘贤贤 (2016) 认为可支配收入、价格因素、政策因素是生活能耗的主要影响因素。李国志和赵峰 (2015) 认为人口数量、收入水平和节能技术对生活能耗具有很大影响,人口数量的增加必然促使生活能耗量增长,人均收入水平的提高增加了人们对汽车、住房以及其他生活消费品的需求。李国志认为人均收入水平和居民直接生活能耗呈倒 U 形关系,拐点在人均收入达到 162121 元时出现,但对我国来说,需要较长时间才能到达拐点,因此在较长一段时间内,人均收入水平的增加会提高居民的生活能耗量。参考上述研究,本书选取人口数量和人均收入水平这两个因素与生活能耗量进行 VAR 建模并预测。

首先,对生活能耗量、人口数量和人均可支配收入进行单位根检验,得到生活能耗量和人口数量为一阶平稳,人均可支配收入为二阶平稳。故对生活能耗量和人口数量进行一阶差分,对人均可支配收入进行二阶差分,对差分后的平稳时间序列进行建模。根据模型最优滞后阶数准则以及模型结果的检验情况,建立 VAR(2) 模型。模型根的模的倒数均在单位圆之内 (见图 4-5),反映模型平稳;脉冲响应结果 (见图 4-6) 反映出人口数量、人均可支配收入对生活能耗量具有较强的影响。可对生活能耗量进行预测,2011~2015 年的预测结果见表 4-6。

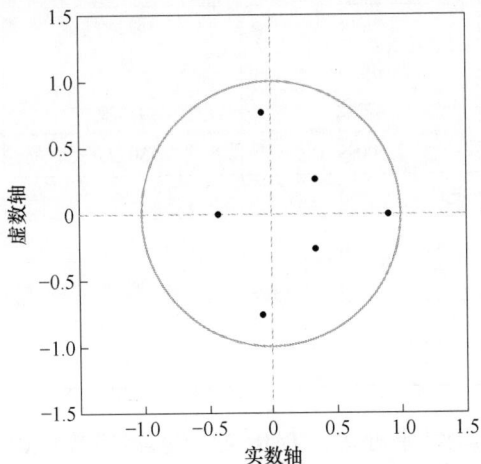

图 4-5 VAR(2) 根的模的倒数情况

(a)　　　　　　　　　　　　　　　　　(b)

(c)

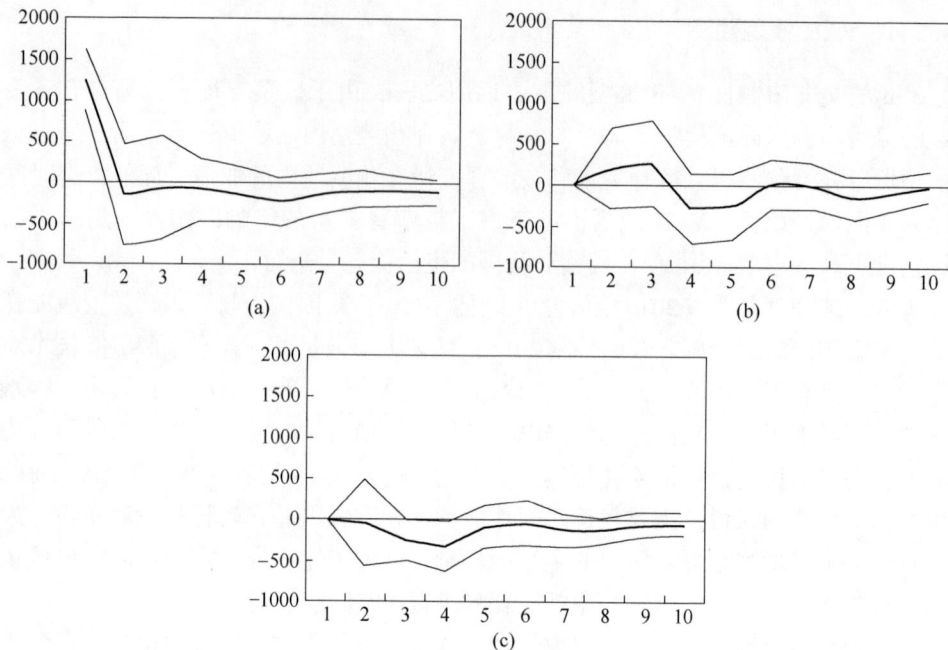

图 4-6　脉冲响应结果

（图中横坐标为时期数，纵坐标为脉冲数）

（a）能耗对自身冲击的响应；（b）能耗对人均收入冲击的响应；（c）能耗对人口冲击的响应

表 4-6　VAR（2）模型预测结果

年　份	实际值/万吨标准煤	预测值/万吨标准煤	预测误差
2011	37410	38682	0.0340
2012	42306	42260	−0.0011
2013	45531	45325	−0.0045
2014	47212	47829	0.0131
2015	50099	50595	0.0099
2016		52986	
2017		55775	
2018		58059	
2019		60620	
2020		66237	

　　由表 4-6 中的预测结果可知，VAR（2）模型对我国 2011~2015 年生活能耗量的预测精度较高，可用于对生活能耗量进行预测。

4.2.5　组合预测

为了对单一模型的预测结果进行优化，本节将指数平滑法、ARIMA 模型、IDGM(1，1) 模型、VAR 模型进行组合，以提高预测精度。4 个单一预测模型的组合预测模型为：

$$f_t = \sum_{i=1}^{N} w_i f_{it} \qquad (4-9)$$

式中，f_t 为 t 时刻组合模型的预测值；w_i 为组合模型中单一预测模型的权重，且 $\sum_{i=1}^{4} w_i = 1(i = 1，2，3，4)$；$f_{it}$ 为 t 时刻第 i 个单一预测模型的预测值。

由此可知组合预测模型确定的关键在于计算单一预测模型的权重值。本节采用线性规划法计算单一模型的权重值，设 e_t 为组合预测模型 t 时期预测值与实际值的差，以组合预测模型的残差平方和最小为目标，设置规划模型如下：

$$\min \sum_{t=1}^{4} e_t^2$$
$$s.t. \begin{cases} w_1 + w_2 + w_3 + w_4 = 1 \\ 0 \leq w_i \leq 1 \end{cases} \qquad (4-10)$$

根据规划模型，求得指数平滑模型权重 $w_1 = 0$，ARIMA 模型权重 $w_2 = 0.7277$，IDGM(1，1) 模型权重 $w_3 = 0$，VAR 模型权重 $w_4 = 0.2723$。故组合预测模型为：

$$f_t = 0.7277 \times f_{2t} + 0.2723 \times f_{4t} \qquad (4-11)$$

根据组合预测模型得到的 2016~2020 年的我国生活能源消费量预测结果见表 4-7。

表 4-7　2016~2020 年生活能耗量组合预测结果

年　份	2016	2017	2018	2019	2020
生活能耗量（标准煤）/万吨	56839	62022	67386	73383	79516

4.3　基于马尔科夫链模型的能耗结构预测

4.3.1　状态转移概率矩阵的确定

4.3.1.1　马尔科夫预测模型简介

马尔科夫预测是根据俄国数学家 A. A. Markov 的随机过程理论提出来的，它利用状态之间的转移概率矩阵来预测事件发生的状态及其发展变化趋势，是一种随机时间序列分析法。随机过程的特点体现在，过程中各个时刻的随机变量有一定的相依关系，具体而言，过去只对现在有影响，而对将来没有影响，这种随机过程叫做马尔科夫过程。

运用马尔科夫预测模型，可以对具有无后效性特点的系统进行预测。设系统有 n 个互不相容的状态，系统的初始状态向量为：

$$S(0) = [S_1(0), S_2(0), \cdots, S_j(0), \cdots, S_n(0)] \tag{4-12}$$

式中，$S_j(0)$ 为系统处在状态 j 的初始概率。

由于经过 k 步转移后系统处于状态 j 的概率为 $S_j(k)$，则 k 步转移后的状态向量为：

$$S(k) = [S_1(k), S_2(k), \cdots, S_j(k), \cdots, S_n(k)] \tag{4-13}$$

式中，$S_j(k)$ 为系统在 k 时刻处在状态 j 的概率。

故，马尔科夫预测模型为：

$$\begin{aligned}
S(k) = S(k-1) \cdot P &= S(k-1) \begin{bmatrix} P_{11} & P_{12} & \cdots & P_{1n} \\ P_{21} & P_{22} & \cdots & P_{2n} \\ \vdots & \vdots & \vdots & \vdots \\ P_{n1} & P_{n2} & \cdots & P_{nn} \end{bmatrix} \\
&= S(0) \cdot P^k = S(0) \cdot \begin{bmatrix} P_{11} & P_{12} & \cdots & P_{1n} \\ P_{21} & P_{22} & \cdots & P_{2n} \\ \vdots & \vdots & \vdots & \vdots \\ P_{n1} & P_{n2} & \cdots & P_{nn} \end{bmatrix}^k
\end{aligned} \tag{4-14}$$

式中，状态转移概率矩阵 P 具有如下性质：

$$\begin{cases} \sum_{j=1}^{n} P_{ij} = 1 & (i = 1, 2, \cdots, n) \\ P_{ij} \geq 0 & (i, j = 1, 2, \cdots, n) \end{cases} \tag{4-15}$$

当状态转移概率矩阵 P 已知，且初始状态向量 $S(0)$ 已知时，就可以运用上述公式，预测系统在 k 时刻所处的状态。由于初始状态向量 $S(0)$ 在实际问题中是已知的，因此状态转移概率矩阵 P 的估计是运用马尔科夫模型进行预测的关键。

关于状态转移概率矩阵的估计，目前主要有统计法、线性方程组法、二次规划法三种方法。应用统计法估算状态转移概率矩阵，是通过获得某一状态下事件发生的次数和下一时刻事件发生的次数得到的。该方法的应用对数据量的要求很大，统计数据的获得非常复杂。线性方程组的方法是通过递推的方式求状态转移概率矩阵，该方法避免了收集大量数据的问题，但却不能确保求得的状态转移概率 P_{ij} 均满足 $0 \leq P_{ij} \leq 1$。应用二次规划法时，可以在模型中引入状态转移概率 P_{ij} 非负的条件、行和为 1 的条件，以避免线性方程组中不能保证的非负条件问题，并且，可以以 n 个阶段预测值与实际值的误差绝对值最小为目标函数，以使预测误差最小。因此，本部分采用二次规划法，以误差绝对值之和最小为目标函数，构建二次规划模型，求解各行业最优的状态转移概率矩阵，并基于此预测各行业2020 年的能耗结构。

4.3.1.2　以误差绝对值之和最小为目标的优化模型的建立

转移概率 P_{ij} 是指某一时刻处于状态 i，经过 k 个阶段后，过程处于状态 j 的概率。设一步状态转移概率矩阵 P 的估计值 $\hat{P}$ 为：

$$\hat{P} = \begin{bmatrix} \hat{P}_{11} & \hat{P}_{12} & \cdots & \hat{P}_{1n} \\ \hat{P}_{21} & \hat{P}_{22} & \cdots & \hat{P}_{2n} \\ \vdots & \vdots & \vdots & \vdots \\ \hat{P}_{n1} & \hat{P}_{n2} & \cdots & \hat{P}_{nn} \end{bmatrix} \tag{4-16}$$

故 $S(k)$ 的估计值 $\hat{S}(k)$ 为

$$\hat{S}(k) = S(k-1) \cdot \hat{P} = S(0) \cdot \hat{P}^k = S(0) \cdot \begin{bmatrix} \hat{P}_{11} & \hat{P}_{12} & \cdots & \hat{P}_{1n} \\ \hat{P}_{21} & \hat{P}_{22} & \cdots & \hat{P}_{2n} \\ \vdots & \vdots & \vdots & \vdots \\ \hat{P}_{n1} & \hat{P}_{n2} & \cdots & \hat{P}_{nn} \end{bmatrix}^k \tag{4-17}$$

设 $e_j(k)$ 为估计值 $\hat{S}(k)$ 与实际值 $S(k)$ 的误差，则

$$e_j(k) = S_j(k) - \hat{S}_j(k) = S_j(k) - \sum_{i=1}^{n} S_j(k-1) \cdot \hat{P}_{ij} \tag{4-18}$$

则 m 个阶段，j 状态下估计值与实际值的误差绝对值之和 Q_j 为：

$$Q_j = \sum_{k=1}^{m} |e_j(k)| = \sum_{k=1}^{m} \left| S_j(k) - \sum_{i=1}^{n} S_i(k-1) \cdot \hat{P}_{ij} \right| \tag{4-19}$$

故 n 个状态下 m 个阶段转移过程中误差绝对值之和 Q 为：

$$Q = \sum_{j=1}^{n} Q_j = \sum_{j=1}^{n} \sum_{k=1}^{m} |e_j(k)| = \sum_{j=1}^{n} \sum_{k=1}^{m} \left| S_j(k) - \sum_{i=1}^{n} S_i(k-1) \cdot \hat{P}_{ij} \right| \tag{4-20}$$

以 n 个状态下 m 个阶段转移过程中误差绝对值之和最小为目标函数，以状态转移概率矩阵的非负性、行和为 1 为约束条件，构建如下规划模型：

$$\min Q = \sum_{j=1}^{n} \sum_{k=1}^{m} \left| S_j(k) - \sum_{i=1}^{n} S_i(k-1) \cdot \hat{P}_{ij} \right|$$

$$s.t. \begin{cases} \sum_{j=1}^{n} P_{ij} = 1, \ i = 1, 2, \cdots, n \\ P_{ij} \geq 0, \ i, j = 1, 2, \cdots, n \end{cases} \tag{4-21}$$

4.3.1.3   以误差绝对值之和最小为目标的优化模型的线性转换

由于式（4-21）建立的模型为带有绝对值的非线性模型，求解烦琐，故需通过变量替换的方式，将其转化为线性模型。

设 $u_j(k) = \dfrac{|e_j(k)| - e_j(k)}{2}$，$v_j(k) = \dfrac{|e_j(k)| + e_j(k)}{2}$，故有：

$$u_j(k) \geq 0,\ v_j(k) \geq 0,\ u_j(k) \cdot v_j(k) = 0$$

$$e_j(k) = v_j(k) - u_j(k)$$

$$|e_j(k)| = v_j(k) + u_j(k) \quad (j = 1, 2, \cdots, n;\ k = 1, 2, \cdots, m)$$

则非线性规划式（4-21）可转化为线性规划模型（4-22）：

$$\min Q = \sum_{j=1}^{n} \sum_{k=1}^{m} (u_j(k) + v_j(k))$$

$$
s.t. \begin{cases}
S_j(k) - \sum\limits_{i=1}^{n} S_i(k-1) \cdot \hat{P}_{ij} + u_j(k) - v_j(k) = 0 \\
\sum\limits_{j=1}^{n} \hat{P}_{ij} = 1 \\
\hat{P}_{ij} \geq 0 \\
u_j(k) \geq 0,\ v_j(k) \geq 0
\end{cases}
\tag{4-22}
$$

根据模型（4-22）可求得最优的状态转移概率矩阵。

4.3.2   能耗结构预测

由于 2007 年发布的《"十五"能源规划》对能源消费结构提出优化目标，故 2008 年以来的能源消费结构会受到政策的影响。但从统计数据来看，我国能源消费的总量构成中，煤炭消费比例在 2008~2011 年间呈波动状态，2011~2015 年呈稳定的逐步下降趋势。由于 2011~2015 年的能耗结构变动趋势更符合未来的预期，并且在时间上，"十二五"时期与"十三五"时期最为接近，故本节依据各行业 2011~2015 年的能源消费结构（共 8 种能源）变动情况，基于线性规划模型（4-22），估算各行业的马尔科夫状态转移概率矩阵，并据此得到各行业 2016~2020 年的能源消费结构。2020 年各行业能源消费结构的预测结果见表 4-8。

表 4-8   2020 年各行业能源消费结构的预测结果

行业	煤炭	原油	天然气	电力	石油制品	焦炭	热力	燃气
H1	0.2531	0.0000	0.0020	0.4084	0.3293	0.0067	0.0005	0.0000
H2	0.6907	0.0000	0.0059	0.2673	0.0236	0.0071	0.0016	0.0038
H3	0.0227	0.1528	0.3909	0.3681	0.0495	0.0000	0.0160	0.0000

行业	煤炭	原油	天然气	电力	石油制品	焦炭	热力	燃气
H4	0.1560	0.0000	0.0001	0.6547	0.0750	0.0821	0.0028	0.0293
H5	0.0785	0.0000	0.0186	0.8446	0.0487	0.0061	0.0000	0.0035
H6	0.2053	0.0004	0.0146	0.5787	0.1327	0.0041	0.0633	0.0011
H7	0.3591	0.0000	0.0815	0.4549	0.0291	0.0139	0.0591	0.0023
H8	0.4629	0.0000	0.0937	0.3271	0.0185	0.0008	0.0960	0.0010
H9	0.0969	0.0000	0.0996	0.7503	0.0144	0.0000	0.0388	0.0000
H10	0.1243	0.0000	0.0186	0.7185	0.0093	0.0003	0.1268	0.0021
H11	0.1354	0.0000	0.0265	0.7746	0.0379	0.0022	0.0233	0.0001
H12	0.1651	0.0000	0.0047	0.7826	0.0319	0.0007	0.0149	0.0000
H13	0.2261	0.0002	0.0102	0.7270	0.0229	0.0021	0.0113	0.0001
H14	0.0983	0.0000	0.0514	0.7596	0.0750	0.0069	0.0088	0.0000
H15	0.2196	0.0000	0.0605	0.5137	0.0102	0.0002	0.1959	0.0000
H16	0.1262	0.0000	0.0745	0.7279	0.0471	0.0020	0.0223	0.0001
H17	0.2217	0.0000	0.0989	0.5857	0.0760	0.0105	0.0070	0.0000
H18	0.2856	0.0972	0.0720	0.1073	0.3331	0.0099	0.0644	0.0305
H19	0.2721	0.0075	0.0862	0.3148	0.1587	0.0844	0.0694	0.0069
H20	0.3481	0.0000	0.0443	0.4585	0.0156	0.0007	0.1328	0.0000
H21	0.2443	0.0000	0.0204	0.5975	0.0053	0.0002	0.1325	0.0000
H22	0.1100	0.0000	0.0399	0.8111	0.0197	0.0009	0.0179	0.0005
H23	0.5865	0.0000	0.0324	0.2715	0.0721	0.0282	0.0010	0.0084
H24	0.1489	0.0000	0.0074	0.2187	0.0029	0.4811	0.0123	0.1287
H25	0.0423	0.0000	0.0195	0.8896	0.0109	0.0149	0.0149	0.0079
H26	0.0655	0.0000	0.0664	0.8199	0.0213	0.0197	0.0029	0.0041
H27	0.0583	0.0000	0.0350	0.6710	0.0334	0.1959	0.0052	0.0012
H28	0.0575	0.0001	0.0692	0.7452	0.0720	0.0368	0.0093	0.0099
H29	0.0583	0.0000	0.0889	0.7341	0.0440	0.0316	0.0419	0.0011
H30	0.0534	0.0000	0.0182	0.8676	0.0392	0.0050	0.0166	0.0001
H31	0.0091	0.0000	0.0236	0.9441	0.0111	0.0017	0.0104	0.0000
H32	0.0431	0.0000	0.0279	0.8597	0.0456	0.0080	0.0142	0.0012
H33	0.0088	0.0000	0.0196	0.9436	0.0138	0.0095	0.0002	0.0046
H34	0.1945	0.0000	0.0162	0.7520	0.0113	0.0023	0.0094	0.0143
H35	0.2793	0.0000	0.1037	0.4727	0.0204	0.0890	0.0083	0.0267

行业	煤炭	原油	天然气	电力	石油制品	焦炭	热力	燃气
H36	0.0091	0.0000	0.0021	0.9799	0.0067	0.0000	0.0021	0.0000
H37	0.0836	0.0000	0.0035	0.2692	0.6384	0.0012	0.0041	0.0000
H38	0.0043	0.0020	0.1095	0.0920	0.7897	0.0001	0.0024	0.0000
H39	0.2583	0.0000	0.0579	0.5726	0.0878	0.0034	0.0184	0.0014
H40	0.1433	0.0000	0.0266	0.5632	0.2469	0.0002	0.0190	0.0008
SH	0.1371	0.0000	0.0934	0.4778	0.1753	0.0007	0.0652	0.0066

注：SH 代表生活能耗结构。

由于估计过程中的目标函数和约束条件较多，所占篇幅较大，因此在此略去了其他行业能源消费结构的估计过程。

4.4 基于 VAR 模型的单位 GDP 能耗系数预测

4.4.1 数据与研究说明

各行业的能耗种类有 8 种，故关于各行业单位增加值能耗系数的预测，既可以先分别预测 8 类能源各自的能耗系数再加和得到该行业总的单位增加值能耗，也可以直接利用该行业总的单位增加值能耗系数对未来值进行预测。当然，前者得到的结果较后者会更为精确，因为前者考虑了不同类型能源结构的变动对能耗系数的影响。因此，采用前者方式对行业分类能源的能耗系数值分别预测，再加总得到行业总的能耗系数值。本研究涉及 40 个行业，每个行业消耗 8 种能源，则所有行业的分类能耗系数值共有 320 个。受我国资源禀赋条件限制以及行业生产性质的影响，事实上各行业能源消耗主要集中于某几种能源，因此，本书对各行业中分类能耗系数之和占该行业总的能耗系数比重的 80% 的分类能耗系数进行预测。此外，由于高耗能行业分类能耗系数值较大，该行业内前 80% 的分类能耗系数并不能囊括这 320 个系数中的前 80% 的能耗系数，故本节在对各行业分类能耗系数进行预测时，不仅考虑各行业前 80% 的分类能耗系数，而且考虑所有能耗系数中前 80% 的能耗系数。通过整理得到共有 80 个分类能耗系数值，本节将对这些系数值进行预测。

由于统计年鉴缺少工业各细分行业的增加值数据，而包含工业各行业增加值数据的投入产出表每五年才公布一次，同时由于工业各行业增加值占工业总增加值的比重在短期内变动不大，故本书工业各行业增加值年度数据通过用以五年为周期的投入产出表中的各行业增加值比例乘以相应周期内的工业总增加值得到。

4.4.2 单位 GDP 能耗系数影响因素分析

单位国内（地区）生产总值能耗（Energy Consumption per Unit of GDP，简称

单位 GDP 能耗），是指一定时期内，一个国家（地区）每生产一个单位的国内（地区）生产总值所消耗的能源。根据国家统计局发布的《中国主要统计指标诠释》和相关参考文献，单位 GDP 能耗的主要影响因素有：

（1）能源消费结构。由于各种能源自然禀赋不同，同等量的不同品种能源的热值和利用程度不同，因此，生产同样单位的 GDP，如果使用的能源品种不同，则消耗的能源量也不同。例如，分别用原煤和天然气发电，产生同样价值的电，因为天然气热值和发电效率比原煤高，发电损耗比原煤低，所以用天然气发电消耗的能源量比原煤少。因此，能源消费结构是影响单位 GDP 能耗的重要因素之一。

（2）技术水平。粗放型的经济增长方式主要依靠扩大生产要素的投入规模来实现经济增长，而集约型的经济增长方式是依靠科技进步和提高劳动者素质等方式来推动经济增长。因此，粗放型的经济增长方式较集约型而言，能耗较高，单位 GDP 能耗较大。并且，设备的技术水平、能源利用的技术水平和能源生产消费的管理水平越高，消耗的能源量越少，单位 GDP 能耗量就越小。因此，技术水平是影响单位 GDP 能耗的重要因素之一。

（3）产业结构。从三次产业来看，受产业（行业）生产分工的影响，第二产业对能源的依赖相对更强，单位 GDP 能耗量比第一、第三产业高；从国民经济各行业来看，工业行业单位 GDP 能耗量比其他行业高，其中，重工业比轻工业要高，重工业中的六大高能耗行业的单位 GDP 能耗量更高。因此，产业分工形成的产业结构也是影响单位 GDP 能耗的重要因素。

（4）自然条件。如地理环境、资源分布等自然条件对能源消费结构、产业结构产生影响，也间接地对单位 GDP 能耗量产生影响。例如，在有色金属矿资源丰富的地区，相应地进行有色金属的开采、冶炼、压延，以有色金属冶炼和压延工业为主要行业推动地区经济增长，由于该行业能耗量较大，因此单位 GDP 能耗量较大。

4.4.3 单位 GDP 能耗系数预测

由于传统的时间序列预测模型仅考虑预测序列的历史变动状况，未考虑预测序列的影响因素，因此预测的可信性较低。而非限制性 VAR 模型不仅考虑预测序列的历史波动情况，而且考虑预测序列影响因素的波动情况，预测结果的可信性和精确性较高。此外，由于非限制性 VAR 模型仅包含解释变量的滞后项，故可实现预测序列及其影响因素的并行预测和样本外预测，在预测方面具有较强优势。本节运用 VAR 模型对各行业 2020 年的单位增加值能耗系数进行预测。

根据 4.4.2 节中对单位 GDP 能耗影响因素的分析，自然条件和产业（行业）结构两个因素适用于以全国或者地区为对象的单位 GDP 能耗影响因素分析，而本书是以行业为对象进行的研究，故只选取技术水平和能耗结构作为单位 GDP 能耗的影响因素进行预测。单位 GDP 能耗是单要素能源效率的倒数，也是表示技术水平的重要指标，与技术水平之间是相互影响的关系，通过 Granger 因果关系检验也验证了二者之间是相互影响的关系。此外，能源结构对单位 GDP 能耗产生影响，根据 Granger 因果关系检验，验证了存在从能源结构到单位 GDP 能耗的单向影响关系。故本书在运用 VAR 模型进行预测时，用劳动生产率表示技术水平，作为内生变量；用行业各类能源消费量占该行业总能源消费量的比例表示能源结构，作为外生变量。基于 2000～2015 年数据，在通过单位根检验确定变量的平稳性、通过最优滞后阶数准则确定 VAR 模型滞后阶数后，运用非限制性 VAR 模型对 2016～2020 年各行业筛选出来的重要能耗系数进行预测，结果如图 4-7 所示。其中，2000～2015 年为实际数据，2016～2020 年为预测结果。

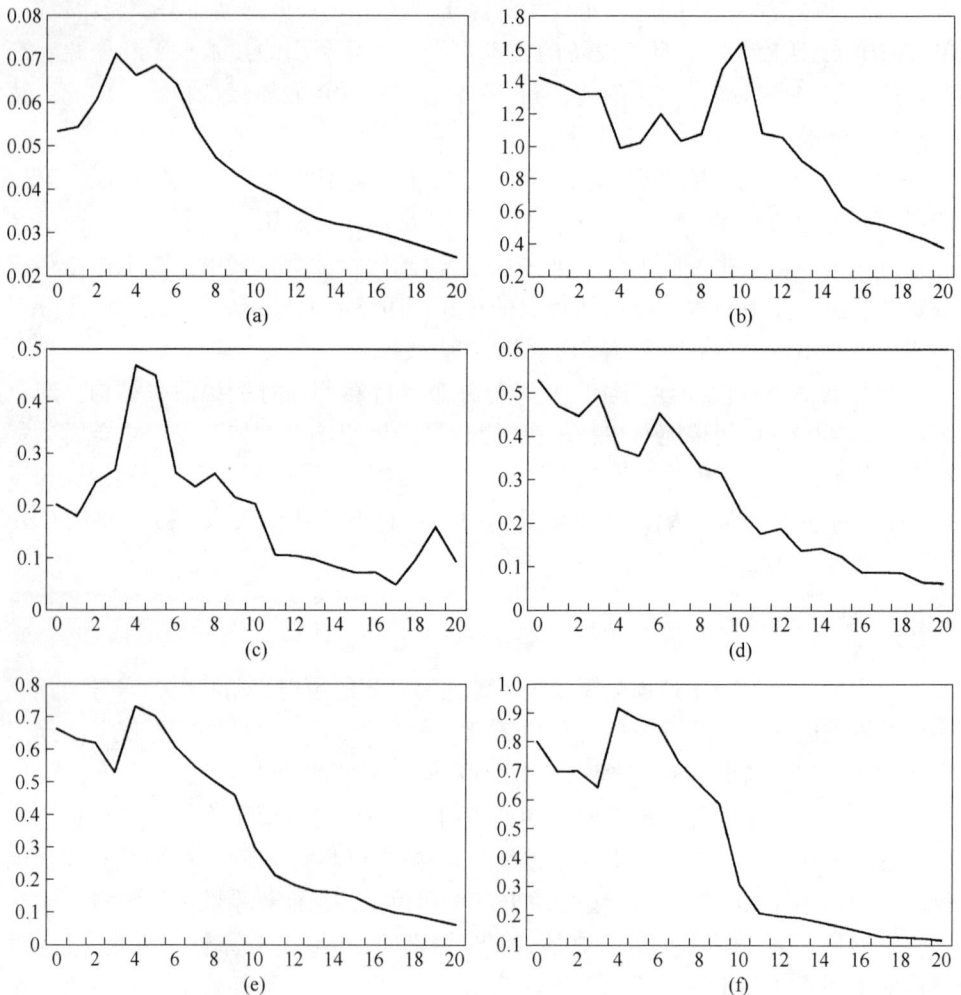

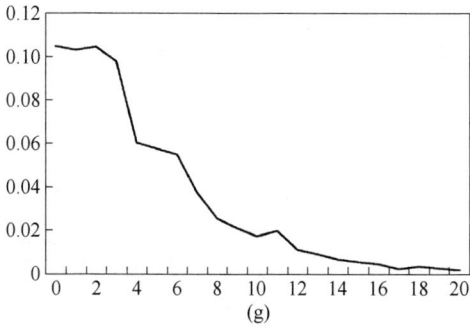

(g)

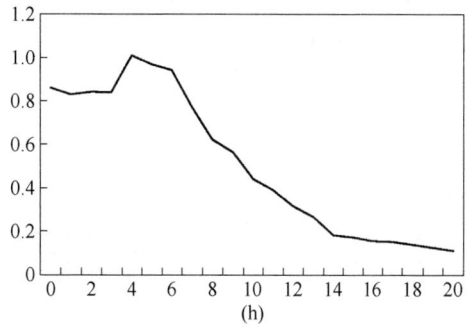

(h)

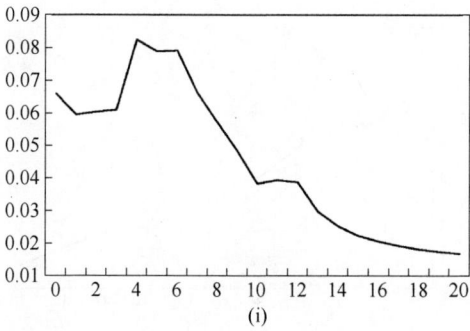

(i)

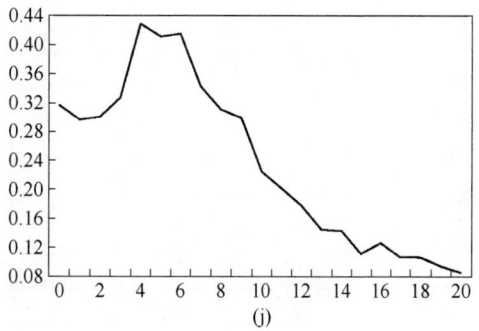

(j)

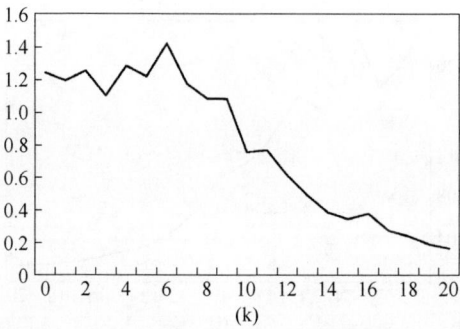

(k)

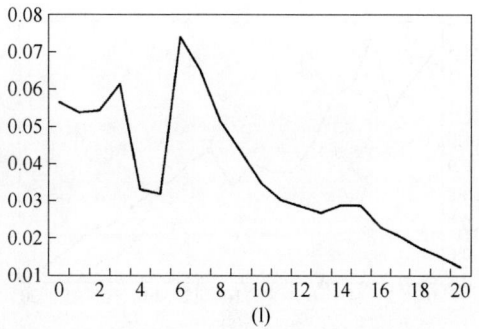

(l)

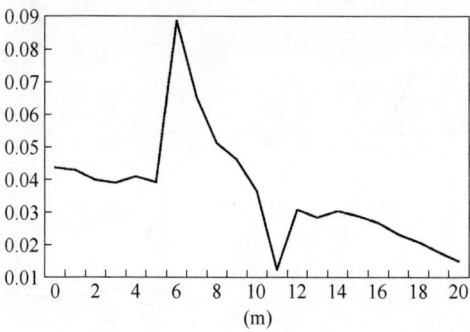

(m)

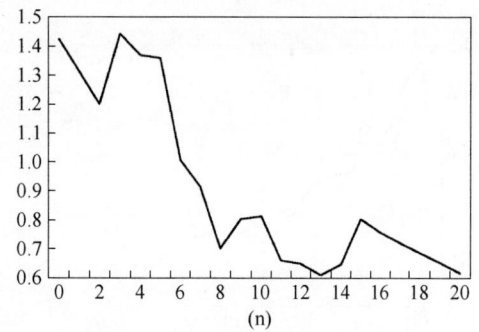

(n)

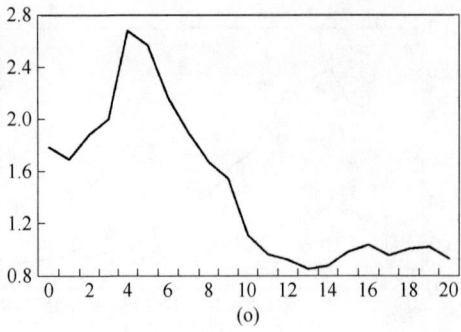

(o)

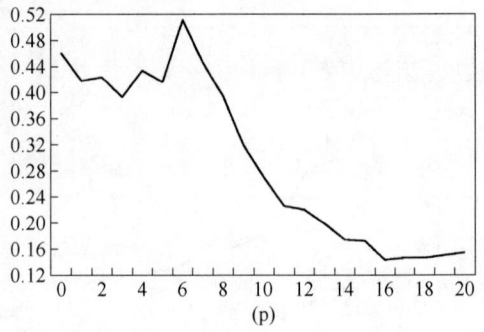

(p)

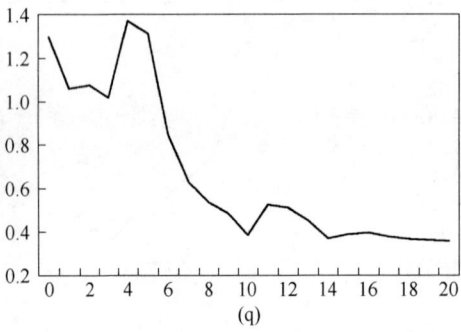

(q)

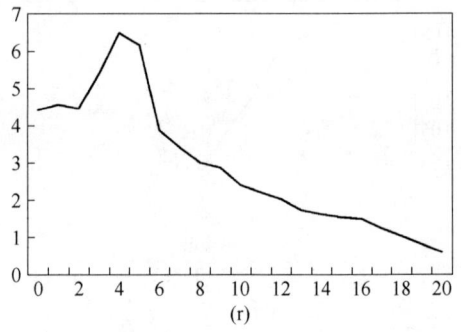

(r)

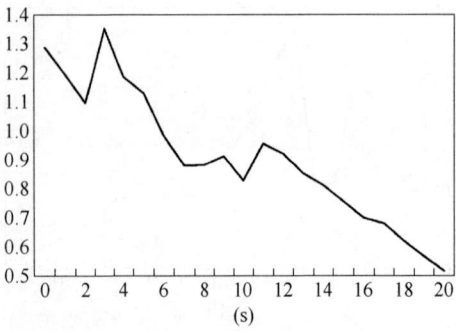

(s)

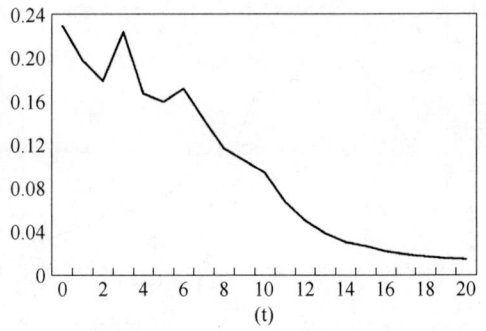

(t)

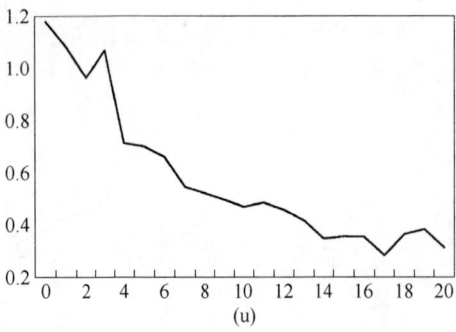

(u)

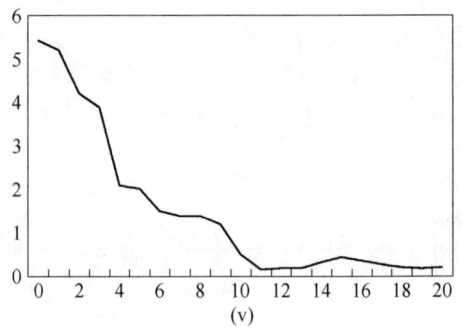

(v)

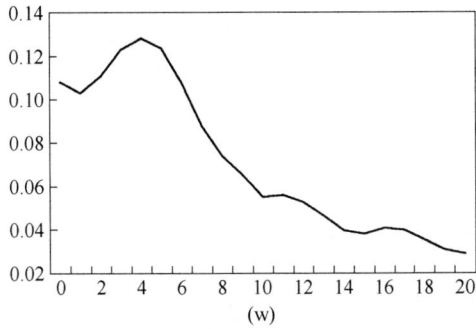

图 4-7 分行业单位增加值煤炭系数预测结果

(a) 农业；(b) 煤炭开采和洗选业；(c) 黑色金属矿采选业；(d) 非金属矿采选业；(e) 农副食品加工业；
(f) 饮料制造业；(g) 烟草制品业；(h) 纺织业；(i) 纺织服装制造业；(j) 木材加工业；
(k) 造纸及纸制品业；(l) 印刷记录媒介复制业；(m) 文教体育用品制造业 (n) 石油制品炼焦业；
(o) 化学原料及化学制品业；(p) 医药制造业；(q) 化学纤维制造业；(r) 非金属矿物制品业；
(s) 黑色金属冶炼业；(t) 专用设备制造业；(u) 电力热力业；(v) 燃气生产和供应业；
(w) 批发、零售业及住宿、餐饮业

分行业的原油系数及燃气系数预测结果如图 4-8 所示。图 4-8(a)、(b) 为对应行业的原油系数预测结果，图 4-8(c) 为对应行业的燃气系数预测结果。

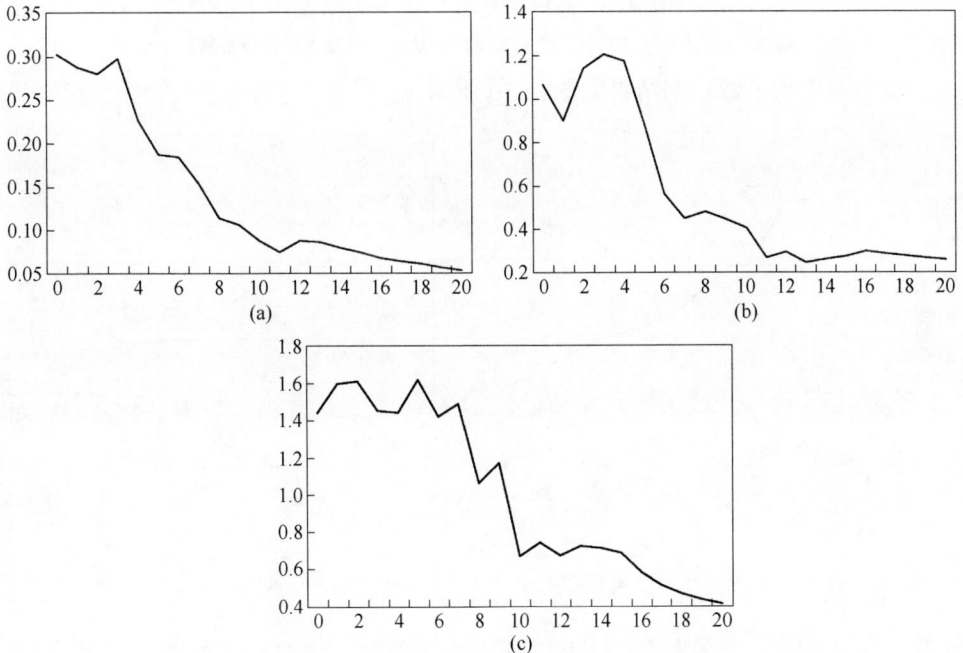

图 4-8 分行业原油与燃气系数预测结果

(a) 原油和天然气开采业；(b) 石油制品炼焦业；(c) 黑色金属冶炼业

分行业天然气系数预测结果如图 4-9 所示。

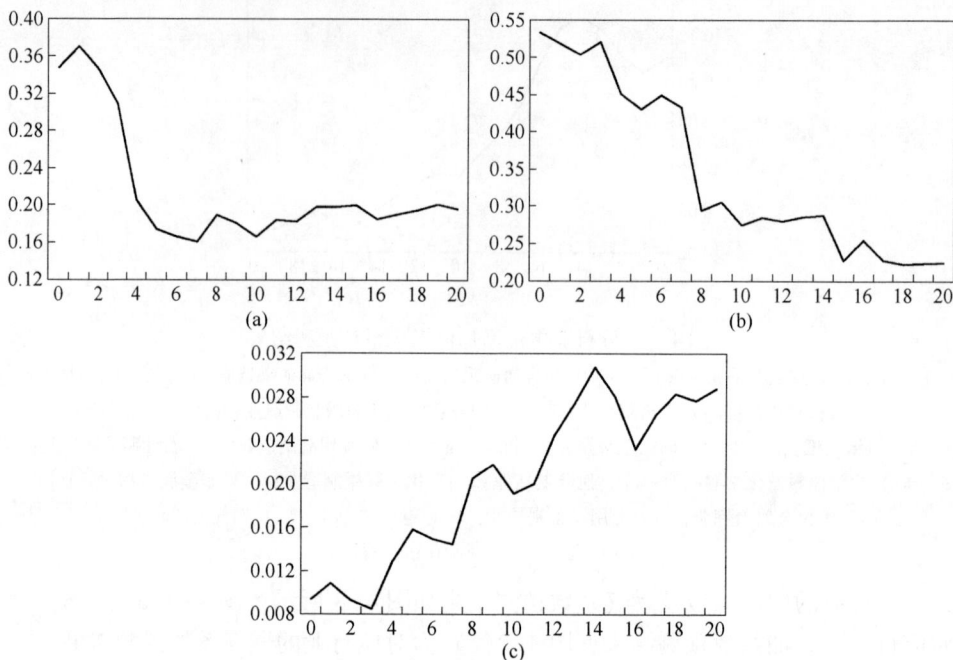

图 4-9　分行业天然气系数预测结果

（a）原油和天然气开采业；（b）化学原料业；（c）交通运输设备制造业

分行业电力系数预测结果如图 4-10 所示。

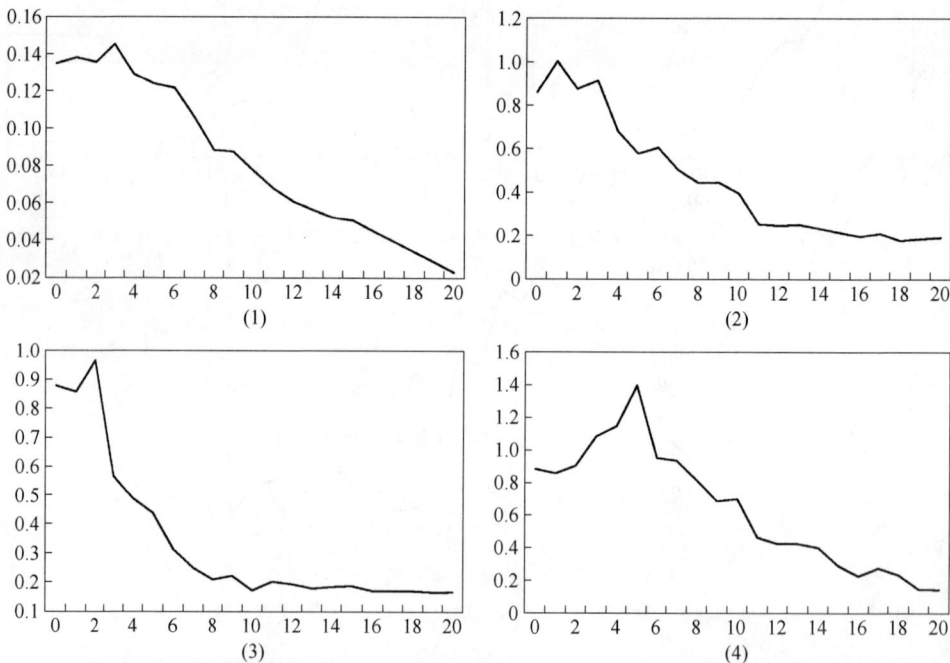

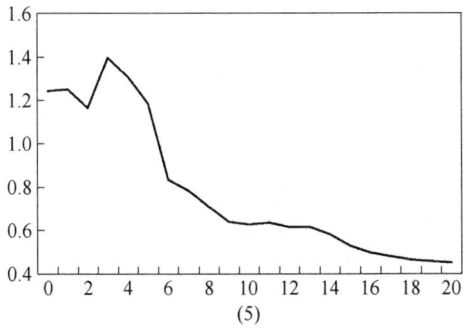

(5)

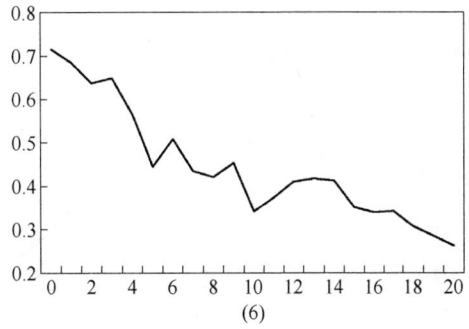

(6)

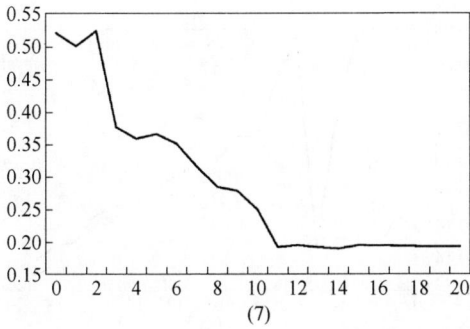

(7)

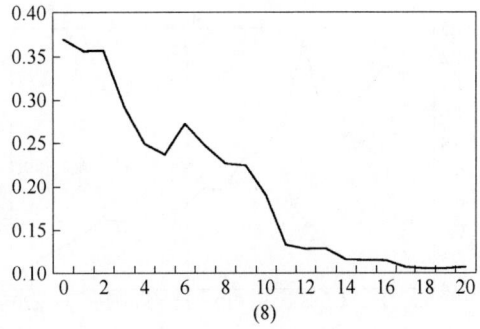

(8)

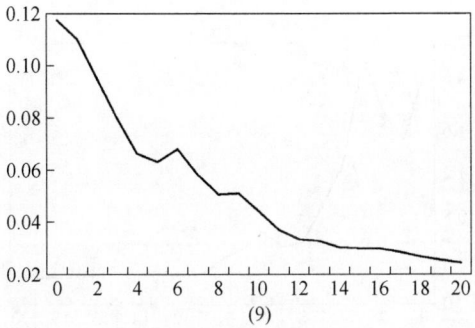

(9)

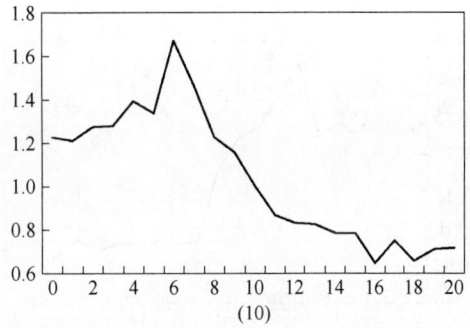

(10)

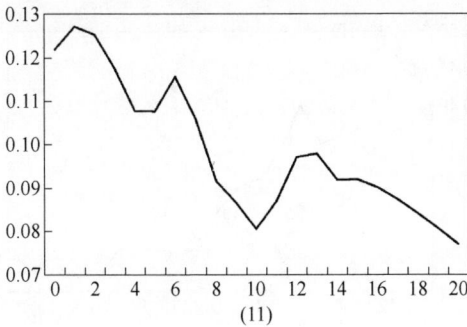

(11)

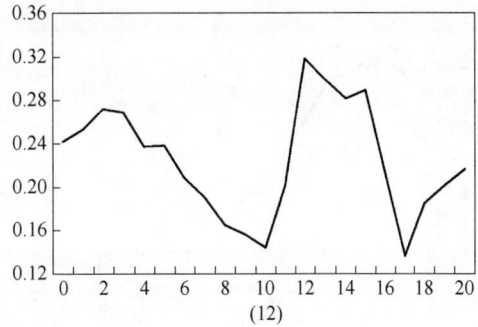

(12)

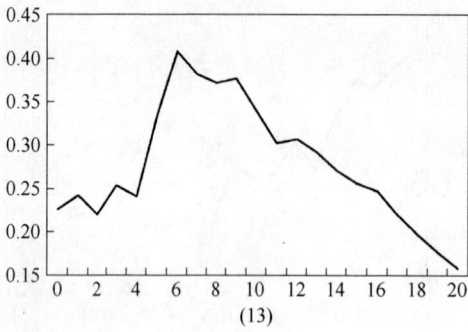

(13)

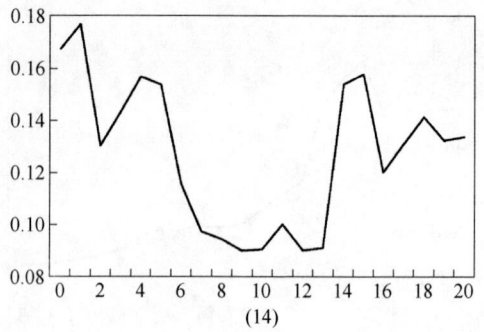

(14)

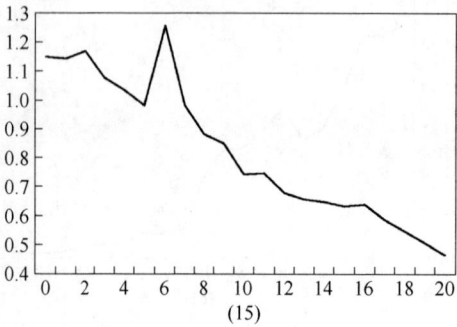

(15)

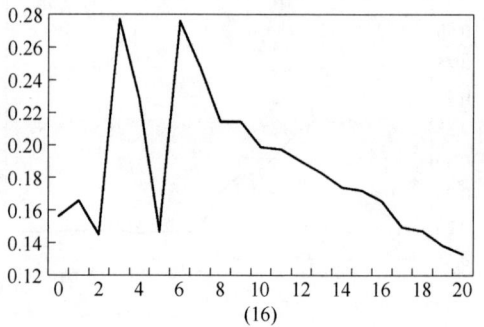

(16)

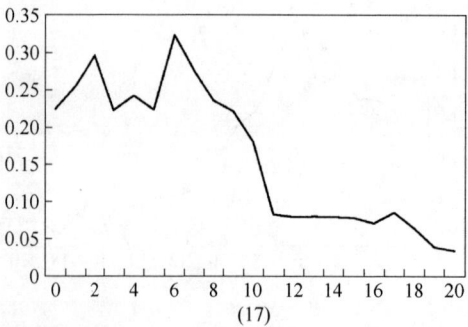

(17)

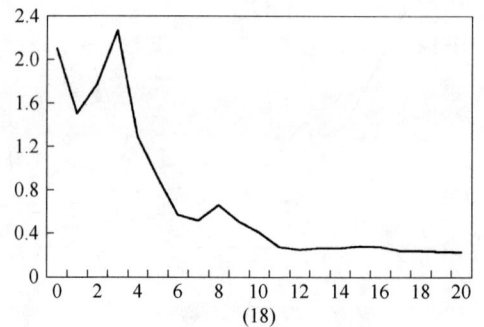

(18)

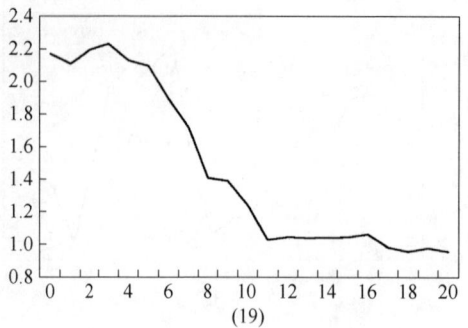

(19)

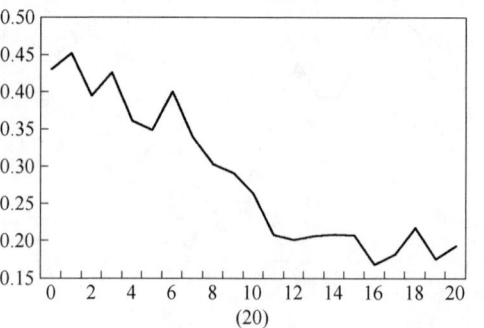

(20)

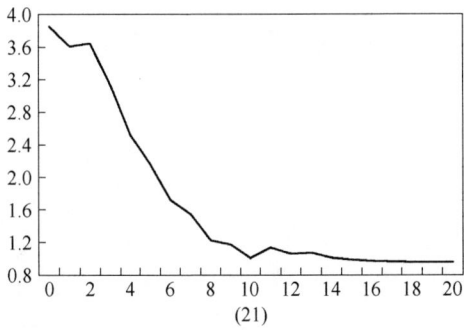

(21)

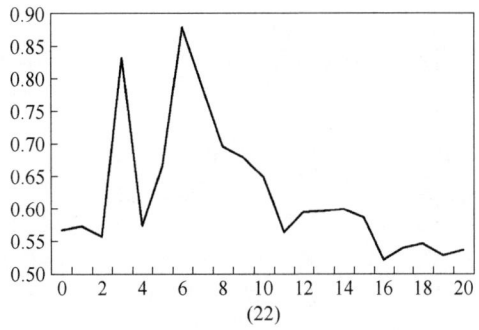

(22)

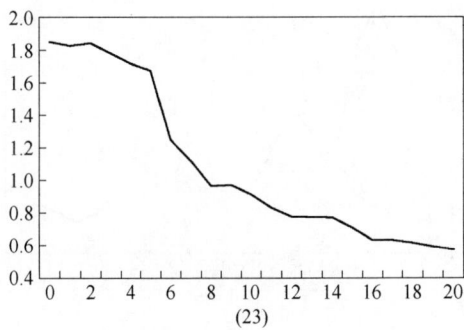

(23)

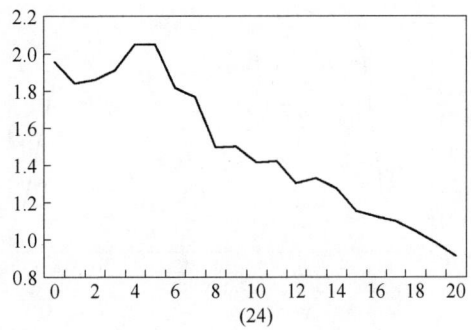

(24)

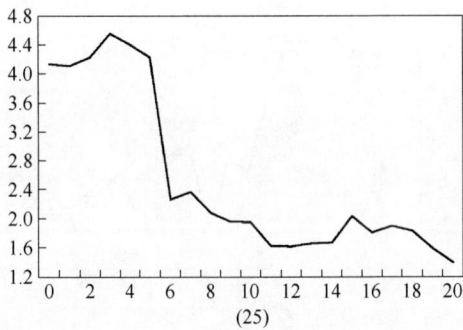

(25)

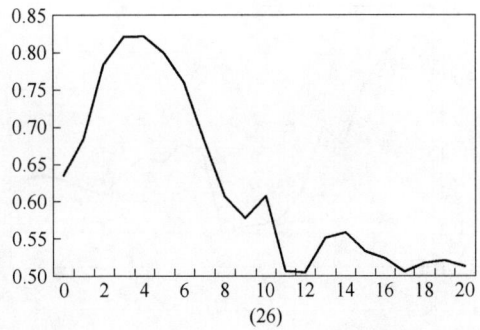

(26)

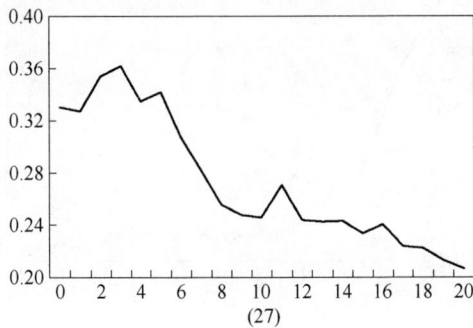

(27)

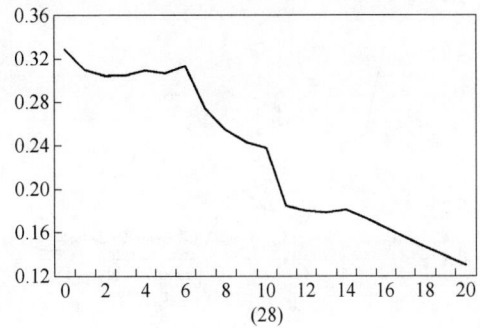

(28)

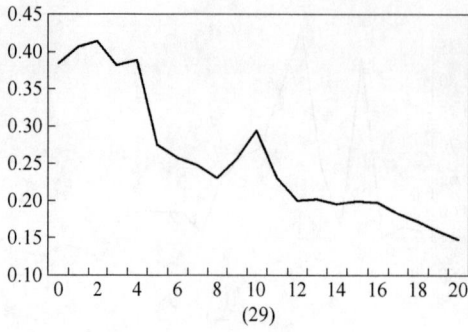

(29)

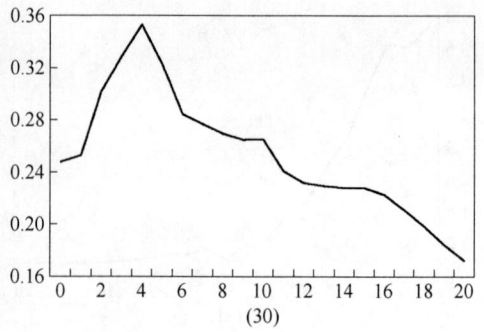

(30)

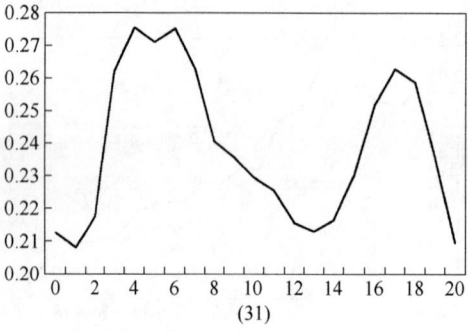

(31)

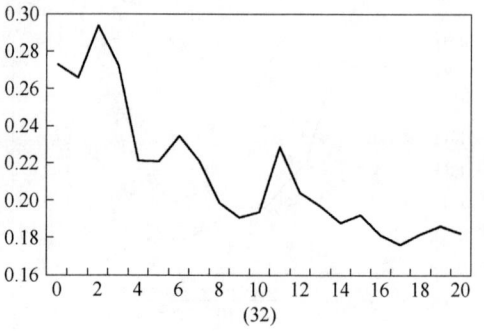

(32)

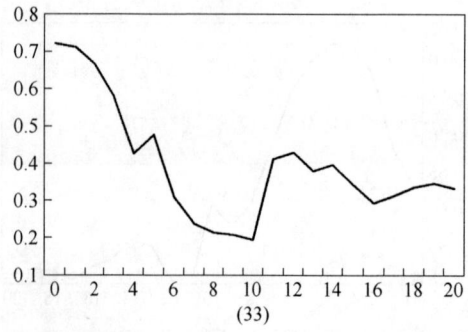

(33)

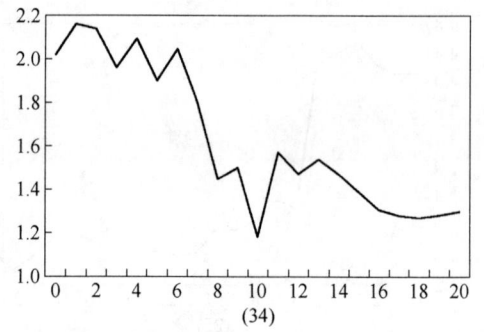

(34)

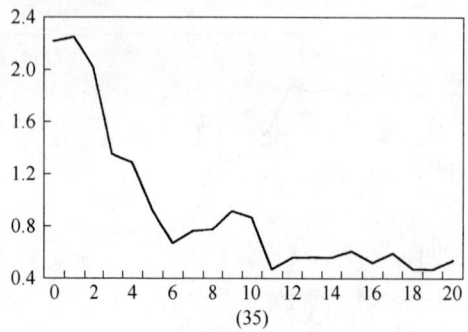

(35)

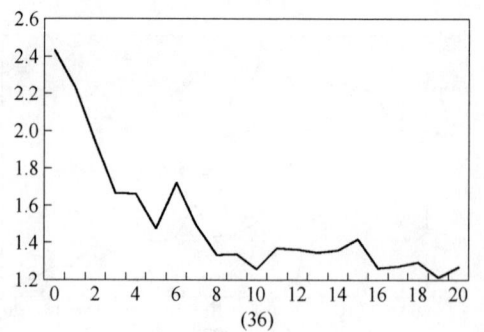

(36)

(37)

(38)

(39)

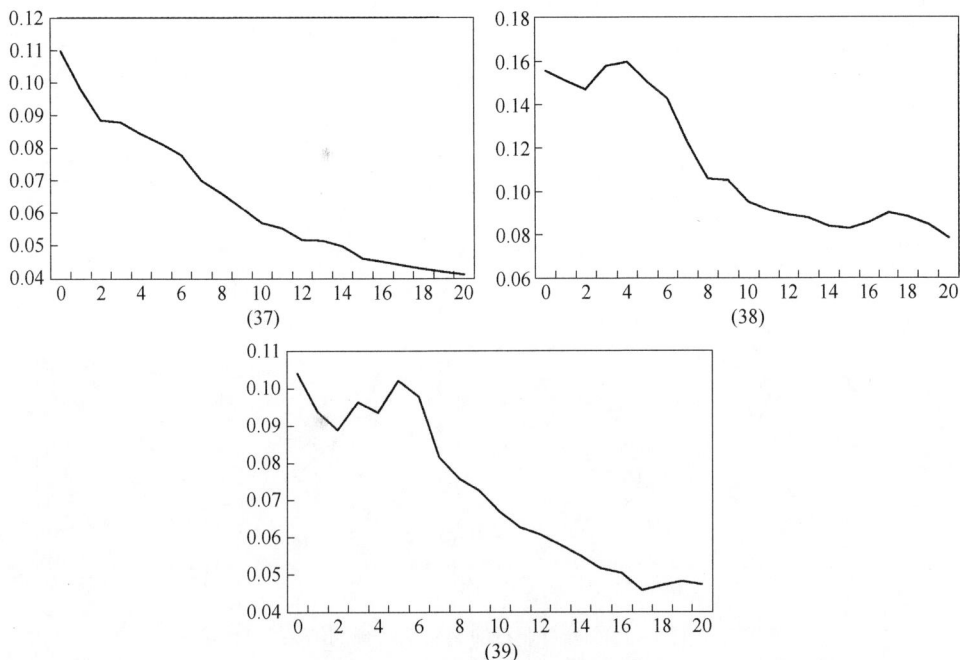

图 4-10 分行业电力系数预测结果

（1）农业；（2）煤炭采选业；（3）原油天然气开采业；（4）黑色金属矿采选业；（5）有色金属矿采选业；
（6）非金属矿采选业；（7）农副食品加工业；（8）饮料制造业；（9）烟草制品业；（10）纺织业；
（11）纺织服装业；（12）皮革毛皮制品业；（13）木材加工业；（14）家具制造业；（15）造纸及纸制品业；
（16）印刷记录媒介复制业（17）文教体育用品业；（18）石油制品炼焦业；（19）化学原料业；
（20）医药制造业；（21）化学纤维制造业；（22）橡胶塑料制品业；（23）非金属矿物制品业；
（24）黑色金属冶炼业；（25）有色金属冶炼业；（26）金属制品业；（27）通用设备制造业；
（28）专用设备制造业；（29）交通运输设备制造；（30）电器机械制造业；（31）计算机设备制造业；
（32）仪器仪表制造业；（33）其他制造业；（34）电力热力业；（35）燃气业；（36）水的生产与供应业；
（37）建筑业；（38）批发零售业；（39）其他行业

分行业石油制品系数预测结果如图 4-11 所示。

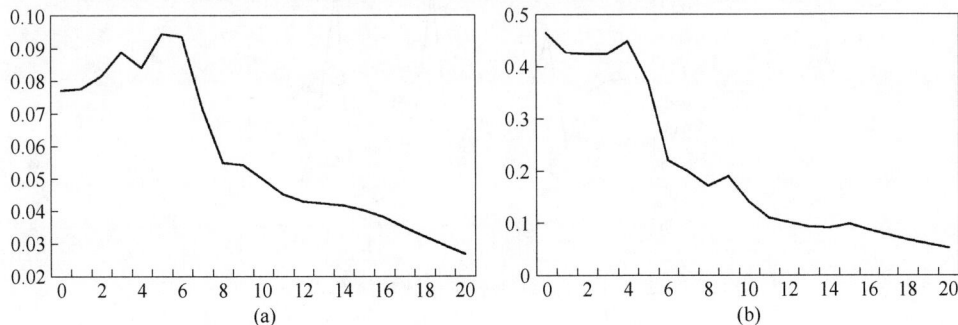

(a)

(b)

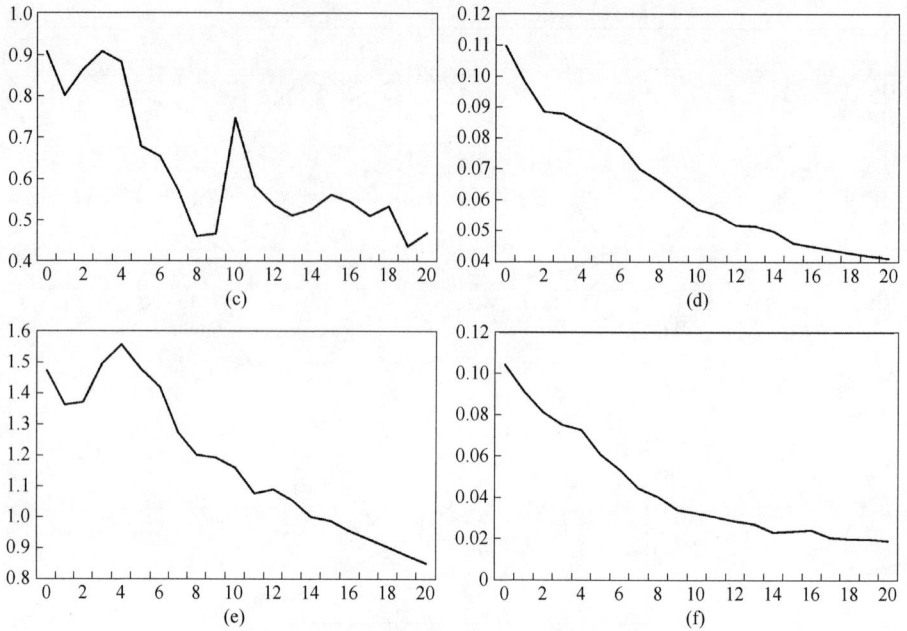

图4-11　分行业石油制品系数预测结果

（a）农业；（b）石油制品炼焦业；（c）化学原料业；（d）建筑业；

（e）交通运输仓储邮政业；（f）其他行业

分行业焦炭系数预测结果如图4-12所示。

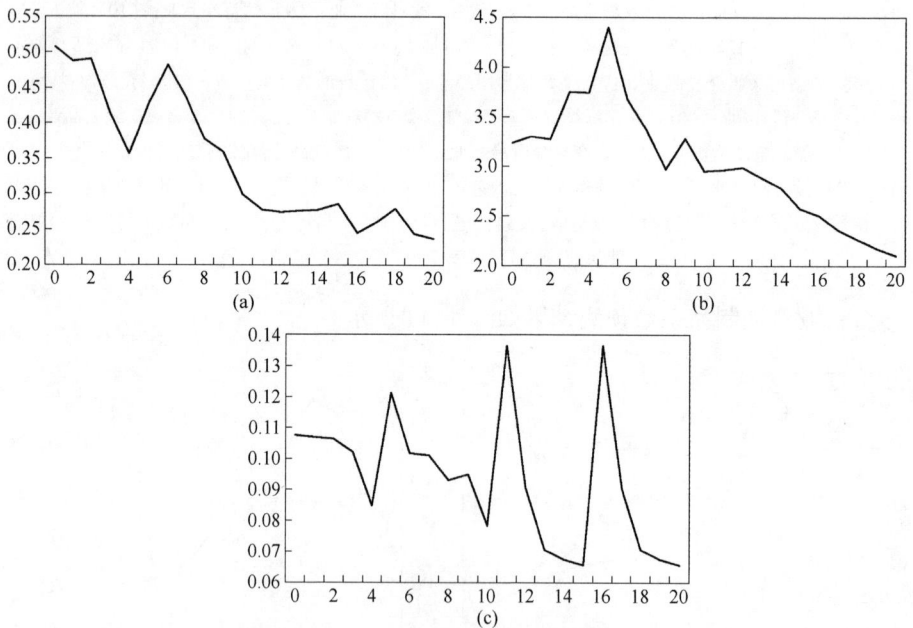

图4-12　分行业焦炭系数预测结果

（a）化学原料业；（b）黑色金属冶炼业；（c）通用设备制造业

分行业热力系数预测结果如图 4-13 所示。

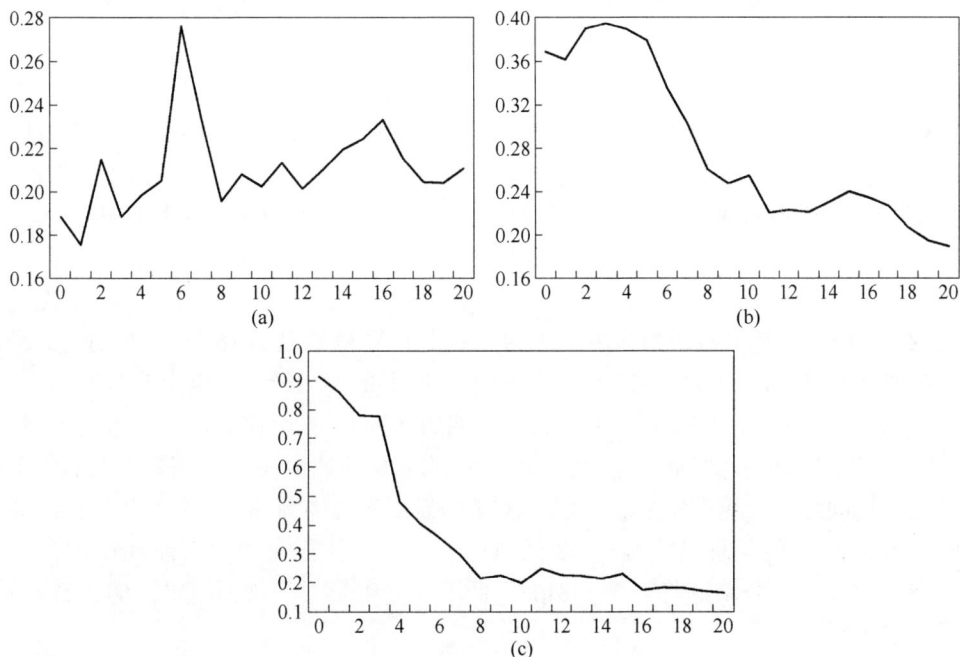

图 4-13 分行业热力系数预测结果

（a）造纸及纸制品业；（b）化学原料业；（c）化学纤维制造业

4.5 能源消费总量控制的经济及环境影响

4.5.1 经济影响预测

4.2.5 节已预测得到 2020 年生活能耗量为 7.9516 亿吨标准煤，按照 2020 年能耗总量 50 亿吨标准煤计算，2020 年我国生产能耗量可达到 42.0484 亿吨标准煤。为研究既定能耗下的经济总量，设置如下两种情景：情景一，假设 2020 年各行业能耗量占生产总能耗的比例保持 2015 年不变；情景二，根据各行业能耗量占生产总能耗比例的历史变动情况，预测 2020 年各行业能耗占比。下面计算两种情景下 2020 年各行业的能耗量与行业增加值以及国内生产总值。

4.5.1.1 情景一经济影响预测

假设 2020 年各行业能耗量占生产总能耗的比例保持 2015 年不变，可计算得到 2020 年各行业的能耗量。依据 4.4.3 节预测得到的各行业单位增加值能耗系数值，运用"增加值=能耗量/单位增加值能耗量"的公式，即可预测得到 2020 年各行业在既定能耗下的行业增加值，并可加总求得 2020 年的国内生产总值。

　　若2020年各行业能耗占总生产能耗的比例保持2015年不变，2020年的当年价国内生产总值达到949099.3亿元。由于国家统计局发布的经济增速是以五年为一个周期的可比价增速，因此需要将得到的2020年当年价GDP总量定基处理为以2015年为基期的经济总量后，再计算"十三五"时期的经济增速。由于"实际GDP=名义GDP/GDP平减指数"，因此需要求2020年的GDP平减指数以进行定基处理。可根据《中国统计年鉴》中的GDP指数和2010年的GDP总量，求2010~2015年的实际GDP，再用"GDP平减指数=名义GDP/实际GDP"求得2010~2015年的GDP平减指数，用灰色模型预测2016~2020年的GDP平减指数，得到以2010年为基期的2020年GDP平减指数为122.4175，以2015年为基期的2020年GDP平减指数为107.7191。据此计算得到以2015年为基期的2020年的实际GDP为881087.7亿元，"十三五"时期的年均经济增速为5.1481%。

　　图4-14为"十五"至"十三五"时期的全国GDP增速对比图。由图可知，"十一五"及以前，我国经济以年均增速超过10%的速度实现了高速增长；"十二五"期间经济增速有所放缓，以7.87%的速度实现中高速增长；"十三五"期间，若2020年能耗总量控制在50亿吨标准煤，且各行业的生产能耗比例保持2015年不变，经济增速将为5.1481%，低于《"十三五"规划纲要》的6.5%的经济增速预期。

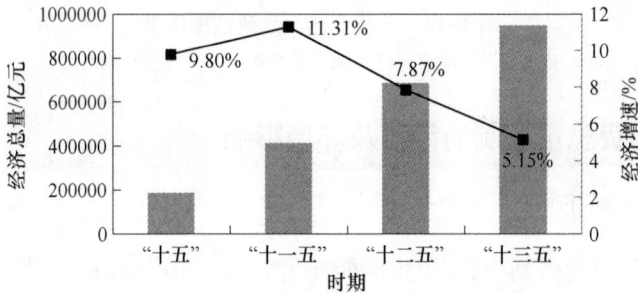

图4-14　各时期的经济增速对比

（柱状表示经济总量，曲线表示经济增速）

　　情景一中，2020年各行业的能耗量、增加值及"十三五"时期的经济增速情况见表4-9。

表4-9　情景一经济影响模拟结果

行业	能耗量/万吨标准煤	2020年增加值/亿元	"十三五"经济增速	行业	能耗量/万吨标准煤	2020年增加值/亿元	"十三五"经济增速
H1	8367	112717	0.1071	H3	4612	10582	0.0293
H2	12004	19855	0.0792	H4	1785	5972	0.0874

行业	能耗量/万吨标准煤	2020年增加值/亿元	"十三五"经济增速	行业	能耗量/万吨标准煤	2020年增加值/亿元	"十三五"经济增速
H5	1263	2054	0.0035	H23	37847	25148	0.1181
H6	2076	4749	0.0675	H24	80691	19961	0.0556
H7	6070	18702	0.0475	H25	22358	12784	0.0718
H8	1579	5013	0.0160	H26	5004	8245	0.0109
H9	246	7238	0.0435	H27	3803	12577	0.0287
H10	7642	7421	0.0215	H28	1989	11551	0.0706
H11	983	8787	0.0251	H29	4394	21217	0.0618
H12	675	2397	0.0589	H30	2756	13894	0.0643
H13	1269	4955	0.0867	H31	3393	15161	0.0237
H14	399	2142	0.0207	H32	340	1655	0.0184
H15	4156	4512	0.0645	H33	1803	5212	0.0137
H16	500	2620	0.0409	H34	28213	16697	0.0170
H17	407	5427	0.1190	H35	1005	1122	0.0628
H18	25428	11816	0.0537	H36	1387	1073	0.0235
H19	52867	17365	0.0222	H37	8282	88505	0.1204
H20	2356	5534	0.0202	H38	40236	35345	0.0156
H21	2003	1313	0.0162	H39	12229	95109	0.0242
H22	4734	7380	0.0230	H40	23333	295292	0.0338

由表 4-9 可知，"十三五"期间，经济增长速度超过 10% 的行业仅 4 个，分别是农林牧渔业、文教体育用品制造业、非金属矿物制品业和建筑业；行业经济增长速度处于 6%~10% 之间的共 10 个，分别为煤炭开采和洗选业、黑色金属矿采选业、非金属矿及其他矿采选业、木材加工及木/竹/藤/棕/草制品业、造纸及纸制品业、有色金属冶炼及压延加工业、专用设备制造业、交通运输设备制造业、电气机械及器材制造业、燃气生产和供应业。其余 26 个行业的经济增速均低于 6%，经济增长较为缓慢。

4.5.1.2　情景二经济影响预测

采用马尔科夫链方法，根据"十二五"时期各行业的能耗占比情况，基于线性规划模型（4-22），估算最优的马尔科夫状态转移概率矩阵，并预测 2020 年 40 个行业的能耗占比。2020 年各行业能耗量占比预测结果对应的能耗量，见表 4-10。

采用与情景一中相同的计算方法，求得情景二中 2020 年的国内生产总值（当年价）为 1007530 亿元，运用 GDP 平减指数进行定基处理后，得到以 2015 年为基期的 2020 年的实际 GDP 为 935331.5 亿元，"十三五"时期的年均经济增速为 6.4121%，略低于《"十三五"规划纲要》中 6.5% 的经济增速预期。情景二中 2020 年各行业的增加值及"十三五"时期的经济增速见表 4-10。

表 4-10　情景二经济影响模拟结果

行业	能耗量/万吨标准煤	2020年增加值/亿元	"十三五"经济增速	行业	能耗量/万吨标准煤	2020年增加值/亿元	"十三五"经济增速
H1	9112	122757	0.1261	H21	1942	1273	0.0099
H2	9497	15708	0.0298	H22	4574	7130	0.0160
H3	4960	11380	0.0444	H23	33079	21980	0.0883
H4	1837	6145	0.0937	H24	68272	16888	0.0209
H5	1195	1943	-0.0076	H25	24222	13850	0.0891
H6	1859	4254	0.0443	H26	4883	8046	0.0059
H7	7306	22509	0.0871	H27	3449	11407	0.0088
H8	1296	4114	-0.0234	H28	1713	9944	0.0390
H9	192	5651	-0.0069	H29	4018	19398	0.0430
H10	6808	6612	-0.0018	H30	2543	12820	0.0473
H11	888	7936	0.0044	H31	3665	16379	0.0396
H12	587	2082	0.0295	H32	282	1368	-0.0196
H13	1296	5060	0.0913	H33	2039	5892	0.0389
H14	348	1872	-0.0065	H34	28291	16743	0.0175
H15	3657	3970	0.0376	H35	711	794	-0.0082
H16	513	2691	0.0465	H36	1555	1203	0.0472
H17	427	5682	0.1293	H37	9414	100603	0.1494
H18	24242	11264	0.0436	H38	48545	42644	0.0544
H19	59240	19459	0.0457	H39	14005	108925	0.0523
H20	2477	5819	0.0305	H40	25549	323333	0.0528

由表 4-10 可知，在情景二中，有农林牧渔业、文教体育用品制造业、建筑业共 3 个行业的经济增速超过 12%，有黑色金属矿采选业、农副食品加工及食品制造业、木材加工及木/竹/藤/棕/草制品业、非金属矿物制品业、有色金属冶炼及压延加工业共 5 个行业的经济增速超过 8%。与情景一相比，情景二中部分行业经济增速更快，但也出现部分行业经济增速负增长的情况。

综合情景一和情景二的预测结果，在情景一中，即 2020 年各行业能耗占生产能耗的比例保持 2015 年不变时，"十三五"期间的年均经济增速为 5.1481%；在情景二中，即按照"十二五"时期的行业能耗占比预测 2020 年各行业能耗占生产总能耗的比例时，"十三五"期间的年均经济增速为 6.4121%。虽然情景二中经济增速高于情景一，但两种情景下，均不能完成《"十三五"规划纲要》提出的 6.5% 的经济增速预期，且情景二中部分行业出现了经济增速负增长的情况。因此，必须要对各行业的能耗量进行优化，以实现"十三五"时期的经济增长目标。

4.5.2 环境影响预测

与 4.5.1 节一致，本节同样研究在上述两种情景下，各行业 2020 年的碳排放情况。

前文对各行业能耗结构进行预测时，考虑了 8 种能源（煤炭、原油、天然气、电力、石油制品、焦炭、热力、燃气）的比例变化。其中，石油制品又包括 7 类，分别为汽油、煤油、柴油、燃料油、液化石油气、炼厂干气和其他石油制品。由于不同类型的石油制品碳排放系数不同，因此在估计各行业碳排放量时应将不同类型的石油制品分开估算。2015 年，行业石油制品消费量占工业总石油制品消费量比例大于 0.01 的行业有：农林牧渔业、石油制品和炼焦业、化学原料和化学制品制造业、非金属矿物制品业、建筑业、交通运输仓储和邮政业、批发零售和住宿餐饮业、其他行业共 8 个行业；2020 年预测结果中，石油制品占本行业能耗总量比例大于 0.1 的行业有农林牧渔业、非金属矿及其他矿采选业、石油制品和炼焦业、化学原料和化学制品制造业、建筑业、交通运输仓储和邮政业、其他行业共 7 个行业。由于行业石油制品消费比例占工业总消费量较大会对工业总的碳排放量产生较大影响，行业内石油制品比例占该行业能耗总量较大会对该行业的碳排放量产生较大影响，因此，将上述两类行业的集合进行合并，共有 9 个行业，现对这 9 个行业 2020 年的石油制品类能耗比例进行预测。预测采取与 4.3 节相同的方法，基于马尔科夫链方法，应用二次规划法估算状态转移概率矩阵。预测结果见表 4-11。

表 4-11　9 个行业 2020 年石油制品类能耗结构预测结果

行业	汽油	煤油	柴油	燃料油	液化石油气	炼厂干气	其他石油制品
H1	0.1265	0.0007	0.8669	0.0010	0.0048	0.0000	0.0000
H6	0.0282	0.0029	0.9664	0.0025	0.0000	0.0000	0.0001
H18	0.0014	0.0000	0.0035	0.0372	0.0884	0.4084	0.4610
H19	0.0226	0.0019	0.0359	0.0494	0.3065	0.0603	0.5234

行业	汽油	煤油	柴油	燃料油	液化石油气	炼厂干气	其他石油制品
H23	0.0481	0.0043	0.4462	0.3259	0.1417	0.0012	0.0326
H37	0.3557	0.0124	0.4985	0.0515	0.0150	0.0000	0.0669
H38	0.2542	0.1209	0.5439	0.0752	0.0059	0.0000	0.0000
H39	0.4192	0.0141	0.3795	0.0318	0.1554	0.0000	0.0000
H40	0.6376	0.0212	0.3122	0.0041	0.0249	0.0000	0.0000

除表 4-11 中的 9 个行业外，其余行业的石油制品消费比重非常小，故石油制品类能耗内部结构变化对行业碳排放影响很小，不予考虑，将除上述 9 个行业以外所有行业 2020 年的石油制品类结构按照 2015 年结构不变计算碳排放量。

由于除能源生产行业以外，其余行业的终端能源消费量和能源消费总量基本相等，故 2020 年非能源生产行业的碳排放量依据各类能源 2020 年的消费量计算得到。能源行业的能源消费总量包含能源加工转换过程中的损失量，假设 2020 年能源行业的终端能耗量比例保持 2015 年不变进行计算。由于 4.3 节预测的是各行业的能耗结构，对于能源行业而言，能耗结构和终端能耗结构不等同，故还需对 5 个能源行业 2020 年的终端能耗结构进行预测，结果见表 4-12。

表 4-12　能源行业 2020 年终端能耗结构预测结果

行业	煤炭	原油	天然气	电力	石油制品	焦炭	热力	燃气
H2	0.3562	0.0000	0.0131	0.5635	0.0498	0.0080	0.0034	0.0060
H3	0.0240	0.1405	0.4175	0.3595	0.0410	0.0000	0.0175	0.0000
H18	0.1600	0.0060	0.0974	0.1377	0.4704	0.0106	0.0751	0.0430
H34	0.0215	0.0000	0.0003	0.9699	0.0024	0.0001	0.0053	0.0003
H35	0.0105	0.0000	0.1576	0.8003	0.0166	0.0002	0.0003	0.0144

能源消费总量等于终端消费量、加工转换损失量和运输、输配过程中的损失量之和，除火力发电和供热是由燃料燃烧的热能转化为电能和热能外，其他加工转化过程多为燃料的物理分选和提炼，燃烧量很小，可忽略不计（田中华等，2015）。运输和输配过程没有能源燃烧，故不产生碳排放。因此，能源消费碳排放应计算各行业的终端能耗碳排放量以及加工转换过程中发电和供热产生的碳排放量。本节基于各年份的《中国能源平衡表》，按照发电和热力生产加工转换过程中的能源投入产出情况，计算 2000～2015 年的单位火电产出碳排放系数和单位热力产出碳排放系数。需要注意的是，《中国能源平衡表》中火电加工转换部分产出的火电量为电力当量法计算结果，需将其转换为发电煤耗法计算结果。由

于每年的发电效率不同，系数不易精确确定，且根据《电力平衡表》可知我国每年的电力生产量与消费量基本相等，进出口差额非常小可忽略不计，故本节在计算中，根据生产和生活部门电力消费中火电消费量确定火电的生产量，并结合火电生产过程中能源投入情况计算碳排放量，得到单位火电的碳排放系数，结果见表4-13。随着技术水平的变化，火电和热力碳排放系数是逐年变动的，根据2001~2015年的历史变化趋势，应用灰色预测方法得到2016~2020年的火电和热力碳排放系数，见表4-13。

表4-13　火电、热力碳排放系数

年　份	火电（万吨碳/万吨标准煤）	热力（万吨碳/万吨标准煤）	年　份	火电（万吨碳/万吨标准煤）	热力（万吨碳/万吨标准煤）
2001	0.7785	1.0233	2011	0.7757	0.9986
2002	0.7884	0.9555	2012	0.7731	0.9987
2003	0.7614	1.0305	2013	0.7715	0.9763
2004	0.7626	1.0273	2014	0.7571	0.9527
2005	0.7654	1.0141	2015	0.7510	0.9565
2006	0.7618	1.0107	2016	0.7522	0.9520
2007	0.7603	0.9927	2017	0.7478	0.9441
2008	0.7701	1.0210	2018	0.7434	0.9362
2009	0.7653	1.0104	2019	0.7389	0.9284
2010	0.7744	0.9615	2020	0.7340	0.9207

4.5.2.1　情景一环境影响预测

4.5.1节已计算得到2020年生产能耗总量为42.0484亿吨标准煤。按照2020年各行业能耗总量占总生产能耗量的比例保持2015年不变，可计算得到2020年各行业的能源消费总量。电力消费量中，包含火电和水电、核电、风电，由于火电生产产生碳排放，水电、核电、风电不产生碳排放，故在计算碳排放时应分开计算。按照2001~2015年电力平衡表中火电生产占电力生产的比例，运用灰色预测方法得到2020年火电生产比例为0.6950，计算各行业电力终端消费产生的碳排放量时，假设各行业火电消费比例与火电生产比例一致。依据前文预测的能耗结构，计算得到情景一中2020年各行业能源消费碳排放，见表4-14。

计算得到2015年生活能耗碳排放总量为28577万吨，生产能耗碳排放总量为223482万吨，共计252059万吨，单位GDP碳排放量为0.3677吨/万元。根据预测得到的2020年生活能耗量和能耗结构情况，计算得到2020年生活能耗碳排放总量为41022万吨，求得情景一中，2020年生产能耗碳排放量为241999万吨，共计283022万吨。根据4.5.1节预测结果，情景一中，以2015年为基期的2020年实际GDP为881087.7亿元，故该情景下，2020年单位GDP碳排放量为0.3212吨/万元，则2020年碳强度比2015年下降了12.64%，没有完成《"十三五"规划》中"2020年碳强度比2015年下降18%"的约束性要求。

表4-14　情景一环境影响模拟结果　　　　　　（万吨）

行业	碳排放量	行业	碳排放量	行业	碳排放量	行业	碳排放量
H1	5020	H11	545	H21	1250	H31	1752
H2	4251	H12	377	H22	2573	H32	180
H3	2204	H13	726	H23	25229	H33	927
H4	1034	H14	216	H24	56276	H34	8201
H5	674	H15	2667	H25	11856	H35	440
H6	1241	H16	275	H26	2655	H36	712
H7	3787	H17	232	H27	2259	H37	4769
H8	1040	H18	10955	H28	1074	H38	22607
H9	134	H19	33612	H29	2415	H39	7130
H10	4523	H20	1528	H30	1468	H40	13184

根据2005年能耗量和能耗结构情况，计算得到2005年生活能耗碳排放总量为17549万吨，生产能耗碳排放总量为150116万吨，共计167665万吨，单位GDP碳排放量为0.8951吨/万元。计算得到以2005年为基期的2020年GDP平减指数为157.9502，将情景一中2020年当年价GDP总量949099.3亿元折算为以2005年为基期的实际GDP值为600885.2亿元，故以2005年为基期的2020年单位GDP碳排放量为0.4710吨/万元，则2020年碳强度比2005年下降了47.38%，超额完成了我国在哥本哈根气候大会上关于"2020年单位GDP碳排放量比2005年下降40%~45%"的承诺。情景一中各行业2020年碳强度下降情况见表4-15。

表4-15　情景一中各行业2020年碳强度降幅情况

行业	较2005年降幅	较2015年降幅	行业	较2005年降幅	较2015年降幅
H1	−0.6254	−0.3694	H8	−0.6300	−0.0433
H2	−0.6221	−0.2513	H9	−0.6805	−0.1928
H3	−0.4292	−0.0977	H10	−0.4734	−0.0865
H4	−0.8082	−0.3288	H11	−0.3486	−0.1155
H5	−0.5346	−0.0107	H12	−0.1757	−0.2384
H6	−0.3558	−0.2552	H13	−0.5798	−0.3419
H7	−0.6268	−0.1840	H14	−0.0116	−0.0641

行业	较 2005 年降幅	较 2015 年降幅	行业	较 2005 年降幅	较 2015 年降幅
H15	-0.4781	-0.2536	H28	-0.6284	-0.2934
H16	0.2826	-0.1656	H29	-0.4692	-0.2448
H17	-0.6621	-0.4114	H30	-0.4923	-0.2667
H18	-0.6454	-0.0845	H31	-0.1646	-0.1149
H19	-0.3217	0.0604	H32	-0.1703	-0.0778
H20	-0.3060	-0.0636	H33	-0.1688	0.0372
H21	-0.4956	-0.0526	H34	-0.2207	-0.0980
H22	-0.1693	-0.1022	H35	-0.7065	0.0071
H23	-0.7401	-0.3677	H36	0.0624	-0.1145
H24	-0.3251	-0.1855	H37	-0.5905	-0.0031
H25	-0.6420	-0.2922	H38	-0.0140	-0.0037
H26	-0.2460	-0.0490	H39	-0.4536	-0.0841
H27	-0.4006	-0.1027	H40	-0.4959	-0.1275

由表 4-15 结果可知, 情景一中, 共 22 个行业 2020 年碳强度较 2005 年下降幅度超过 45%, 共 16 个行业 2020 年碳强度较 2015 年下降幅度超过 18%。

4.5.2.2 情景二环境影响预测

与情景一中的计算方法相同, 计算得到情景二中各行业 2020 年的能源消费碳排放量结果, 见表 4-16。

表 4-16 情景二环境影响模拟结果 (万吨)

行业	碳排放量	行业	碳排放量	行业	碳排放量	行业	碳排放量
H1	5467	H11	492	H21	1212	H31	1893
H2	3363	H12	328	H22	2486	H32	149
H3	2370	H13	741	H23	22051	H33	1048
H4	1064	H14	189	H24	47614	H34	8224
H5	637	H15	2347	H25	12844	H35	312
H6	1111	H16	282	H26	2591	H36	798
H7	4558	H17	243	H27	2049	H37	5420
H8	854	H18	10444	H28	924	H38	27275
H9	105	H19	37663	H29	2208	H39	8166
H10	4030	H20	1607	H30	1355	H40	14436

情景二中，2020 年生产能耗碳排放总量为 240951 万吨，加上生活能耗碳排放总量 41022 万吨，计算得到 2020 年碳排放总量为 281973 万吨。根据 4.5.1 节预测结果，情景二中，以 2015 年为基期的 2020 年实际 GDP 为 935331.5 亿元，故该情景下，2020 年单位 GDP 碳排放量为 0.3014 吨/万元，则 2020 年碳强度比 2015 年下降了 18.03%，勉强完成了《"十三五"规划》中"2020 年碳强度比 2015 年下降 18%"的约束性要求。

将情景二中 2020 年当年价 GDP 总量 1007530 亿元，折算为以 2005 年为基期的实际 GDP 值为 637878.3 亿元，故以 2005 年为基期的 2020 年单位 GDP 碳排放量为 0.4420 吨/万元，则该情景下 2020 年碳强度比 2005 年下降了 50.62%，超额完成了我国在哥本哈根气候大会上关于"2020 年单位 GDP 碳排放量比 2005 年下降 40%~45%"的承诺。情景二中，各行业 2020 年的碳强度下降情况见表 4-17。

表 4-17   情景二中各行业 2020 年碳强度降幅情况

行业	较 2005 年降幅	较 2015 年降幅	行业	较 2005 年降幅	较 2015 年降幅
H1	-0.5920	-0.3133	H21	-0.5110	-0.0815
H2	-0.7010	-0.4077	H22	-0.1974	-0.1326
H3	-0.3861	-0.0296	H23	-0.7728	-0.4474
H4	-0.8026	-0.3093	H24	-0.4290	-0.3109
H5	-0.5598	-0.0641	H25	-0.6121	-0.2332
H6	-0.4230	-0.3328	H26	-0.2642	-0.0720
H7	-0.5509	-0.0179	H27	-0.4564	-0.1861
H8	-0.6964	-0.2149	H28	-0.6801	-0.3917
H9	-0.7505	-0.3698	H29	-0.5147	-0.3096
H10	-0.5308	-0.1861	H30	-0.5315	-0.3234
H11	-0.4116	-0.2011	H31	-0.0974	-0.0438
H12	-0.2840	-0.3385	H32	-0.3140	-0.2375
H13	-0.5709	-0.3281	H33	-0.0604	0.1725
H14	-0.1364	-0.1823	H34	-0.2185	-0.0955
H15	-0.5408	-0.3432	H35	-0.7922	-0.2871
H16	0.3171	-0.1432	H36	0.1909	-0.0073
H17	-0.6463	-0.3837	H37	-0.5345	0.1332
H18	-0.6619	-0.1272	H38	0.1896	0.2020
H19	-0.2399	0.1882	H39	-0.3743	0.0490
H20	-0.2703	-0.0154	H40	-0.4480	-0.0446

由表 4-17 可知，情景二中，共 21 个行业 2020 年碳强度较 2005 年下降幅度超过 45%，共 22 个行业 2020 年碳强度较 2015 年下降幅度超过 18%。与情景一相比，总体而言，情景二中碳强度下降幅度较大行业的数量超过情景一，情景二的环境影响预测结果优于情景一。

综合情景一和情景二的预测结果，在情景一中，即 2020 年各行业能耗量占生产总能耗的比例保持 2015 年不变时，2020 年碳强度比 2005 年下降了 47.38%，超额完成了我国在哥本哈根气候大会上关于"2020 年单位 GDP 碳排放量比 2005 年下降 40%~45%"的承诺。2020 年碳强度比 2015 年下降了 12.64%，没有完成《"十三五"规划》中"2020 年碳强度比 2015 年下降 18%"的约束性要求。在情景二中，即根据各行业能耗量占生产总能耗比例的历史变动情况，预测 2020 年各行业的能耗占比时，得到了 2020 年碳强度比 2005 年下降了 50.62%，超额完成了我国在哥本哈根气候大会上的承诺。2020 年碳强度比 2015 年下降了 18.03%，仅勉强完成《"十三五"规划》中的约束性要求。

4.6 小结

本章研究了 2020 年我国能源消费总量为 50 亿吨标准煤时，我国的经济增长情况和碳排放情况。主要研究内容和结论如下：

（1）分别运用指数平滑法、ARIMA 模型、IDGM(1, 1) 模型和 VAR 模型对 2016~2020 年我国生活能耗量进行预测，以四个预测模型 2011~2015 年的加权预测值与实际值的误差平方和最小为目标函数，求得四个模型在组合预测模型中的权重，并基于组合预测模型得到 2016~2020 年的生活能耗量预测结果。

（2）基于马尔科夫链模型对 2016~2020 年 40 个行业的能耗结构以及生活能耗结构进行预测。其中，在状态转移概率矩阵的计算上，本章运用二次规划法，以估算的状态转移概率矩阵得到的能源消费结构与实际能源消费结构在 n 个阶段的误差绝对值之和最小为目标函数，在模型中引入状态转移概率矩阵的行和条件和非负条件，求得最优的状态转移概率矩阵，并基于此预测未来各行业的能耗结构和生活能耗结构。

（3）基于非限制性 VAR 模型，对 320 个分行业分类能耗系数中重要程度排前 80% 的共计 80 个能耗系数值进行了预测，其余 240 个能耗系数值根据历史变动情况调整得到 2020 年的预测值。

（4）基于预测得到的 2020 年各行业分类能耗系数，设置两种不同情景：情景一，假设 2020 年各行业能耗量占生产总能耗的比例保持 2015 年不变；情景二，根据各行业能耗量占生产总能耗比例的历史变动情况，预测 2020 年各行业能耗占比。结果在情景一中，2020 年国内生产总值（当年价）达到 949099.3 亿元，"十三五"时期的年均经济增速为 5.1481%；在情景二中，2020 年的国内生产总值（当年价）为 1007530 亿元，"十三五"时期的年均经济增速为 6.4121%。二者均低于《"十三五"规划》中 6.5% 的经济增速要求。

（5）基于预测得到的 2020 年各行业能耗结构，得到了在情景一中，2020 年碳强度比 2005 年下降了 47.38%，超额完成了我国在哥本哈根气候大会上关于"2020 年单位 GDP 碳排放量比 2005 年下降 40%～45%"的承诺。2020 年碳强度比 2015 年下降了 12.64%，没有完成《"十三五"规划》中"2020 年碳强度比 2015 年下降 18%"的约束性要求。情景二中，2020 年碳强度比 2005 年下降了 50.62%，比 2015 年下降了 18.03%，超额完成了我国在哥本哈根气候会议的承诺，但仅勉强完成《"十三五"规划》的要求。

5 基于多目标决策的行业能源消费量优化研究

由于不同行业的能源利用效率和碳排放系数不同，因此行业能耗量占生产总能耗比例的变动会产生不同的经济总量和碳排放总量。为实现经济和环境的双重效益，需要优化各行业的能源消费量，同时要兼顾优化结果的公平性。根据文献综述，关于能源资源分配公平性的相关研究多为事后评价，以公平性为目标的优化研究相对较少。故本章在以经济总量最大、碳排放总量最小为目标的同时，将优化的公平性最强纳入目标函数，构建兼顾公平和效率的多目标优化模型，对2020年各行业的最优能耗情况进行研究。

5.1 优化模型建立

5.1.1 建模基本思想

优化行业能耗量的目的是在经济更快发展的同时，实现环境质量的最大改善。本章以能源消费碳排放表示环境影响，因此，2020年经济总量的最大化和碳排放总量的最小化是行业能耗量优化的目标。此外，为避免能耗量优化结果全部向高能效和低碳排放系数行业倾斜，还要考虑优化结果的公平性。综上，行业能耗量优化模型的构建需考虑如下原则：

（1）经济总量的最大化。第3章研究实证结果得到了2013年能耗总量控制的实施对经济增长速度产生了负向影响；第4章实证结果得到了情景一和情景二中"十三五"时期年均经济增速分别为5.1481%、6.4121%，均低于《"十三五"规划》中6.5%的要求。因此，保持经济的稳定增长、实现在能耗总量约束下的经济总量最大化是本章行业能耗量优化的重要目标。

（2）碳排放总量的最小化。我国在2009年哥本哈根气候大会上承诺2020年单位GDP碳排放量比2005年下降40%~45%，在2015年巴黎气候变化大会上承诺2030年碳排放达峰并尽早达峰。碳减排约束由相对量转为绝对量，反映我国面临的减排压力增大。当前，实施能耗总量控制的主要目的是为了改善环境质量，减少碳排放。因此，实现2020年碳排放总量的最小化是本章行业能耗量优化的重要目标。

（3）公平性最大化。若仅以经济总量最大化为目标，则能耗量优化结果必定倾斜于高能源效率行业；若仅以碳排放总量最小化为目标，则能耗量优化结果又必定倾斜于碳排放系数低的行业。为保证优化结果的公平性和合理性，必须提高行业能耗量优化结果的公平程度。因此，公平性最强也是行业能耗量优化的重要目标。

　　本章将分别构建以经济总量最大为目标的优化模型、以碳排放总量最小为目标的优化模型、以公平性最强为目标的优化模型，然后综合考虑三个目标的多目标优化模型，以探讨不同目标下的行业能耗、经济增长和碳排放情况。

5.1.2　以经济总量最大为目标的优化模型

5.1.2.1　目标函数

本节的行业能耗量优化以 2020 年全国经济总量最大为目标。设 α_i 为第 i 个行业 2020 年的单位 GDP 能耗系数，x_i 为第 i 个行业 2020 年的能耗量，则第 i 个行业 2020 年的行业增加值为 $\dfrac{x_i}{\alpha_i}$，2020 年的国内生产总值为 $\sum\limits_{i=1}^{40}\dfrac{x_i}{\alpha_i}$，则目标函数为：

$$\max E = \sum_{i=1}^{40}\frac{x_i}{\alpha_i} \tag{5-1}$$

5.1.2.2　约束条件

　　（1）能耗总量约束。《"十三五"规划》指出 2020 年能耗量控制在 50 亿吨标准煤以内，设 2020 年生活能耗量为 b 亿吨标准煤，则 2020 年 40 个行业的生产能耗总量应控制在 $50 - b$ 亿吨标准煤以内，即

$$\sum_{i=1}^{40}x_i \leqslant 50 - b \tag{5-2}$$

　　（2）能耗强度约束。《"十三五"规划》指出 2020 年能耗强度比 2015 年下降 15%，设 2015 年能耗强度为 c 万吨标准煤/万元，则

$$\frac{\sum\limits_{i=1}^{40}x_i}{100 \times \dfrac{\sum\limits_{i=1}^{40}\dfrac{x_i}{\alpha_i}}{m_1}} \leqslant (1 - 0.15) \times c \tag{5-3}$$

式中，m_1 为以 2015 年为基期的 2020 年的 GDP 平减指数；$100 \times \sum\limits_{i=1}^{40}\dfrac{x_i}{\alpha_i}\Big/ m_1$ 表示将 2020 年的当年价 GDP 总量转化为以 2015 年为基期的可比价 GDP 总量。

　　（3）碳强度约束。2009 年哥本哈根会议上，我国政府承诺 2020 年单位 GDP 碳排放量比 2005 年下降 40%～45%。按照 2020 年碳强度比 2005 年下降 45% 的要求，设 2005 年碳强度为 d，2020 年生活能耗碳排放量为 η，2020 年行业 i 消费第 j 种能源的比例为 λ_{ij}，第 j 种能源的碳排放系数为 β_j，则

$$\frac{\eta + \sum\limits_{i=1}^{40} \sum\limits_{j=1}^{17} \lambda_{ij} \beta_j x_i}{100 \times \dfrac{\sum\limits_{i=1}^{40} \dfrac{x_i}{\alpha_i}}{m_2}} \leqslant (1 - 0.45) \times d \tag{5-4}$$

式中，m_2 为以 2005 年为基期的 2020 年的 GDP 平减指数；$100 \times \sum\limits_{i=1}^{40} \dfrac{x_i}{\alpha_i} \Big/ m_2$ 表示将 2020 年的当年价 GDP 总量转化为以 2005 年为基期的可比价 GDP 总量。

《"十三五"规划》中指出，2020 年碳强度要比 2015 年下降 18%。设 2015 年单位 GDP 碳排放量为 γ，则

$$\frac{\eta + \sum\limits_{i=1}^{40} \sum\limits_{j=1}^{17} \lambda_{ij} \beta_j x_i}{100 \times \dfrac{\sum\limits_{i=1}^{40} \dfrac{x_i}{\alpha_i}}{m_1}} \leqslant (1 - 0.18) \times \gamma \tag{5-5}$$

(4) 产业结构上下限约束。设 $\left[F_k^-, F_k^+ \right]$ 为第 k 产业增加值占国内生产总值的比例的上下限，$k = 1, 2, 3$，则第一产业结构约束为：

$$F_1^- \leqslant \frac{x_1}{\alpha_1} \Big/ \sum_{i=1}^{40} \frac{x_i}{\alpha_i} \leqslant F_1^+ \tag{5-6}$$

第二产业结构约束为：

$$F_2^- \leqslant \sum_{i=2}^{37} \frac{x_i}{\alpha_i} \Big/ \sum_{i=1}^{40} \frac{x_i}{\alpha_i} \leqslant F_2^+ \tag{5-7}$$

第三产业结构约束为：

$$\sum_{i=38}^{40} \frac{x_i}{\alpha_i} \Big/ \sum_{i=1}^{40} \frac{x_i}{\alpha_i} \geqslant F_3^- \tag{5-8}$$

(5) 行业结构上下限约束。

设 f_i^-、f_i^+ 为第 i 个行业增加值占该行业所属产业增加值比例的下限和上限，则第 i 个行业增加值比例约束为：

$$f_i^- \leqslant \frac{x_i}{\alpha_i} \Big/ \sum_{i=1}^{n} \frac{x_i}{\alpha_i} \leqslant f_i^+ \tag{5-9}$$

(6) 行业增加值下限约束。设 gdp_i 为第 i 个行业 2015 年增加值，则 2020 年第 i 个行业的增加值约束为：

$$\frac{x_i}{\alpha_i} \geqslant gdp_i \tag{5-10}$$

(7) 行业能耗非负约束。第 i 个行业能耗量要大于 0，即

$$x_i > 0 \tag{5-11}$$

综上，以 2020 年全国经济总量最大为目标的行业能耗量优化模型构建如下：

$$\max E = \sum_{i=1}^{40} \frac{x_i}{\alpha_i}$$

$$s.t. \begin{cases} \sum_{i=1}^{40} x_i \leqslant 50 - b \\[2ex] \dfrac{\displaystyle\sum_{i=1}^{40} x_i}{100 \times \dfrac{\displaystyle\sum_{i=1}^{40} \dfrac{x_i}{\alpha_i}}{m_1}} \leqslant (1 - 0.15) \times c \\[4ex] \dfrac{\eta + \displaystyle\sum_{i=1}^{40}\sum_{j=1}^{17} \lambda_{ij}\beta_j x_i}{100 \times \dfrac{\displaystyle\sum_{i=1}^{40} \dfrac{x_i}{\alpha_i}}{m_2}} \leqslant (1 - 0.45) \times d \\[4ex] \dfrac{\eta + \displaystyle\sum_{i=1}^{40}\sum_{j=1}^{17} \lambda_{ij}\beta_j x_i}{100 \times \dfrac{\displaystyle\sum_{i=1}^{40} \dfrac{x_i}{\alpha_i}}{m_1}} \leqslant (1 - 0.18) \times \gamma \\[4ex] F_1^- \leqslant \dfrac{x_1}{\alpha_1} \bigg/ \sum_{i=1}^{40} \dfrac{x_i}{\alpha_i} \leqslant F_1^+ \\[2ex] F_2^- \leqslant \sum_{i=2}^{37} \dfrac{x_1}{\alpha_1} \bigg/ \sum_{i=1}^{40} \dfrac{x_i}{\alpha_i} \leqslant F_2^+ \\[2ex] \sum_{i=38}^{40} \dfrac{x_i}{\alpha_i} \bigg/ \sum_{i=1}^{40} \dfrac{x_i}{\alpha_i} \geqslant F_3^- \\[2ex] f_i^- \leqslant \dfrac{x_i}{\alpha_i} \bigg/ \sum_{i=1}^{n} \dfrac{x_i}{\alpha_i} \leqslant f_i^+ \\[2ex] \dfrac{x_i}{\alpha_i} \geqslant gdp_i \\[2ex] x_i > 0 \end{cases}$$

5.1.3　以碳排放总量最小为目标的优化模型

5.1.3.1　目标函数

本节的行业能耗量优化以 2020 年全国碳排放总量最小为目标。设 2020 年生活能耗碳排放量为 η，2020 年行业 i 消费第 j 种能源的比例为 λ_{ij}，第 j 种能源的碳排放系数为 β_j，则目标函数为：

$$\min C = \eta + \sum_{i=1}^{40} \sum_{j=1}^{17} \lambda_{ij}\beta_j x_i \tag{5-12}$$

5.1.3.2 约束条件

碳排放总量最小化目标优化模型的约束条件与 5.1.2 节一致，即必须满足能耗总量约束、能耗强度约束、碳强度约束、产业结构上下限约束、行业结构上下限约束、行业增加值下限约束以及能耗量非负约束，具体的约束条件公式此处不再一一赘述。

以 2020 年全国碳排放总量最小为目标的行业能耗量优化模型构建如下：

$$\min C = \eta + \sum_{i=1}^{40} \sum_{j=1}^{17} \lambda_{ij}\beta_j x_i$$

$$s.t. \begin{cases} \sum_{i=1}^{40} x_i \leqslant 50 - b \\[2ex] \dfrac{\sum_{i=1}^{40} x_i}{100 \times \dfrac{\sum_{i=1}^{40} \dfrac{x_i}{\alpha_i}}{m_1}} \leqslant (1 - 0.15) \times c \\[3ex] \dfrac{\eta + \sum_{i=1}^{40} \sum_{j=1}^{17} \lambda_{ij}\beta_j x_i}{100 \times \dfrac{\sum_{i=1}^{40} \dfrac{x_i}{\alpha_i}}{m_2}} \leqslant (1 - 0.45) \times d \\[3ex] \dfrac{\eta + \sum_{i=1}^{40} \sum_{j=1}^{17} \lambda_{ij}\beta_j x_i}{100 \times \dfrac{\sum_{i=1}^{40} \dfrac{x_i}{\alpha_i}}{m_1}} \leqslant (1 - 0.18) \times \gamma \\[3ex] F_1^- \leqslant \dfrac{x_1}{\alpha_1} \bigg/ \sum_{i=1}^{40} \dfrac{x_i}{\alpha_i} \leqslant F_1^+ \\[2ex] F_2^- \leqslant \sum_{i=2}^{37} \dfrac{x_i}{\alpha_i} \bigg/ \sum_{i=1}^{40} \dfrac{x_i}{\alpha_i} \leqslant F_2^+ \\[2ex] \sum_{i=38}^{40} \dfrac{x_i}{\alpha_i} \bigg/ \sum_{i=1}^{40} \dfrac{x_i}{\alpha_i} \geqslant F_3^- \\[2ex] f_i^- \leqslant \dfrac{x_i}{\alpha_i} \bigg/ \sum_{i=1}^{n} \dfrac{x_i}{\alpha_i} \leqslant f_i^+ \\[2ex] \dfrac{x_i}{\alpha_i} \geqslant gdp_i \\[2ex] x_i > 0 \end{cases}$$

5.1.4 以公平性最强为目标的优化模型

5.1.4.1 目标函数

能耗量优化模型的构建以公平性最强为目标，采用基尼系数作为反映公平性情况的指标。基尼系数原本为经济学中的概念，是由 20 世纪初意大利经济学家基尼根据洛伦兹曲线提出的反映居民收入分配公平性的指标，如图 5-1 所示，假设收入分配绝对公平线与实际收入分配曲线之间的面积为 A，实际收入分配曲线下方的面积为 B，则收入分配的不平等程度，即基尼系数等于 A 除以 $A+B$ 的值。基尼系数值越趋近于 0，洛伦兹曲线的弧度越小，收入分配越公平；基尼系数越趋近于 1，洛伦兹曲线的弧度越大，收入分配越不公平。

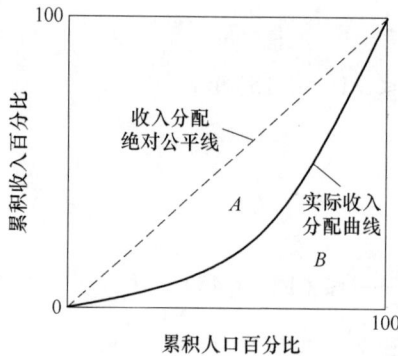

图 5-1　洛伦兹曲线

基尼系数不仅可以用于反映收入分配的公平性，而且还可用于污染物分配的公平性、耕地保有量分配公平性、碳排放权分配公平性等方面。本节也采用基尼系数反映能耗总量在行业间优化的公平程度。关于基尼系数的计算，本节采用梯形面积法，计算公式为：

$$G_j = 1 - \sum_{i=1}^{n} (X_{ij} - X_{i-1,j})(Y_{i,j} + Y_{i-1,j}) \tag{5-13}$$

$$X_{ij} = X_{i-1,j} + z_{ij} \Big/ \sum_{i=1}^{n} z_{ij}, \quad Y_i = Y_{i-1} + x_i^0 \Big/ \sum_{i=1}^{n} x_i^0$$

式中，G_j 为基尼系数值；X_{ij} 为公平性指标的累计百分比；z_{ij} 代表公平性指标数值；Y_{ij} 为各行业能耗量的累计百分比；x_i^0 代表各行业的初始能耗量。

当 $i=1$ 时，视 $(X_{i-1,j}, Y_{i-1,j})$ 为 $(0, 0)$。

在计算总的基尼系数时，假设有 j 个指标，以 j 个指标的加权基尼系数之和最小为目标，即目标函数为：

$$\min G = \sum_{j=1}^{m} w_j G_j \tag{5-14}$$

式中，G 表示加权基尼系数值；w_j 为第 j 个指标的权重。

5.1.4.2 约束条件

以加权基尼系数之和最小化为目标的优化模型中，同样必须满足能耗总量约束、能耗强度约束、碳强度约束、产业结构上下限约束、行业结构上下限约束、行业增加值下限约束以及能耗量非负约束，上述约束条件的具体公式此处不再一一赘述。

除此以外，该优化模型还必须满足基尼系数优化约束条件，即优化后的基尼系数值必须小于初始基尼系数值，即：

$$G_j \leqslant G_j^0 \tag{5-15}$$

式中，G_j^0 代表初始基尼系数值。

并且，为保持不同行业生产的正常运行，需要对各行业能耗量调整幅度的上下限进行约束，即：

$$\eta_i^l \leqslant \eta_i \leqslant \eta_i^u \tag{5-16}$$

式中，η_i^l 和 η_i^u 分别表示行业 i 能耗量调整幅度的下限和上限。

综上所述，以 2020 年基尼系数最小为目标的行业能耗量优化模型构建如下：

$$\min G = \sum_{j=1}^{m} w_j G_j$$

$$s.t. \begin{cases} \displaystyle\sum_{i=1}^{40} x_i \leqslant 50 - b \\[2mm] G_j \leqslant G_j^0 \\[2mm] \eta_i^l \leqslant \eta_i \leqslant \eta_i^u \\[4mm] \dfrac{\displaystyle\sum_{i=1}^{40} x_i}{100 \times \dfrac{\displaystyle\sum_{i=1}^{40} \dfrac{x_i}{\alpha_i}}{m_1}} \leqslant (1 - 0.15) \times c \\[8mm] \dfrac{\eta + \displaystyle\sum_{i=1}^{40} \sum_{j=1}^{17} \lambda_{ij} \beta_j x_i}{100 \times \dfrac{\displaystyle\sum_{i=1}^{40} \dfrac{x_i}{\alpha_i}}{m_2}} \leqslant (1 - 0.45) \times d \\[8mm] \dfrac{\eta + \displaystyle\sum_{i=1}^{40} \sum_{j=1}^{17} \lambda_{ij} \beta_j x_i}{100 \times \dfrac{\displaystyle\sum_{i=1}^{40} \dfrac{x_i}{\alpha_i}}{m_1}} \leqslant (1 - 0.18) \times \gamma \end{cases}$$

$$s.t. \begin{cases} F_1^- \leq \dfrac{x_1}{\alpha_1} \bigg/ \displaystyle\sum_{i=1}^{40} \dfrac{x_i}{\alpha_i} \leq F_1^+ \\[3mm] F_2^- \leq \displaystyle\sum_{i=2}^{37} \dfrac{x_i}{\alpha_i} \bigg/ \displaystyle\sum_{i=1}^{40} \dfrac{x_i}{\alpha_i} \leq F_2^+ \\[3mm] \dfrac{\displaystyle\sum_{i=38}^{40} \dfrac{x_i}{\alpha_i}}{\displaystyle\sum_{i=1}^{40} \dfrac{x_i}{\alpha_i}} \geq F_3^- \\[3mm] f_i^- \leq \dfrac{x_i}{\alpha_i} \bigg/ \displaystyle\sum_{i=1}^{n} \dfrac{x_i}{\alpha_i} \leq f_i^+ \\[3mm] \dfrac{x_i}{\alpha_i} \geq gdp_i \\[2mm] x_i > 0 \end{cases}$$

5.1.5　基于多目标决策的优化模型

综合 5.1.2~5.1.4 节的优化模型构建情况，现构建多目标优化模型，即同时满足经济总量最大、碳排放总量最小和加权基尼系数最小。在约束条件方面，满足能耗总量约束、能耗强度约束、碳强度约束、产业结构上下限约束、行业结构上下限约束、行业增加值下限约束以及调整后的基尼系数小于初始基尼系数、各行业能耗调整比例上下限约束、能耗量非负约束，前文已经给出了各约束条件的具体表达式，此处不再赘述。综上，构建的多目标优化模型如下所示：

$$\max E = \sum_{i=1}^{40} \frac{x_i}{\alpha_i}$$

$$\min C = \eta + \sum_{i=1}^{40} \sum_{j=1}^{17} \lambda_{ij} \beta_j x_i$$

$$\min G = \sum_{j=1}^{m} w_j G_j$$

$$s.t. \begin{cases} \displaystyle\sum_{i=1}^{40} x_i \leq 50 - b \\[3mm] G_j \leq G_j^0 \\[2mm] \eta_i^l \leq \eta_i \leq \eta_i^u \\[3mm] \dfrac{\displaystyle\sum_{i=1}^{40} x_i}{100 \times \dfrac{\displaystyle\sum_{i=1}^{40} \dfrac{x_i}{\alpha_i}}{m_1}} \leq (1 - 0.15) \times c \end{cases}$$

$$s.t. \begin{cases} \dfrac{\eta + \sum\limits_{i=1}^{40} \sum\limits_{j=1}^{17} \lambda_{ij}\beta_j x_i}{100 \times \dfrac{\sum\limits_{i=1}^{40} \dfrac{x_i}{\alpha_i}}{m_2}} \leqslant (1 - 0.45) \times d \\[3em] \dfrac{\eta + \sum\limits_{i=1}^{40} \sum\limits_{j=1}^{17} \lambda_{ij}\beta_j x_i}{100 \times \dfrac{\sum\limits_{i=1}^{40} \dfrac{x_i}{\alpha_i}}{m_1}} \leqslant (1 - 0.18) \times \gamma \\[3em] F_1^- \leqslant \dfrac{x_1}{\alpha_1} \Big/ \sum\limits_{i=1}^{40} \dfrac{x_i}{\alpha_i} \leqslant F_1^+ \\[2em] F_2^- \leqslant \sum\limits_{i=2}^{37} \dfrac{x_i}{\alpha_i} \Big/ \sum\limits_{i=1}^{40} \dfrac{x_i}{\alpha_i} \leqslant F_2^+ \\[2em] \sum\limits_{i=38}^{40} \dfrac{x_i}{\alpha_i} \Big/ \sum\limits_{i=1}^{40} \dfrac{x_i}{\alpha_i} \geqslant F_3^- \\[2em] f_i^- \leqslant \dfrac{x_i}{\alpha_i} \Big/ \sum\limits_{i=1}^{n} \dfrac{x_i}{\alpha_i} \leqslant f_i^+ \\[2em] \dfrac{x_i}{\alpha_i} \geqslant gdp_i \\[1em] x_i > 0 \end{cases}$$

5.2 参数确定

5.2.1 经济与环境目标优化模型相关参数确定

5.2.1.1 生产与生活能耗量的确定

优化模型中，决策变量为 2020 年各行业的能源消费量 x_i，各行业 2020 年分类能耗系数在第 4 章已经预测得到，将各行业分类能耗系数加总即得到各行业 2020 年的能耗系数 α_i；《"十三五"规划》指出 2020 年能耗总量控制在 50 亿吨标准煤以内，由于第 4 章已经预测得到 2020 年生活能耗量为 7.9516 亿吨标准煤，故 2020 年 40 个行业的生产能耗总量应控制在 42.0484 亿吨标准煤以内。

5.2.1.2 能耗强度与碳强度参数的确定

《"十三五"规划》指出 2020 年能耗强度比 2015 年下降 15%，2015 年国内生产总值为 685505.8 亿元，能源消费总量为 43 亿吨标准煤，2015 年能耗强度为 0.6273 吨标煤/万元，则 2020 年能耗强度应低于 0.5332 吨标煤/万元。

第 4 章已经根据预测得到的生活能耗结构和生活能耗量求得 2020 年生活能耗碳排放量为 41022 万吨；2020 年各行业的能耗结构也已经在前文预测得到。

第 4 章计算得到 2005 年生活能耗碳排放总量为 17549 万吨，生产能耗碳排放总量为 150116 万吨，共计排放 167665 万吨二氧化碳，单位 GDP 碳排放量为 0.8951 吨/万元。根据 2009 年哥本哈根会议我国政府承诺 2020 年单位 GDP 碳排放量比 2005 年下降 45% 的要求，以 2005 年为基期的 2020 年我国碳强度应低于 0.4923 吨/万元。

第 4 章计算得到 2015 年生活能耗碳排放总量为 28577 万吨，生产能耗碳排放总量为 223482 万吨，共计 252059 万吨，单位 GDP 碳排放量为 0.3677 吨/万元。根据《"十三五"规划》中 2020 年碳强度比 2015 年下降 18% 的要求，以 2015 年为基期的 2020 年碳强度应低于 0.3015 吨/万元。

此外，将 2005 年、2015 年碳强度与 2020 年碳强度进行比较时，需将 2020 年碳强度转化为可比碳强度，因此需要将 2020 年当年价 GDP 分别转化为以 2005 年、2015 年为基期的可比价 GDP，需要用到 GDP 平减指数。第 4 章已经对 GDP 平减指数进行预测，得到以 2005 年为基期的 2020 年 GDP 平减指数为 157.9502，以 2015 年为基期的 2020 年 GDP 平减指数为 107.7191。

5.2.1.3 产业结构与行业结构参数的确定

产业结构方面，2020 年三次产业结构基于"十二五"时期的平均变动情况并上下浮动调整得到。根据几何平均算法，"十二五"期间第一产业比例的平均变化率为 -0.01357，按照此变化率，求得 2020 年第一产业比例为 8.3122%。假设第一产业比例的下限在此基础上向下调整 1%，则 2020 年第一产业比例的上下限分别为 8.9%（等于 2015 年比例）、7.3%。"十二五"期间第二产业比例的平均变化率为 -0.03105，按照此变化率，求得 2020 年第二产业比例为 34.9325%。假设第二产业比例的下限在此基础上再下降 1%，则 2020 年第二产业比例的上下限分别为 40.9%（等于 2015 年比例）、34%。《"十三五"规划》中指出了 2020 年第三产业比例不低于 56% 的约束，故将第三产业的比例下限设为 56%。行业结构方面，参考产业内各行业增加值比例在"十二五"时期的年均变动幅度，令第二产业内 2020 年各行业增加值占第二产业产值比例的上下限在 2015 年比例的基础上分别上下调整 0.5%，个别行业 2015 年增加值比例低于 1% 的，2020 年行业增加值比例的上下限在 2015 年的基础上上下调整 0.2%；第三产业内的 3 个行业 2020 年增加值占第三产业产值比例的上下限在 2015 年比例的基础上分别上下调整 2%。

5.2.2 公平性评价指标选取及参数确定

5.2.2.1 指标选取

通过文献梳理，关于碳排放权分配，冯阳（2016）和杨柳（2014）均从减排责任、减排能力、减排潜力和经济发展四个方面构建指标体系，史记（2016）从减排责任、减排能力、减排潜力和减排难度四个方面构建了指标体系。而关于行业能耗量优化的指标，相关研究鲜见。参考已有研究，本节从节能能力、节能责任和节能潜力三个方面选择行业能耗量优化的指标体系，以反映行业能耗量优化的公平性。

第一，节能能力方面。科技水平是反映行业发展先进程度的重要指标，技术水平越高的行业节能能力相对越强。本节用劳动生产率反映行业的节能水平和节能能力。

第二，节能责任方面。环境污染的治理应秉承"谁污染谁治理"的方针，因此，对于那些单位能源产生碳排放量较大的行业，应该承担较多的节能责任。

第三，节能潜力方面。单位 GDP 能耗量较高的行业，节能潜力较大；而单位 GDP 能耗量相对较低的行业，进一步节能的难度较大，节能空间有限。因此，单位 GDP 能耗量较高的行业应承担较多的节能责任。

综上，本节选取单位 GDP 能耗量、单位能耗碳排放量和行业劳动生产率三个因素作为行业能耗量公平性优化的指标。

5.2.2.2 参数确定

各行业 2020 年的劳动生产率根据 2000～2015 年的平均变化率调整得到。各行业的单位 GDP 能耗量在第 4 章已经预测得到。各行业 2020 年单位能耗碳排放量，根据第 4 章预测得到的 2020 年各行业能耗结构乘以各类能源的碳排放系数得到。初始基尼系数根据第 4 章设置的情景一进行计算，即 2020 年各行业能耗占生产能耗的比例保持 2015 年不变，求得 2020 年各行业的能耗量，基于已有的各行业劳动生产率、单位 GDP 能耗量和单位能耗碳排放量指标数据，按照基尼系数计算公式，求得 2020 年三个指标的基尼系数值。

为得到三个指标的加权综合基尼系数值，必须给出三个指标的权重。由于信息熵的方法是根据指标自身的数据特点为其赋予权重，具有很强的客观性，因此本节采用信息熵的方法计算各指标的权重值。

由于各指标的数据量级不同，因此必须首先进行标准化处理。假设 m_{ij} 为第 i 个行业第 j 个指标的初始值，指标标准化公式如下：

$$M_{ij} = \frac{m_{ij} - \min m_{ij}}{\max m_{ij} - \min m_{ij}} \tag{5-17}$$

对于第 j 个指标，第 i 个行业的贡献度 p_{ij} 为：

$$p_{ij} = \frac{M_{ij}}{\sum_{i=1}^{n} M_{ij}} \tag{5-18}$$

则第 j 个指标的信息熵 e_j 为：

$$e_j = -\frac{1}{\ln n} \sum_{i=1}^{n} p_{ij} \cdot \ln p_{ij} \tag{5-19}$$

第 j 个指标的权重 w_j 为：

$$w_j = (1 - e_j) \bigg/ \sum_{j=1}^{m} (1 - e_j) \tag{5-20}$$

根据上述计算方法，求得单位 GDP 能耗量指标、单位能耗碳排放指标和劳动生产率指标的权重分别为 0.4980、0.0499、0.4521。

5.3　优化结果分析

5.3.1　以经济总量最大为目标的优化结果

基于构建的优化模型和参数设定情况，运用 Lingo 软件进行求解，得到以经济总量最大为目标的 2020 年 40 个行业的能源消费优化结果，见表 5-1。

表 5-1　经济总量最大化目标下 2020 年各行业能耗、经济与碳排放情况

行　业	能耗量（标准煤）/万吨	增加值/亿元	碳排放量/万吨
农、林、牧、渔、水利业	7607	102484	4564
煤炭开采和洗选业	9397	15543	3327
原油和天然气业	4300	9866	2055
黑色金属矿采选业	2095	7008	1214
有色金属矿采选业	1152	1874	615
非金属矿及其他矿采选业	1390	3180	831
农副食品加工及食品制造业	6849	21103	4274
饮料制造业	2503	7948	1649
烟草制品业	324	9514	176
纺织业	6854	6656	4057
纺织服装、鞋、帽制造业	1340	11980	743
皮革、毛皮、羽毛（绒）及其制品业	872	3093	487
木材加工及木、竹、藤、棕、草制品业	1584	6186	906
家具制造业	612	3289	332

行　　业	能耗量（标准煤）/万吨	增加值/亿元	碳排放量/万吨
造纸及纸制品业	2823	3064	1811
印刷业和记录媒介的复制	680	3563	373
文教体育用品制造业	447	5951	254
石油制品炼焦业	21062	9787	9074
化学原料及化学制品制造业	55181	18125	35082
医药制造业	1979	4648	1284
化学纤维制造业	1716	1125	1071
橡胶和塑料制品业	4194	6538	2280
非金属矿物制品业	24981	16599	16653
黑色金属冶炼及压延加工业	71529	17694	49885
有色金属冶炼及压延加工业	16980	9709	9004
金属制品业	4918	8104	2610
通用设备制造业	4854	16052	2883
专用设备制造业	2164	12567	1168
交通运输设备制造业	4606	22238	2531
电气机械及器材制造业	2990	15073	1593
通信设备、计算机及其他电子设备制造业	4328	19341	2235
仪器仪表及文化、办公用机械制造业	564	2741	299
其他制造业	1801	5204	926
电力热力业	30167	17853	8769
燃气生产和供应业	688	768	301
水的生产和供应业	1146	887	588
建筑业	6235	66635	3590
交通运输、仓储和邮政业	51719	45432	29059
批发、零售业和住宿、餐饮业	19435	151159	11332
其他行业	36420	460912	20578

按照经济总量最大化目标模型，求解得到 2020 年当年价全国 GDP 总量为
1151492 亿元，以 2015 年为基期的 2020 年可比价 GDP 总量为 1068977 亿元，
"十三五"时期的年均经济增速达 9.29%；求得 2020 年生产部门碳排放总量为
240465 万吨，加上前文预测得到的 2020 年生活能耗碳排放 41022 万吨，得到
2020 年碳排放总量 281487 万吨，2020 年单位 GDP 碳排放量比 2015 年下降了

28.39%；此时，第一产业比例为 8.9%，第二产业比例为 34%，第三产业比例为57.1%；计算得到单位 GDP 能耗量、单位能耗碳排放量和劳动生产率三个指标的基尼系数分别为 0.4724、0.6719、0.7390，加权综合基尼系数为 0.6029。

与第 4 章设置的情景一相比，优化前后各行业的能耗量对比情况如图 5-2所示。

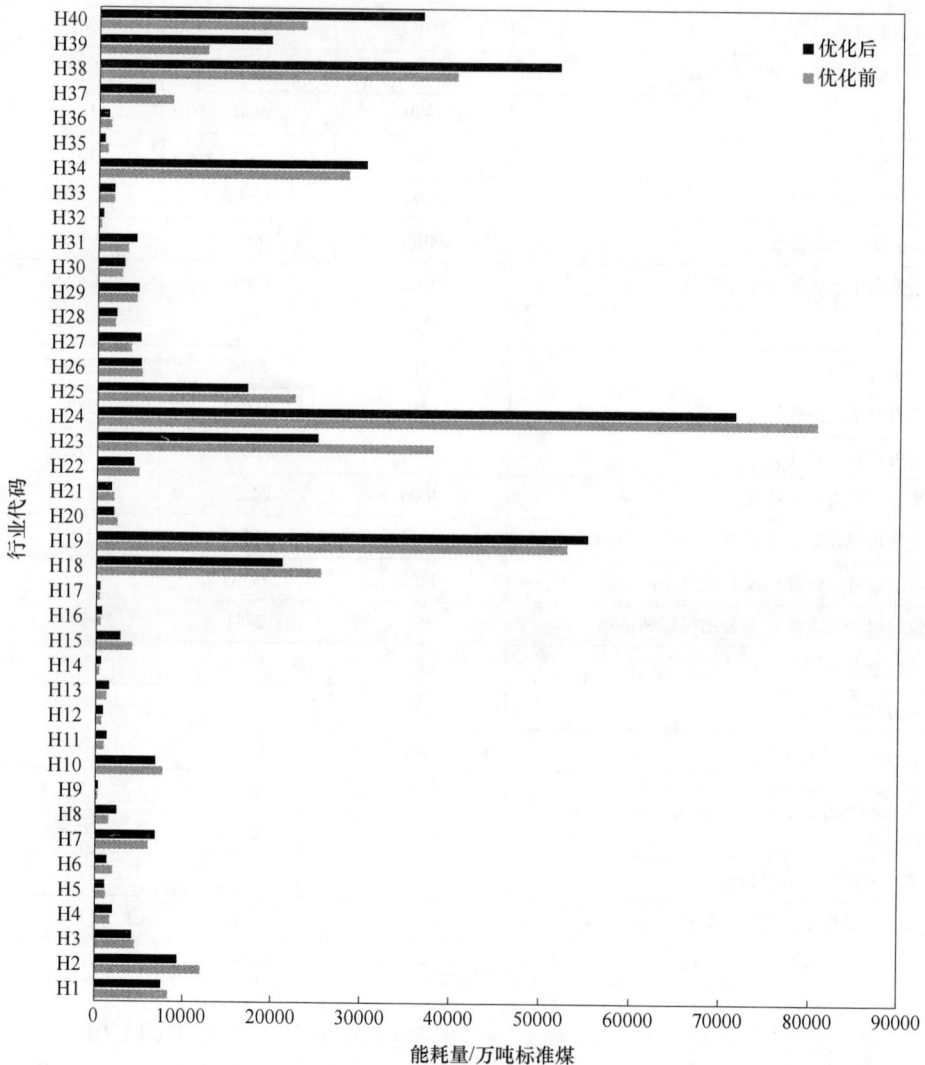

图 5-2　经济总量最大化目标下优化前后能耗量对比

由图 5-2 可知，优化后共有 21 个行业能耗量增加，其中，第三产业内的三个行业能耗增量最大，其次为第二产业内的通用设备制造业、通信设备、计算机及其他电子设备制造业和饮料制造业，这些行业均为能源利用效率相对较高的行业。优化后能耗量下降最多的是非金属矿物制品业和黑色金属冶炼和压延工业，这两个行业能耗量大且能耗效率低下。可见，以经济总量最大化为目标时，在约束条件的限制下，行业能耗量的优化会向单位 GDP 能耗量较小的行业倾斜。

5.3.2 以碳排放总量最小为目标的优化结果

基于构建的优化模型和参数设定情况，运用 Lingo 软件进行求解，得到以碳排放总量最小化为目标的 2020 年 40 个行业的能源消费优化结果，见表 5-2。

表 5-2　碳排放总量最小目标下 2020 年各行业能耗、经济与碳排放情况

行　　业	能耗量（标准煤）/万吨	增加值/亿元	碳排放量/万吨
农、林、牧、渔、水利业	5406	72834	3244
煤炭开采和洗选业	11003	18199	3896
原油和天然气业	5617	12889	2685
黑色金属矿采选业	1090	3646	631
有色金属矿采选业	1958	3186	1045
非金属矿及其他矿采选业	1390	3180	831
农副食品加工及食品制造业	5217	16075	3255
饮料制造业	1354	4299	892
烟草制品业	185	5430	101
纺织业	6410	6225	3794
纺织服装、鞋、帽制造业	844	7543	468
皮革、毛皮、羽毛（绒）及其制品业	471	1671	263
木材加工及木、竹、藤、棕、草制品业	777	3035	445
家具制造业	572	3076	310
造纸及纸制品业	2823	3064	1811
印刷业和记录媒介的复制	380	1990	209
文教体育用品制造业	216	2872	123
石油制品炼焦业	27579	12815	11881
化学原料及化学制品制造业	51608	16952	32811
医药制造业	1979	4648	1284
化学纤维制造业	1716	1125	1071
橡胶和塑料制品业	6271	9776	3409
非金属矿物制品业	23364	15525	15575

行　业	能耗量（标准煤）/万吨	增加值/亿元	碳排放量/万吨
黑色金属冶炼及压延加工业	66898	16549	46656
有色金属冶炼及压延加工业	22285	12742	11817
金属制品业	6822	11241	3620
通用设备制造业	3433	11351	2038
专用设备制造业	2024	11754	1092
交通运输设备制造业	4190	20229	2303
电气机械及器材制造业	2796	14097	1490
通信设备、计算机及其他电子设备制造业	4048	18089	2090
仪器仪表及文化、办公用机械制造业	527	2563	280
其他制造业	2661	7689	1368
电力热力业	34401	20359	10000
燃气生产和供应业	1550	1730	679
水的生产和供应业	2436	1885	1251
建筑业	5489	58659	3161
交通运输、仓储和邮政业	56668	49780	31839
批发、零售业和住宿、餐饮业	15079	117276	8792
其他行业	30948	391666	17487

按照碳排放总量最小化目标模型，求解得到 2020 年当年价全国 GDP 总量为 997715 亿元，以 2015 年为基期的 2020 年可比价 GDP 总量为 926219 亿元，"十三五"时期的年均经济增速为 6.20%；求得 2020 年生产部门碳排放总量为 235997 万吨，加上前文预测得到的 2020 年生活能耗碳排放 41022 万吨，得到 2020 年碳排放总量 277019 万吨，比以经济总量最大为目标的优化模型中的碳排放量下降了 4468 万吨，2020 年单位 GDP 碳排放量比 2015 年下降了 18.66%，但由于以碳排放总量最小为目标的优化模型中经济总量相对较小，故该目标下的碳强度降幅低于经济总量最大时的降幅；此时，第一产业比例为 7.3%，第二产业比例为 36.7%，第三产业比例为 56%；计算得到单位 GDP 能耗量、单位能耗碳排放量和劳动生产率三个指标的基尼系数分别为 0.4416、0.6821、0.7398，加权综合基尼系数值为 0.5884。

与第 4 章设置的情景一相比，优化前后各行业的能耗量对比情况如图 5-3 所示。

由图 5-3 可知，优化后共有 17 个行业能耗量增加，主要集中于第三产业以

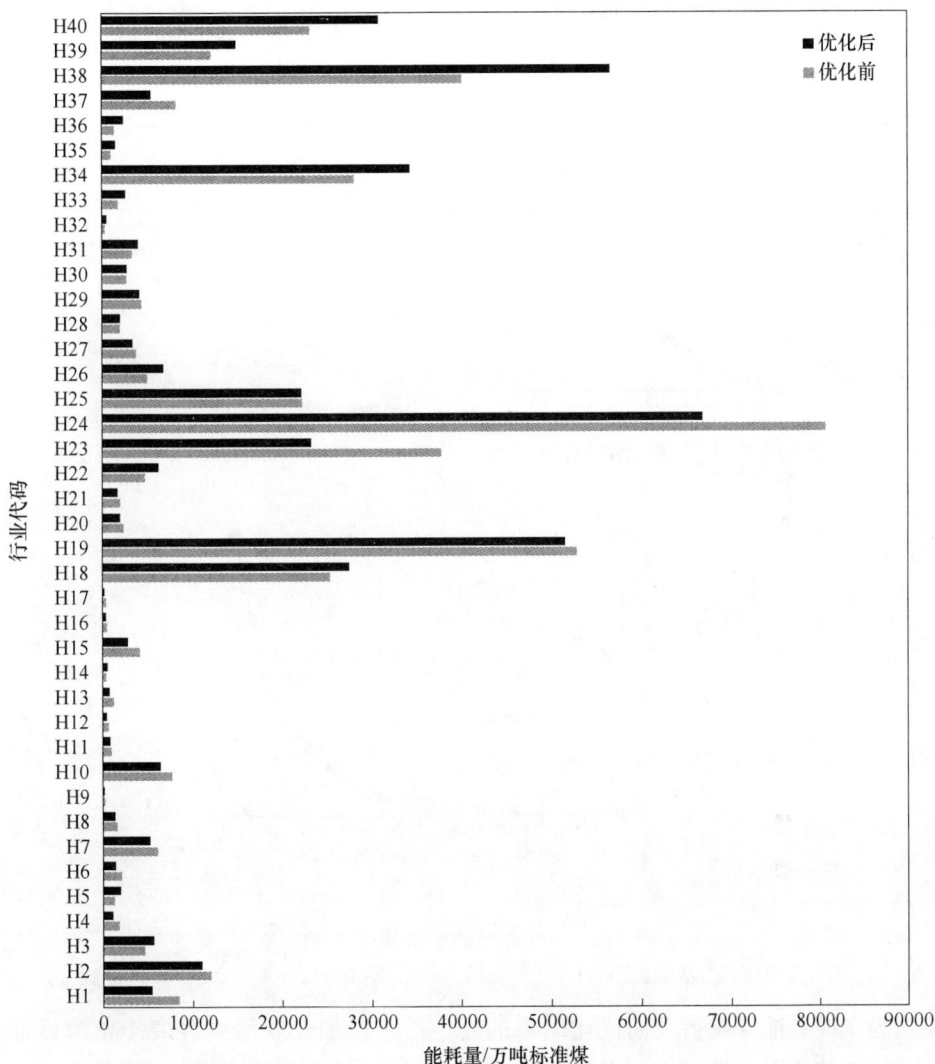

图 5-3 碳排放总量最小化目标下优化前后能耗量对比

及制造业中的单位能耗碳排放量较低的行业中。优化后能耗量下降最大的行业为非金属矿物制品业和黑色金属冶炼和压延工业,这两个行业能耗量大且单位能耗碳排放量较大。可见,以碳排放总量最小为目标时,在约束条件下,能耗量优化结果会向碳排放系数较低的行业倾斜。

5.3.3 以公平性最强为目标的优化结果

将 2020 年各行业能耗比例保持 2015 年不变时的能耗量作为各行业的初始能

耗量，根据基尼系数的计算公式，求得单位 GDP 能耗量、单位能耗碳排放量和劳动生产率三个指标的初始基尼系数值分别为 0.4310、0.6739、0.7319，加权综合基尼系数值为 0.5792。各指标基尼系数情况如图 5-4 所示。

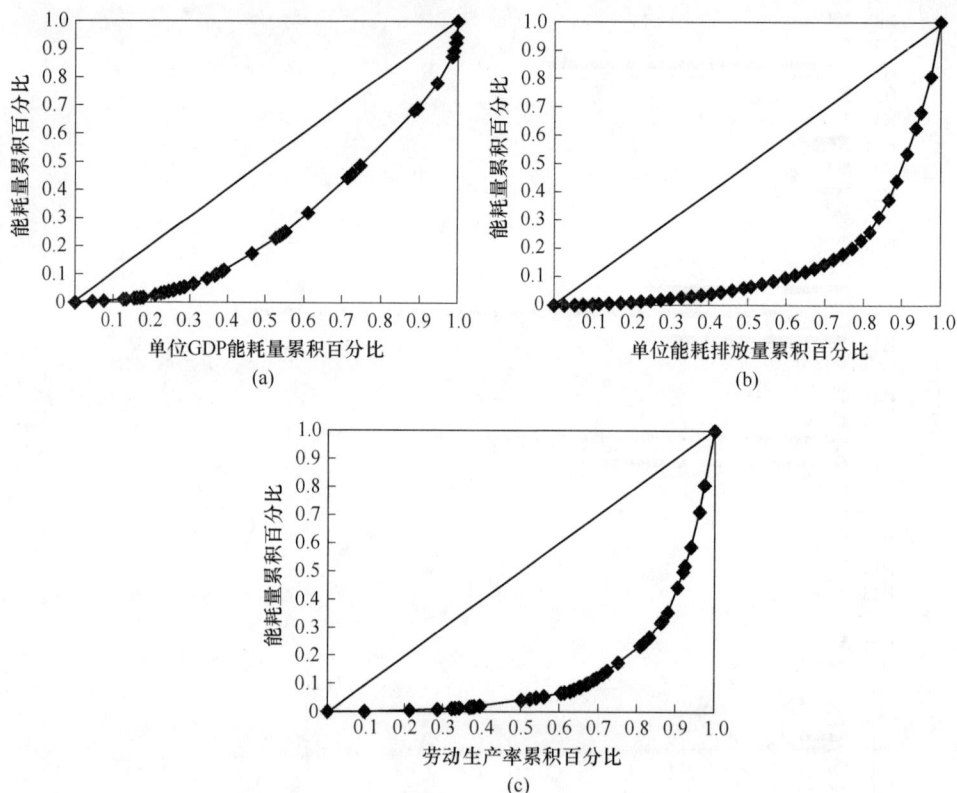

图 5-4　三个指标的初始基尼系数值

（a）单位 GDP 能耗量基尼系数；（b）单位能耗碳排放量基尼系数；（c）劳动生产率基尼系数

为了提高能耗量行业间优化结果的公平性，以加权基尼系数最小化为目标，基于前文的约束条件，求解得到 2020 年各行业的能耗量优化结果，见表 5-3。

表 5-3　加权基尼系数最小目标下 2020 年各行业的能耗、经济与碳排放情况

行　业	能耗量（标准煤）/万吨	增加值/亿元	碳排放量/万吨
农、林、牧、渔、水利业	5433	73194	3260
煤炭开采和洗选业	8832	14608	3127
原油和天然气业	5643	12947	2697
黑色金属矿采选业	1973	6602	1143

续表 5-3

行　业	能耗量（标准煤）/万吨	增加值/亿元	碳排放量/万吨
有色金属矿采选业	1894	3081	1011
非金属矿及其他矿采选业	2620	5993	1566
农副食品加工及食品制造业	5237	16137	3268
饮料制造业	2348	7456	1547
烟草制品业	185	5430	101
纺织业	10224	9929	6052
纺织服装、鞋、帽制造业	847	7573	470
皮革、毛皮、羽毛（绒）及其制品业	471	1671	263
木材加工及木、竹、藤、棕、草制品业	777	3035	445
家具制造业	334	1795	181
造纸及纸制品业	5382	5842	3453
印刷业和记录媒介的复制	380	1990	209
文教体育用品制造业	216	2872	123
石油制品炼焦业	27700	12871	11934
化学原料及化学制品制造业	63038	20706	40078
医药制造业	3368	7911	2185
化学纤维制造业	3005	1969	1875
橡胶和塑料制品业	6304	9828	3427
非金属矿物制品业	23498	15614	15664
黑色金属冶炼及压延加工业	69102	17094	48193
有色金属冶炼及压延加工业	22387	12801	11871
金属制品业	6864	11311	3643
通用设备制造业	3448	11401	2047
专用设备制造业	1398	8118	754
交通运输设备制造业	3567	17220	1960
电气机械及器材制造业	2082	10497	1110
通信设备、计算机及其他电子设备制造业	3248	14515	1677
仪器仪表及文化、办公用机械制造业	288	1402	153
其他制造业	2680	7745	1378
电力热力业	30019	17766	8726
燃气生产和供应业	1507	1683	660

行　业	能耗量（标准煤）/万吨	增加值/亿元	碳排放量/万吨
水的生产和供应业	2080	1610	1068
建筑业	5517	58956	3177
交通运输、仓储和邮政业	37777	33185	21225
批发、零售业和住宿、餐饮业	18343	142664	10695
其他行业	30472	385642	17218

　　优化后的加权基尼系数值为 0.5484，较优化前有所下降。由于优化模型的约束条件较强，故基尼系数的下降幅度有限。优化后的基尼系数与优化前的比较情况如图 5-5 所示。由图 5-5 可知，在约束条件的限制下，三个指标优化后的基尼系数曲线均向绝对公平曲线靠拢。

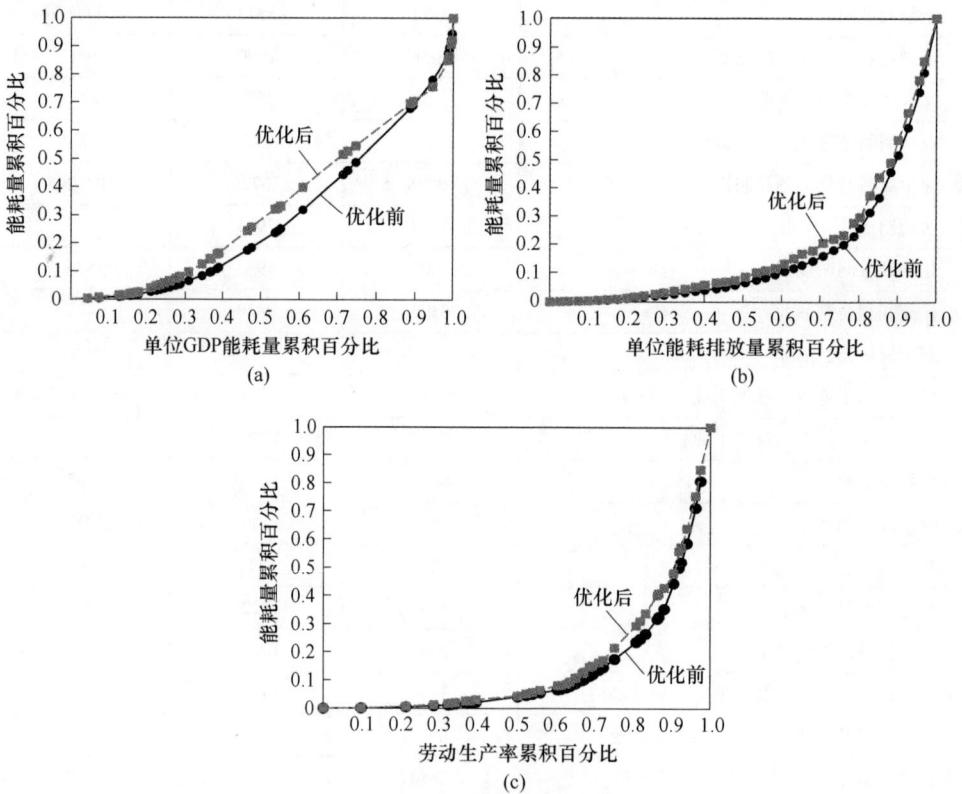

图 5-5　三个指标基尼系数优化前后对比

(a) 单位 GDP 能耗量基尼系数优化前后；

(b) 单位能耗碳排放量基尼系数优化前后；(c) 劳动生产率基尼系数优化前后

按照加权基尼系数最小化目标模型，求解得到 2020 年全国当年价 GDP 总量为 1002663 亿元，以 2015 年为基期的 2020 年可比价 GDP 总量为 930813 亿元，"十三五"时期的年均经济增速为 6.31%；求得 2020 年生产部门碳排放总量为 239631 万吨，加上前文预测得到的 2020 年生活能耗碳排放量 41022 万吨，得到 2020 年碳排放总量 280653 万吨，2020 年单位 GDP 碳排放量比 2015 年下降了 18%；此时，第一产业比例为 7.3%，第二产业比例为 36.7%，第三产业比例为 56%。优化前后各行业的能耗量对比情况如图 5-6 所示。

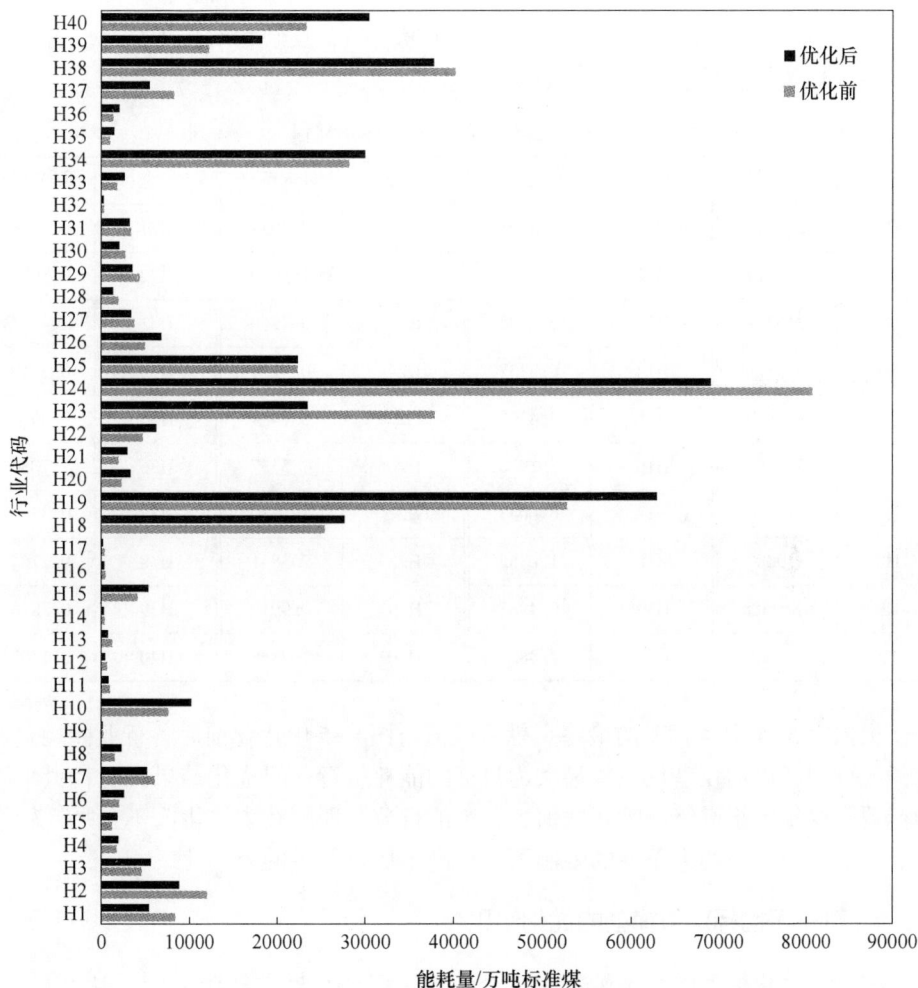

图 5-6 加权基尼系数最小化目标下行业能耗量优化前后对比

由图 5-6 可知，优化后，共有 20 个行业能耗量出现下降。除了基尼系数外，还可以用贡献度系数反映能耗量优化的公平性程度。贡献度系数是评价指标贡献率与行业能耗量贡献率之间的比值，表示为：

$$CC_{ij} = \frac{M_{ij}/M_j}{X_i/X} \tag{5-21}$$

式中，CC_{ij} 为各指标的贡献度系数；M_{ij} 为第 i 个行业指标 j 的值；M_j 为所有行业指标 j 的值；X_i 为第 i 个行业的能耗量；X 为整个行业的能耗量。

为了将上述三个指标综合为一个，运用前文基于信息熵方法得到的三个指标的权重，计算最终贡献系数值为：

$$CC'_{ij} = \sum_{i=1}^{3} CC_{ij} \times w_j \tag{5-22}$$

若 CC'_{ij} 小于 1，反映公平性较差；若 CC'_{ij} 大于 1，反映相对较为公平。各行业的最终贡献系数值见表 5-4。

表 5-4　各行业的最终贡献系数值

行业	贡献系数	行业	贡献系数	行业	贡献系数	行业	贡献系数
H1	2.5301	H11	3.2161	H21	7.5981	H31	0.8948
H2	0.6114	H12	4.7649	H22	1.5060	H32	9.5070
H3	2.6251	H13	5.8733	H23	0.4269	H33	13.6369
H4	9.2571	H14	9.3337	H24	0.4207	H34	0.5359
H5	9.6852	H15	2.4399	H25	0.8479	H35	9.4906
H6	3.9158	H16	8.1906	H26	1.5337	H36	7.7034
H7	1.0184	H17	6.0043	H27	1.4610	H37	0.3206
H8	3.9080	H18	1.0355	H28	2.3851	H38	0.2764
H9	78.3388	H19	0.4961	H29	0.9919	H39	0.5810
H10	1.3864	H20	2.3827	H30	1.2838	H40	0.1705

根据表 5-4 中各行业的最终贡献系数值与图 5-5 中优化前后各行业能耗量对比情况可知，以加权基尼系数最大为目标的能耗量行业间优化结果，能耗量下降的行业主要集中于最终贡献系数值大于 1 的行业，即削减了优化前不公平性较强行业的能耗量，在约束条件的限制下，提高了优化结果的公平性。

5.3.4　基于多目标决策模型的优化结果

多目标优化模型的目标函数有 3 个，由于多个目标往往难以同时达到最优，故一般而言，多目标优化模型不存在唯一的最优解，根据决策者对不同目标的偏好程度，可以得到不同的最优解，组成非劣解集。本节采用理想点方法将多目标转化为单目标求解。在理想点法中，假设有 p 个单目标，$f_k(x)$，$k = 1, 2, \cdots, p$。设 f_k^* 为单目标优化问题的最优值，则称 $f^* = (f_1^*, f_2^*, \cdots, f_k^*)$ 为理想点，然后寻找距离理想点最近的点，即构造评价函数：

$$\varphi(z) = \sqrt{\sum_{i=1}^{p} (z_i - f_i^*)^2} \tag{5-23}$$

然后极小化 $\varphi[f(x)]$，即求解：

$$\min_{x \in D} \varphi[f(x)] = \sqrt{\sum_{i=1}^{p} [f_i(x) - f_i^*]^2} \tag{5-24}$$

并将其最优解 x^* 作为原多目标规划问题的有效解。

由于经济总量、碳排放总量和基尼系数三个目标值的量纲不同，不能直接用上式求解，因此本书在理想点法求解思路的基础上，采用相对离差公式来计算优化值与目标值的偏离度，以加权综合偏离度最小为目标函数，构造如下评价函数：

$$\min_{x \in D} \varphi[f(x)] = \sum_{i=1}^{p} a_i \cdot \frac{|f_i(x) - f_i^*|}{\frac{1}{2}[f_i(x) + f_i^*]} \tag{5-25}$$

式中，a_i 为各目标的权重；$f_i(x)$ 为各目标的优化值；f_i^* 为目标值。

计算过程中，假设经济目标、碳排放目标和公平性目标同等重要，即权重均为 1/3。

采用理想点法求解得到经济总量最大、碳排放总量最小和加权综合基尼系数最小三个目标为目标函数的 2020 年 40 个行业的能源消费优化结果，见表 5-5。

表 5-5 多目标决策模型的 2020 年优化结果

行　业	能耗量（标准煤）/万吨	增加值/亿元	碳排放量/万吨
农、林、牧、渔、水利业	6641	89474	3985
煤炭开采和洗选业	11170	18475	3955
原油和天然气业	5700	13080	2724
黑色金属矿采选业	1993	6670	1155
有色金属矿采选业	1768	2876	943
非金属矿及其他矿采选业	2646	6055	1582
农副食品加工及食品制造业	5354	16497	3341
饮料制造业	2140	6793	1410
烟草制品业	186	5480	102
纺织业	10329	10031	6114
纺织服装、鞋、帽制造业	866	7739	480
皮革、毛皮、羽毛（绒）及其制品业	831	2949	464

行　　业	能耗量（标准煤）/万吨	增加值/亿元	碳排放量/万吨
木材加工及木、竹、藤、棕、草制品业	1502	5864	859
家具制造业	556	2987	301
造纸及纸制品业	5346	5803	3431
印刷业和记录媒介的复制	643	3370	353
文教体育用品制造业	248	3308	141
石油制品炼焦业	27984	13003	12056
化学原料及化学制品制造业	52768	17333	33548
医药制造业	3151	7402	2044
化学纤维制造业	2745	1799	1713
橡胶和塑料制品业	6369	9928	3462
非金属矿物制品业	23739	15774	15825
黑色金属冶炼及压延加工业	67883	16792	47343
有色金属冶炼及压延加工业	20355	11639	10794
金属制品业	6935	11427	3680
通用设备制造业	3483	11518	2068
专用设备制造业	1931	11214	1042
交通运输设备制造业	3670	17719	2017
电气机械及器材制造业	2104	10605	1121
通信设备、计算机及其他电子设备制造业	3282	14666	1695
仪器仪表及文化、办公用机械制造业	476	2315	252
其他制造业	2525	7297	1298
电力热力业	29011	17169	8433
燃气生产和供应业	1406	1570	616
水的生产和供应业	1941	1502	997
建筑业	4969	53103	2861
交通运输、仓储和邮政业	46051	40454	25874
批发、零售业和住宿、餐饮业	17120	133153	9982
其他行业	32666	413408	18457

　　按照多目标优化模型，求解得到 2020 年当年价全国 GDP 总量为 1048241 亿元，以 2015 年为基期的 2020 年可比价 GDP 总量为 973124 亿元，"十三五"时期的年均经济增速达 7.26%，超额完成了《"十三五"规划》中 6.5% 的要求；

求得 2020 年生产部门碳排放总量为 238520 万吨，加上前文预测得到的 2020 年生活能耗碳排放 41022 万吨，得到 2020 年碳排放总量 279542 万吨，2020 年单位 GDP 碳排放量比 2015 年下降 21.88%，完成了《"十三五"规划》中下降 18% 的约束性要求。2020 年单位 GDP 碳排放量比 2005 年下降了 52.94%，超额完成了我国在哥本哈根气候大会上关于"2020 年单位 GDP 碳排放量比 2005 年下降 40%~45%"的承诺。此时，第一产业比例为 8.54%，第二产业比例为 35.46%，第三产业比例为 56%。

多目标优化模型结果中，得到单位 GDP 能耗量、单位能耗碳排放量和劳动生产率三个指标的基尼系数分别为 0.3981、0.6472、0.7125，加权综合基尼系数为 0.5527。

三个单目标优化模型和多目标优化模型结果对比，见表 5-6。

表 5-6　不同目标的优化结果对比

优化目标	2020 年 GDP 总量/亿元	"十三五"年均经济增速/%	2020 年碳排放总量/万吨	2020 碳强度较 2015 降幅/%	加权综合基尼系数
经济目标	1151492	9.29	281487	28.39	0.6029
环境目标	997715	6.20	277019	18.66	0.5884
公平目标	1002663	6.31	280653	18	0.5484
多目标	1048241	7.26	279542	21.88	0.5527

由表 5-6 可知，多目标优化模型中，经济、环境和公平性的优化结果介于经济总量最大化优化模型结果、碳排放总量最小化优化模型结果和公平程度最强优化模型结果之间，是在约束条件的限制下，对三个目标实现极端情况的中和，综合实现了经济、环境与公平性目标。故多目标优化模型结果是更符合实际情况的，可为政府部门制定相关决策提供一定的参考。

5.4　小结

基于第 4 章的研究结论，本章对行业能耗量优化问题进行了研究。分别构建了以 2020 年经济总量最大化为目标、碳排放总量最小化为目标、公平性最强为目标、综合考虑上述三个目标的多目标优化模型。在约束条件方面，考虑了 2020 年的能源消费总量约束、能源消费强度约束、碳强度约束、三次产业结构约束、产业内的行业结构约束、行业增加值下限约束以及行业能耗非负约束等条件，基于《"十三五"规划》等相关政策要求以及前文实证研究得到的数据确定模型中的相关参数。

运用 Lingo 软件求解，分别得到了三个单目标决策模型和多目标决策模型下的各行业最优能耗量、行业增加值和碳排放量。在约束条件的限制下，以经济总量最大、碳排放总量最小和公平性最强为目标的多目标决策模型中，各行业的能耗量优化结果可以实现"十三五"时期年均经济增速 7.26%，超额完成《"十三五"规划》中对经济年均增速 6.5%的要求；可实现 2020 年碳排放总量 279542 万吨，2020 年单位 GDP 碳排放量较 2005 年可下降 52.94%，超额完成我国在哥本哈根气候大会上关于"2020 年单位 GDP 碳排放量比 2005 年下降 40%~45%"的承诺，较 2015 年的单位 GDP 碳排放量可下降 21.88%，超额完成《"十三五"规划》中"2020 年碳强度比 2015 年下降 18%"的约束性要求，兼顾了公平与效率。

6 能源消费总量控制的配套政策设计

政策工具是政策主体为实现政策目标所采取的一系列具有共同特性的政策活动的集合。根据已有研究，政策工具可分为命令控制型、经济激励型和自愿型三类。由于经济激励型政策工具是基于市场的手段，具有明显的效率优势，并且鲜有关于促进能源消费总量控制目标实现的相关政策研究，因此，本章对能源消费总量控制的相关配套经济手段进行分析。本章首先概述基于庇古理论的经济手段和基于科斯理论的经济手段的作用机理，然后基于科斯理论提出用能权交易机制的构建设想，最后基于信息经济学理论和博弈论分析用能权交易中政府的最优节能补贴和监管水平等保障行为。

6.1 环境经济手段作用机理

6.1.1 基于庇古理论的经济手段作用机理

基于庇古理论的经济手段主要包括征税手段和补贴手段。本节将分别论述征收能源消费税和进行节能补贴两种经济手段的作用机理。

图 6-1 所示为征税的影响。图中，横轴代表能源消费量，同时也表示与能源消耗有关的生产规模和污染排放量，生产规模和污染排放量与能源消耗量同比例增加；纵轴代表边际成本 *MC* 或边际收益 *MR*。

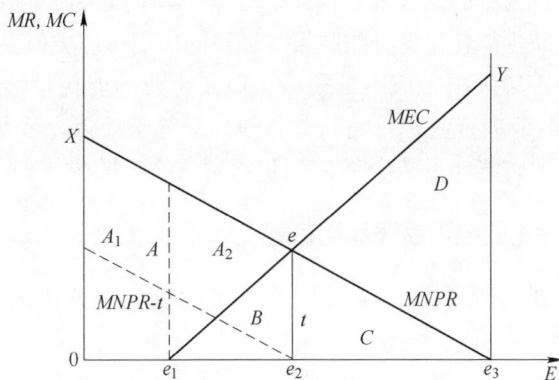

图 6-1 征税的实施机理

MEC 为边际外部成本曲线，向右上方倾斜，表明随着生产规模的扩大、能源消耗量和污染物排放量的增加，边际损害递增。考虑到环境容量的因素，将

MEC 的起点设为 e_1。当能源消耗对应的污染物排放量低于 e_1 时，自然环境的自净能力可以容纳污染物，故不产生外部成本。

MNPR 为边际私人收益曲线，它等于行业不考虑外部成本时从事生产活动所得边际收益减去支付的边际成本的差额。由于随着能源消耗量的增加和生产规模的扩大，边际生产成本递增，并且随着产量的增加价格会下降，因此行业的边际收益是下降的，即 *MNPR* 线向右下方倾斜。

图中，点 *e* 为 *MNPR* 与 *MEC* 的交点，即均衡点。该点对应的能耗量或生产规模是 e_2，e_2 就是行业的最优能耗水平。

A、*B*、*C*、*D* 分别代表区域的面积，其中，$A = A_1 + A_2$。

行业以自身利益最大化为目标，所以，只要边际私人收益 *MNPR* 大于 0，行业就会继续增加能耗、扩大生产规模，直到 e_3。此时，行业的总收益是 *A+B+C*。同时，行业能耗造成的污染，迫使社会必须支付外部成本。当能耗量为 e_3 时，外部成本等于 *B+C+D*。故产量为 e_3 时，社会收益为：

$$(A + B + C) - (B + C + D) = A - D$$

由于在点 e_2 处，$D = 0$，实现社会总收益最大化，故 e_2 点为最优的能耗水平。当能耗量为 e_2 时，对能耗做出增加或减少的任何调整，都会使社会收益下降。

但是最优的能耗水平并非行业所期望的，行业不会自动将能耗量由 e_3 调整到 e_2。因此需要通过征税的方式刺激行业进行调整。当向行业征收每单位能源为 *t* 的税收时，相当于把 *MNPR* 线向下移动到 *MNPR-t* 的位置，此时为实现税后利润的最大化，行业会自动地将能耗量移动至 e_2 点，实现了自身最优与社会最优的统一，消除了能耗带来的环境污染所导致的外部不经济性。

补贴手段可以分为对产生正外部性的主体进行补贴、对负外部性减少的主体进行补贴和对负外部行为中的受害者进行补贴三种，本章仅探讨对负外部性减少的补贴情况。诱导行业减少能耗量的补贴政策与征税的作用机理类似，征税手段是政府通过向行业征收等于边际损害成本的税收，促使企业的能耗量移动到最优能耗量 e_2；而补贴手段是政府向行业"行贿"，"行贿"额等于社会边际成本与私人边际成本的差额，使得企业将能耗量减少至 e_2 后仍得到与能耗量在 e_3 时一样的收益。

6.1.2　基于科斯理论的经济手段作用机理

基于科斯理论的经济手段，本书仅分析用能权交易的作用机理，如图 6-2 所示。

假设社会上有甲、乙、丙三个用能行业，其消除能源消耗带来的环境污染的边际治理成本分别为 MAC_1、MAC_2、MAC_3。在以能源消耗削减量 *E* 为横轴，以边际成本 *MC* 或价格 *P* 为纵轴的坐标系中，MAC_1、MAC_2、MAC_3 均向右上方倾斜。

假设政府分配给甲、乙、丙三个行业的额定用能量均比其实际用能需求量减

少 e_2，并假设用能权交易仅发生在这三个行业中。当每单位用能权的市场价格为 P_0 时，由于甲行业将能源消耗削减量由 e_1 增加到 e_2 时的边际治理成本高于价格 P_0，故甲行业愿意购买数量为 e_1e_2 的用能权；甲行业购买 e_1e_2 数量的用能权与自己采取节能措施将节能量由 e_1 增加到 e_2 相比可以获得三角形 ABD 面积所表示的净收益。

由于丙行业的边际治理成本 MAC_3 低于 MAC_1 和 MAC_2，e_2e_3 数量的节能量的边际治理成本低于用能权的市场价格 P_0，而政府只要求节能量达到 e_2，故丙行业可将 e_2e_3 数量的用能权出售给其他行业。丙行业的用能权出售可以获得三角形 BCE 面积所表示的净收益。

在上述三个行业所组成的市场中，丙行业出售的用能权正好由甲行业购买，$e_1e_2 = e_2e_3$，故用能权交易得以进行。

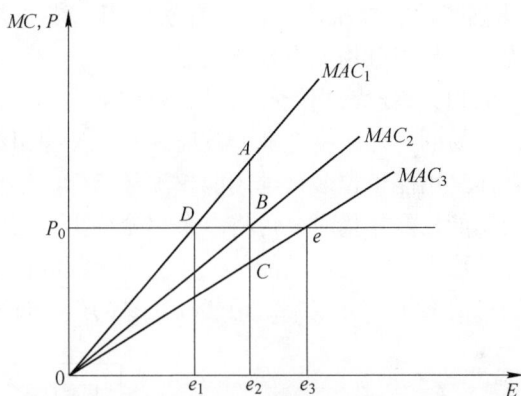

图 6-2 用能权交易实施机理

6.2 基于科斯理论的用能权交易机制构想

2015 年 9 月，中共中央、国务院印发的《生态文明体制改革总体方案》提出要"推行用能权和碳排放权交易制度……开展项目节能量交易，并逐步改为基于能源消费总量管理下的用能权交易"，这是中央文件首次提出用能权这一概念。2015 年 11 月，《中共中央关于制定国民经济和社会发展第十三个五年规划的建议》再次提出要"建立健全用能权、用水权、排污权、碳排放权初始分配制度"。2016 年 9 月 21 日，国家发改委发布《用能权有偿使用和交易制度试点方案》，指出要在浙江省、四川省、河南省和福建省开展用能权有偿使用和交易试点，并就初始用能权分配、交易体系、交易系统、履约机制等核心问题做了总体部署。

我国在设置了 2020 年能源消费总量"天花板"的情况下，实施用能权交易制度是实现能源总量控制的重要手段。由于用能权交易的提法出现不久，目前相关研究很少，本节尝试对用能权交易机制进行设计，对用能权交易的产生过程、用能权交易涉及的主体及相互作用关系与运作机理、用能权交易机制的实施进行构想，以期为我国用能权交易制度的完善提供一定的参考。

6.2.1　用能权交易的内涵

"用能权"概念提出的大背景是能源消费总量控制。所谓用能权，指的是用能单位在一年内经确认可消费的各类能源（包括电力、煤炭、蒸汽、天然气等）的权利，也就是一年内按规定可以消费的能源总量（程昭华，2016）。这里的能源指的是除可再生以外的能源，即可再生能源的使用不计入用能单位的可消费能源总量之中。

用能权交易，是指在用能总量控制的前提下，企业对依法取得的用能总量指标进行交易的行为（栾群，2016）。国家发改委发布的《用能权有偿使用和交易制度试点方案》中明确指出，要推进用能权有偿使用。该《方案》指出，配额内的用能权以免费为主，超限额用能有偿使用。

根据用能权交易的相关概念，用能权交易具有如下内涵：首先，用能权交易是以市场为基础的，交易的主体包括企业、政府、其他环保组织或者投机商。其次，用能权交易的客体是用能单位多余的用能权配额指标。当用能单位的实际能耗量低于政府设定的用能权配额量时，可将多余部分售出；当实际能耗量高于配额量时，需将不足部分购入。可见，用能单位用能权配额的设定、实际能耗的监测和统计对用能权交易的实施十分重要。用能权交易的产生过程如图 6-3 所示。

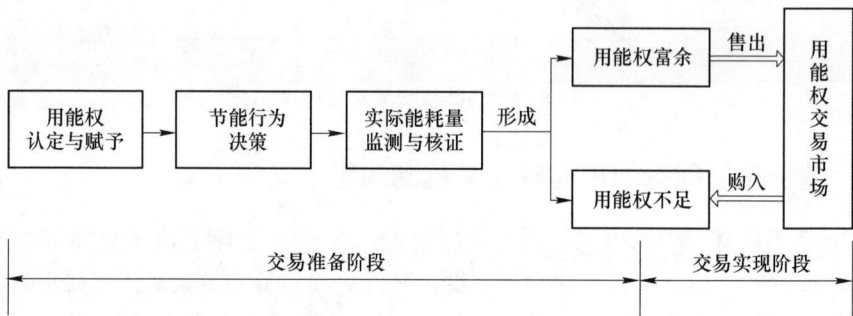

图 6-3　用能权交易的产生过程

6.2.2　用能权交易的主体与运作机理

在用能权交易的过程中，涉及多方主体，主要有：用能行为及节能行为主体——用能单位、负责监督管理的政府、负责对用能单位实际能耗量进行监测与核证的机构、用能权交易平台机构、其他参与用能权交易的主体。由于各主体在用能权交易中具有不同的角色和利益，因而具有不同的行为特征，各主体的构成关系如图 6-4 所示。

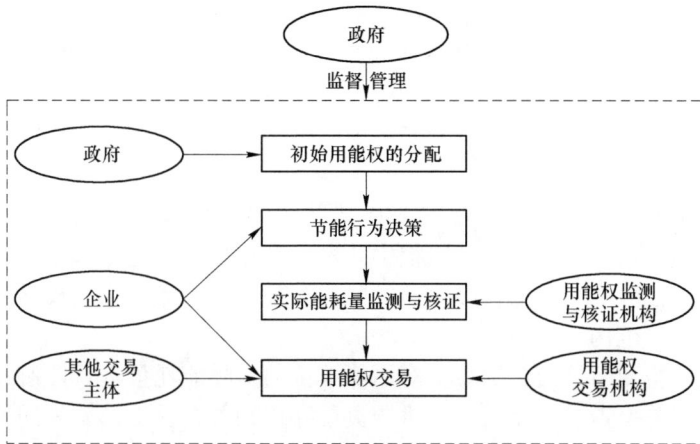

图 6-4 用能权交易的主体构成关系

（1）政府。政府作为社会公众利益的代表，在用能权交易的过程中主要承担如下工作：

首先，设定用能单位的初始用能权配额。依据国家节能减排相关规划要求，区分产能过剩行业和其他行业、高耗能行业和非高耗能行业、重点用能单位和非重点用能单位、现有产能和新增产能，根据不同行业的能耗特点，实施分类指导，科学合理地确定初始用能权。并且随着节能减排目标的变动，不同时期初始用能权的分配量也要随之变动。

其次，引导用能权交易市场的形成。我国用能权交易在 2017 年才刚刚开始试点交易，相关法律制度还不完善，需要政府出现一定的保障措施促使交易顺利进行。由于初始用能权的分配为企业设定了能耗上限，当用能权不足时，作为理性经济人的企业可能会出现违规超额用能的情况，因此，政府必须加强监管，以减少企业瞒报、违规用能的现象。此外，政府也要不定期地对第三方服务机构进行监察，保证用能权交易的公平性。用能权交易过程中的一种极端情况是，所有企业的用能权均不足，均需要从市场上购买，这将导致无法交易、用能权交易市场虚设。因此，政府要通过采取节能补贴、税收优惠等激励措施，促进用能权富余情况的自发产生，引导用能权交易市场的形成。

（2）用能单位。用能单位是节能的责任主体，是用能权交易的主要参与者。在用能权交易的过程中，用能单位存在着如下行为特征：

首先，用能单位会在以效益为导向的节能行为与用能权交易行为之间进行策略选择。用能单位均为理性的经济人，以自身利益最大化为行为准则。当用能单位的实际能耗需求大于额定的能耗量时，其会以自身利益最大化在实施节能策略和用能权交易之间做出选择。当用能权价格低于节能成本时，用能单位会选择通过用能权交易购买不足的部分；当用能权价格高于节能成本时，会选择采取节能措施降低能耗需求量,并将多余的用能权售出以赚取收益。

其次,用能单位会在基于自利性的违规用能与合法用能之间进行策略选择。出于趋利的本质,当政府监管不到位时,用能单位会衡量违规超额用能与合法使用之间的成本——收益,若违规超额用能的期望净收益高于合法用能,则用能单位就存在很大的违规动机。

(3)中介机构。用能权交易过程中涉及的中介机构主要有用能权的监测与核证机构、用能权交易机构。用能权中介机构是在国家和地方法律法规与政策标准的指导下,在中央和地方各级政府的监督管理下,为保障用能权交易顺利实施而设立的第三方机构。

用能权的监测与核证机构负责对用能单位的实际能耗量进行监测、审计和核算,并出具相关报告。用能权交易机构负责办理相关交易手续,为用能权交易双方提供公平、公开和公正的交易平台,促使交易顺利实现。

(4)其他交易主体。随着用能权交易的逐步稳定与成熟,除了用能单位以外,在用能权交易中,还存在如环保组织、投机商等用能权的供给方或者需求方。一些环保组织出于保护环境的目的,会购买部分用能权用于某些公益项目的节能。投机商出于盈利的目的,会买入卖出用能权以赚取差价。

根据上述用能权交易的内涵和主体关系,用能权交易的运作机理如图6-5所示。政府首先根据总的能耗量和行业用能特点,给用能单位分配初始用能权,此为一级用能权交易市场,供给方是政府,需求方是用能单位。在额定的能耗约束下,政府会采取经济手段激励用能单位节能,用能单位会根据节能的成本收益情况确定节能策略。用能权监测与核证机构会对用能单位的实际能耗量和额定能耗量进行核证和比较,并向用能单位出具用能权富余或不足的证书,用于用能权交易;当用能权不足时,当期用能单位需要购买相应的用能权以弥补,否则将遭受惩罚,后期用能单位权衡用能权价格与节能成本确定采取节能措施还是继续购入用能权指标。此为二级用能权交易市场,供给方是有富余用能权指标的用能单位,需求方则是用能权指标不足的用能单位。

6.2.3　用能权交易机制构想

由前文分析可知,用能权交易市场分为一级市场和二级市场,一级市场中政府作为供给方为用能单位分配初始用能权;二级市场中用能权富余单位作为供给方将用能权卖给用能权不足的单位。在二级市场中进行交易前,用能单位必须获得由用能权监测和核证机构出具的用能权富余或不足的证书。由于一级交易市场中由政府向用能单位分配初始用能权,过程相对较为简单,不再论述,这里重点对用能权监测和核证环节以及二级市场中的用能权交易机制的构想进行论述。

6.2.3.1　用能权监测与核证环节

关于用能权的监测与核证,本节构想如下步骤:

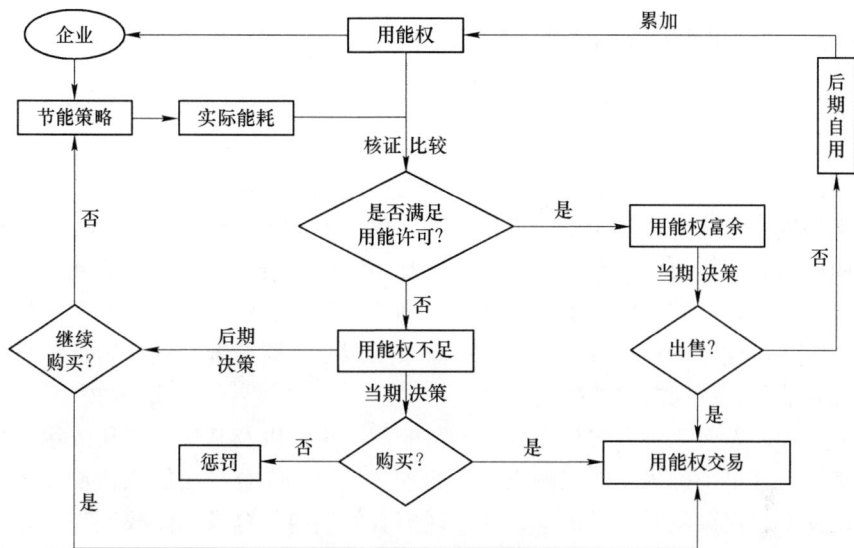

图 6-5 用能权交易运作机理

第一，由用能单位统计报告期内各类能源的使用数据，编制能耗量使用报告，向用能权监测与核证机构提交相关材料和核证申请，并报送政府相关主管部门。

第二，用能权监测与核证机构收到申请后，一方面要对材料的真实性进行核查，这可通过与用能单位结合进行现场核查、面谈等方式核实数据的真实性，另一方面要对各类能源的标准化计算方法进行检查，确保计算方法的准确性。在确保申请材料的真实性后，用能权监测与核证机构将实际能耗量和用能单位获得的初始用能权进行比对，计算差额，多余的部分记为用能权富余，不足的部分记为用能权不足，并出具相关证明。

用能权监测与核证的过程构想如图 6-6 所示。

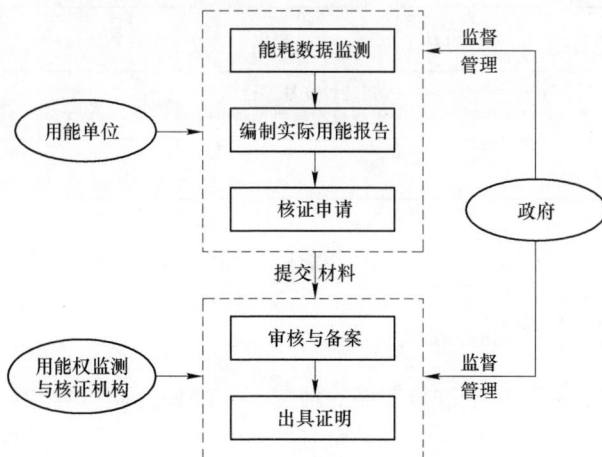

图 6-6 用能权监测与核证过程

6.2.3.2 用能权交易环节

通过核证的用能权富余方和不足方以及其他交易主体，可以按照如下步骤进行交易。

卖方程序方面。卖方包括用能权富余的用能单位以及其他拥有用能权富余指标的交易主体，这里统称为用能权售出方。售出方首先要登录由用能权监测与核证机构提供的用能权监测系统，在线查询其用能权富余情况，并向监测与核证机构申请发放不超过其用能权富余额度的证书，在证书有效期内，登录用能权交易平台获取转让凭证。转让成功后，再次登录用能权监测系统，登记转让信息并提交相关凭证，完成用能权的变更。

买方程序方面。买方包括用能权不足的用能单位以及其他期望买入用能权的交易主体，这里统称为用能权购入方。购入方也要首先登录用能权监测系统，提出申请发放一定额度的购买证书，并在证书有效期内，登录用能权交易平台获取购入凭证。购买成功后，再次登录用能权监测系统，登记购买信息并提交相关凭证，完成用能权的变更。

用能权交易程序如图 6-7 所示。

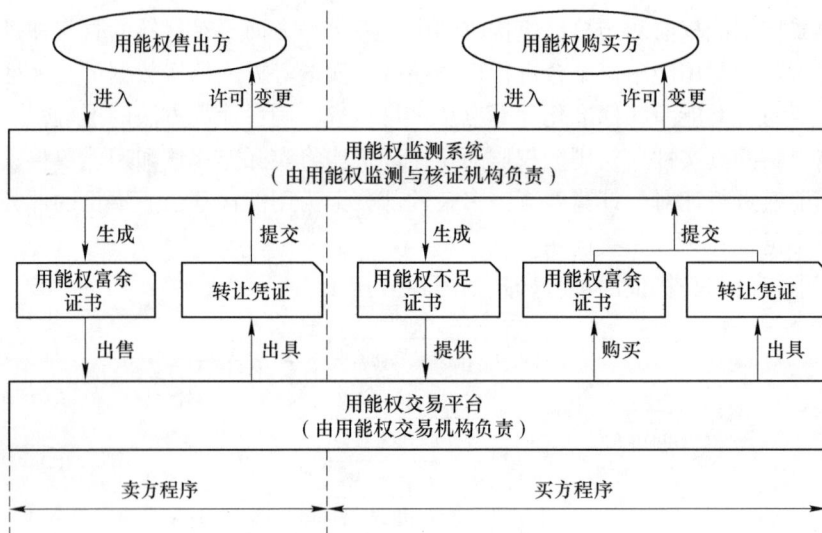

图 6-7　用能权交易程序

6.3　用能权交易中的政策设计

进行用能权交易，在不进行节能的情况下，部分行业实际能耗需求量会大于能耗初始分配量，一个极端的情况是所有的行业都希望购买用能权以减轻行业的节能压力，致使市场呈强买方特征，最终造成用能权交易制度虚设。因此，在实行用能权交易之外，政府必须采取一定的措施激励行业自主节能，为市场提供更多可交易的用能权。并且，行业是趋利性的，但若政府监管不到位，行业会不购买用能权而违规超额使用。但若政府实时全面监管，又会产生过高的监管成本。因此，政府的最优监管强度也是用能权交易中的重要问题。本节将对用能权交易中政府的节能补贴激励和最优监管水平进行分析。

6.3.1 节能补贴激励设计

本节基于庇古理论和科斯理论，采用委托代理方法，对用能权交易中政府的最优补贴激励政策进行研究。

设行业节能的努力水平为 a，$a \in [0, 1]$。行业节能量不仅受节能努力水平的影响，还受其他随机因素 θ 的影响，θ 服从均值为 0、方差为 σ^2 的正态分布，则经过努力后行业的节能量为 $x(a) = ka + \theta$，k 代表行业的节能能力。未经节能的行业初始能耗为 y，设政府设定的行业最优能耗量为 e，则政府设定的行业最优节能量为 $z = y - e$。行业在经过努力水平 a 后，超额完成的节能量为 $x - z$。超额完成的节能量可以在用能权交易市场上以价格 p 交易，行业参与节能量市场交易所获得的收益为 $p(x - z)$。假定在一段时期内，技术水平不发生改变，设单位 GDP 能耗系数为 m，行业节能造成行业因能耗量减少 x 而使得经济收入减少了 $\dfrac{x}{m}$，即节能后行业生产能源投入 $y - x$ 所带来的经济收入为 $\dfrac{y - x}{m}$。此外，行业为节能进行工艺改造、管理革新等还会产生其他成本 $c(a)$，令其等价于货币成本，其性质是 $c'(a) > 0$，$c''(a) > 0$，即努力带来的边际负效用是递增的。为简单起见，设 $c(a) = \dfrac{1}{2}ba^2$，其中，b 为成本系数，b 越大，同样的努力带来的成本越高。

政府为激励行业节能，设计如下激励合同：$T(a) = \gamma + \beta \cdot x(a)$，其中，$\gamma$ 为政府支付给行业的固定补贴额，β 为节能激励因子。故行业节能行为带来的实际收入为：

$$
\begin{aligned}
w &= \frac{y - x}{m} + T(a) + p[x(a) - z] - c(a) \\
&= \frac{y - ka - \theta}{m} + \gamma + \beta \cdot (ka + \theta) + p(ka + \theta - z) - \frac{1}{2}ba^2
\end{aligned}
\tag{6-1}
$$

由于行业是风险规避的，其效用函数具有不变绝对风险规避特征，即 $u = -e^{-\rho w}$，其中 w 为实际货币收入，ρ 是绝对风险规避度量。则行业的风险成本为：

$$
\frac{1}{2}\rho Var(w) = \frac{1}{2}\rho(\beta + p - \frac{1}{m})^2 \sigma^2
\tag{6-2}
$$

　　行业的确定性等价收入等于实际收入的均值减去风险成本，即：

$$CE = E(w) - \frac{1}{2}\rho Var(w)$$

$$= \frac{y - ka}{m} + \gamma + \beta \cdot ka + p(ka - z) - \frac{1}{2}ba^2 - \frac{1}{2}\rho\left(\beta + p - \frac{1}{m}\right)^2\sigma^2$$

$$(6-3)$$

　　节能会减少二氧化碳的排放量，从而产生社会环境福利，记为 $cs(x)$。假设能源消耗碳排放可以用货币成本表示，并满足 $cs'(x)>0$，$cs''(x)>0$。假设碳排放造成的环境污染为 $D = \frac{1}{2}dX_z^2$，其中 X_z 表示能源消耗产生的碳排放量，d 表示环境污染损害因子系数。设行业单位能耗碳排放系数为 h，则行业初始能耗产生的环境污染损害为 $\frac{1}{2}d(h \cdot y)^2$，实现节能量 x 后的环境污染损害为 $\frac{1}{2}d[h \cdot (y - x)]^2$，行业减排带来的环境福利为：

$$cs(x) = \frac{1}{2}d(h \cdot y)^2 - \frac{1}{2}d[h \cdot (y - x)]^2 \qquad (6-4)$$

　　政府为风险中性的，其期望效用等于期望收入。假设此时不考虑监督成本，且政府的目标为经济和环境效益的最大化，则政府的目标函数为：

$$Ev = E\left[\frac{y - x}{m} + cs(x) - T\right] = \frac{y - ka}{m} + dh^2 yka - \frac{1}{2}dh^2 k^2 a^2 - \gamma - \beta ka$$

$$(6-5)$$

　　基于委托代理理论，政府是委托人，其目标是经济和环境效益的最大化；行业是代理人，其目标是自身收益的最大化。当信息不对称时，政府无法观测到行业的努力程度 a，行业可以申报虚假信息从中牟利。因此，政府必须设计合理的激励契约激励行业选择政府希望的行为，以实现政府目标的最大化。构建该最优化问题的数学模型如下：

$$\max_{\beta, \gamma} Ev = \frac{y - ka}{m} + dh^2 yka - \frac{1}{2}dh^2 k^2 a^2 - \gamma - \beta ka \qquad (6-6)$$

$$s.t.\ CE = \frac{y - ka}{m} + \gamma + \beta \cdot ka + p(ka - z) - \frac{1}{2}ba^2 - \frac{1}{2}\rho(\beta + p - \frac{1}{m})^2\sigma^2 \geqslant \frac{y}{m}$$

$$(6-7)$$

$$\max_{a} CE = \frac{y - ka}{m} + \gamma + \beta \cdot ka + p(ka - z) - \frac{1}{2}ba^2 - \frac{1}{2}\rho(\beta + p - \frac{1}{m})^2\sigma^2$$

$$(6-8)$$

　　其中，式（6-7）为参与约束（IR），即行业参与节能与用能权交易所带来的收益要大于不参与带来的收益；式（6-8）为激励相容约束（IC），即行业在接受政府的激励契约的条件下，会选择使自身利益最大化的努力水平 a。

对式（6-8）关于 a 求导，并令其一阶导数等于0，可得：

$$a = \frac{k}{b}\left(\beta + p - \frac{1}{m}\right) \tag{6-9}$$

由于政府作为理性人，会选择最低的支付水平，即对参与约束条件收紧，得到：

$$\gamma = \frac{ka}{m} - \beta ka - pka + pz + \frac{1}{2}ba^2 + \frac{1}{2}\rho\left(\beta + p - \frac{1}{m}\right)^2\sigma^2 \tag{6-10}$$

将式（6-9）和式（6-10）代入式（6-6），得到：

$$Ev = \frac{y}{m} + \left(\beta + p - \frac{1}{m}\right)\left(-\frac{2k^2}{bm} + \frac{dh^2yk^2}{b} + \frac{\beta k^2}{b} + \frac{pk^2}{b}\right) - \\ \left(\beta + p - \frac{1}{m}\right)^2\left(\frac{dh^2k^4}{2b^2} + \frac{k^2}{2b} + \frac{\rho\sigma^2}{2}\right) - pz \tag{6-11}$$

对式（6-11）关于 β 求导数，并令 $\frac{\partial Ev}{\partial \beta} = 0$，得到：

$$\beta^* = \frac{-2bk^2 + dh^2yk^2bm + pk^2bm - dh^2k^4pm - \rho\sigma^2b^2pm + dh^2k^4 + \rho\sigma^2b^2}{dh^2k^4m + \rho\sigma^2b^2m} \tag{6-12}$$

β^* 即为政府的最优节能激励强度。

将式（6-12）代入式（6-9）可得行业的最优节能努力程度为：

$$a^* = \frac{k^3(dh^2ym + pm - 2)}{dh^2k^4m + \rho\sigma^2b^2m} \tag{6-13}$$

将式（6-12）和式（6-13）代入式（6-10）可得政府的最优固定补贴：

$$\gamma^* = \frac{ka^*}{m} - \beta^*ka^* - pka^* + pz + \frac{1}{2}b(a^*)^2 + \frac{1}{2}\rho\left(\beta^* + p - \frac{1}{m}\right)^2\sigma^2 \\ = \frac{k^4b(dh^2ym + pm - 2)^2(\rho\sigma^2b - k^2)}{2(dh^2k^4m + \rho\sigma^2b^2m)^2} + pz \tag{6-14}$$

综上，为避免用能权交易市场呈现强买方特征，政府必须实施一定的经济激励手段刺激行业提高节能积极性，以促进用能权市场中的交易顺利进行。当政府提供给行业固定节能补贴 γ^*、根据行业节能量给予节能激励强度 β^* 时，此时行业达到最优节能努力程度 a^* 并提供最优节能量 ka^*。

6.3.2 最优监管水平设计

按照用能权交易原则，当实际用能量超出额定用能量时，行业必须在用能权市场上购买相应数量的用能权，以弥补其超额使用量。但是，如果政府不监管或者监管不到位，行业出于趋利的本性，会违规超额使用而不购买用能权。因此，政府监管行为对保障用能权市场的公平交易具有重要作用。政府到底应采取多大的监管强度或水平也是需要考量的：当采取实时全面检查时，可以掌握行业的用能情况，避免违规行为，但是监管成本过大；而当检查力度过小时，虽然降低了监管成本，但是不能对行业的违规使用情况产生约束。因此，在监管成本和不监管产生的损失之间进行权衡，寻找最优的政府监管水平，具有重要意义。本节设定如下假设：

行业违规超额使用的概率为 μ，$0 \leqslant \mu \leqslant 1$，且其大小取决于政府的监管力度；

Δe 为行业超出额定用能量的部分；

e_c 为行业的违规用能量；

$I(e_c)$ 为行业违规用能 e_c 为行业带来的收益（主要为经济收益），满足 $I(0) = 0$，$I'(e_c) > 0$，即行业产出随着能耗量的增加而增大；

$S(e_c)$ 为行业违规用能 e_c 为政府带来的损失（主要为环境损失），且满足 $S(0) = 0$，$S'(e_c) > 0$，$S''(e_c) > 0$；

θ 为政府实施监管的概率，$0 \leqslant \theta \leqslant 1$，政府监管概率越高则 θ 越大；

$C_G(\theta)$ 为政府监管行为产生的成本，满足 $C_G(0) = 0$，$C'_G(\theta) > 0$，$C''_G(\theta) > 0$；

$F(e_c)$ 为政府对违规超额使用行业的罚款额，政府对违规行为的罚款额度大于违规行为对行业带来的收益，即满足 $F(e_c) > I(e_c)$，且 $F(0) = 0$，$F'(e_c) > 0$，$F''(e_c) > 0$，即罚金为违规超额使用量的增函数，违规超额使用量越大，罚金损失就越大，且边际罚金额度递增；

$L(e_c)$ 为政府对违规行为通报给行业带来的声誉损失，满足 $L(0) = 0$，$L'(e_c) > 0$，$L''(e_c) > 0$，即声誉损失为违规超额使用量的增函数，违规超额使用量越大，声誉损失就越大，且边际声誉损失递增。

并且，假设政府一经采取监管行为，则必然发现行业的违规行为和真实用能量，并且采取罚款和通报批评两种方式对违规用能行为进行惩罚。

政府的最优监管策略是在实施监管所付出的成本与不实施或少实施监管所遭受的损失之间进行权衡，即政府的目标是二者之和的最小化。建立如下政府最优规划：

$$\min_{\theta} M = C_G(\theta) + \mu S(e_c) - \mu \theta F(e_c) \tag{6-15}$$

$$s.t.\ 0 \leqslant \mu \leqslant 1$$

式（6-15）最优化问题的一阶条件为：

$$C'_G(\theta) - \mu F(e_c) = 0 \tag{6-16}$$

假设政府监管成本用如下形式表达：$C_G(\theta) = K\theta^\alpha$，$K$ 代表政府边际监管成本，$K > 0$，$\alpha > 1$，则式（6-16）可表达为如下形式：

$$K\alpha\theta^{\alpha-1} - \mu F(e_c) = 0 \tag{6-17}$$

求解可得：

$$\theta^* = \left[\frac{\mu F(e_c)}{K\alpha} \right]^{\frac{1}{\alpha-1}} \tag{6-18}$$

求解得到的 θ^* 即为最优的政府监管水平。因 $\alpha > 1$，故 $\frac{1}{\alpha-1} > 0$，根据式 (6-18) 可知，当其他条件不变时，政府的罚款额度越大，其监管概率就越高；行业违规超额使用的概率 μ 越高，政府监管的概率就越大；政府边际监管成本越高，监管概率就越小。

下面进一步分析在政府监管情况下行业的最优违规使用策略。出于趋利的本性，行业会在违规带来的收益与处罚之间进行权衡，即使二者之差最大化，构建如下的行业最优规划问题：

$$\max_{e_c} N = \mu I(e_c) - \theta\mu \left[F(e_c) + L(e_c) \right] \tag{6-19}$$

$$s.t. \, 0 \leqslant e_c \leqslant \Delta e$$

式 (6-19) 的最优化一阶条件为：

$$I'(e_c) - \theta[F'(e_c) + L'(e_c)] = 0 \tag{6-20}$$

假设行业违规用能的收益表示为 $I(e_c) = p \cdot e_c$，其中 p 为用能权交易价格；设政府的罚款额度 $F(e_c) = Ae_c^\varphi$，$A > 0$，$\varphi > 1$；设政府对违规行为通报给行业带来的声誉损失 $L(e_c) = Be_c^\varphi$，$B > 0$，$\varphi > 1$。则式 (6-20) 可表达为：

$$p - \theta\varphi(A + B)e_c^{\varphi-1} = 0 \tag{6-21}$$

求解得到：

$$e_c^* = \left[\frac{p}{\theta\varphi(A + B)} \right]^{\frac{1}{\varphi-1}} \tag{6-22}$$

e_c^* 即为政府监管下行业的最优违规用能量。由式 (6-22) 可知，当其他条件不变时，用能权交易的价格 p 越高，则行业的违规用能量越大；政府的监管概率越大，则行业违规用能量越小；政府的边际处罚越大，行业违规用能量越小。

综合政府最优监管概率和行业最优违规排放情况，将 $F(e_c) = Ae_c^\varphi$ 代入式 (6-18)，并将式 (6-18) 和式 (6-22) 联立，可得政府和行业的纳什均衡策略：

$$\theta^* = \left[\frac{p}{\varphi(A + B)} \right]^{\frac{\varphi}{\alpha(\varphi-1)}} \left(\frac{\mu A}{K\alpha} \right)^{\frac{1}{\alpha}} \tag{6-23}$$

$$e_c^* = \left[\frac{p}{\varphi(A + B)} \right]^{\frac{(\alpha-1)(\varphi-1)}{\alpha(\varphi-1)^2}} \left(\frac{K\alpha}{\mu A} \right)^{\frac{1}{\alpha(\varphi-1)}} \tag{6-24}$$

因为 $\alpha > 1$，且 $\varphi > 1$，则 $\frac{1}{\alpha(\varphi-1)} > 0$，$\frac{\varphi}{\alpha(\varphi-1)} > 0$，$\frac{(\alpha-1)(\varphi-1)}{\alpha(\varphi-1)^2} >$

0。由式（6-23）和式（6-24）可知：当其他条件不变时，行业违规超额使用的 μ 概率越大，政府的监管概率越大，行业的违规超额用能量越小；用能权的交易价格 p 越高，政府的监管概率越大，行业违规超额用能量也越大；政府的边际监管成本 K 越大，政府的监管概率越小，行业违规超额用能量也越大；政府对违规行为的边际罚款额度越高，政府的监管概率就越大，行业的违规超额用能量越低。

6.4　小结

本章重点对实施能源消费总量控制的经济手段进行分析，主要做了如下几方面工作：

首先，论述了基于庇古理论的能源消费税和节能补贴的作用机理、基于科斯理论的用能权交易机制的作用机理。

其次，在实施能源消费总量控制的背景下，提出了基于科斯理论的用能权交易机制的构建设想。归纳了用能权交易的内涵，论述了用能权交易过程中政府、用能单位、中介机构以及其他交易主体的角色和行为特征，从用能权监测与核证环节、用能权交易环节两个主要方面提出了用能权交易机制的构建设想。

第三，研究了用能权交易中政府的最优节能补贴和监管水平。基于委托代理理论，考虑参与约束和激励相容约束条件，得到了政府的最优固定节能补贴和最优节能激励强度；分析了政府在权衡监管成本与不监管损失之后的最优监管水平，并分析了在政府监管下，用能单位在权衡违规超额用能的收益与损失后的最优违规用能量，并求解了政府和用能单位的纳什均衡策略。

参 考 文 献

[1] Asma Esseghir, Leila Haouaoui Khouni. Economic growth, energy consumption and sustainable development: The case of the Union for the Mediterranean countries [J] . Energy, 2014, 71 (7): 218-225.

[2] Angeliki N Menegaki, Can Tansel Tugcu. Energy consumption and Sustainable Economic Welfare in G7 countries: A comparison with the conventional nexus [J] . Renewable and Sustainable Energy Reviews, 2017, 69 (3): 892-901.

[3] Aliyeh Kazemia, M Reza Mehregan, Hamed Shakouri G, et al. Energy Resource Allocation in Iran: A Fuzzy Multi-Objective Analysis [J] . Procedia - Social and Behavioral Sciences, 2012 (41): 334-341.

[4] Abdulkadir Abdulrashid Rafindadia, Ilhan Ozturk. Impacts of renewable energy consumption on the German economic growth: Evidence from combined cointegration test [J] . Renewable and Sustainable Energy Reviews, 2017, 75 (8): 1130-1141.

[5] Angrist, Joshua D, Victor Lavy. Using Maimonides' Rule to Estimate the Effect of Class Size on Scholastic Achievement [J] . Quarterly Journal of Economics, 1999, 114 (2): 533 - 575.

[6] Arellano M, Stephen B. Some Tests of Specification for Panel Data: Monte Carlo Evidence and an Application to Employment Equations [J] . Review of Economic Studies, 1991, 58 (2): 277-297.

[7] Arellano M, Olympia B. Another Look at the Instrumental Variable Estimation of Error Components Models [J] . Journal of Econometrics, 1995, 68 (1): 29-51.

[8] Blundell R, Stephen B. Initial Conditions and Moment Restrictions in Dynamic Panel Data Models [J] . Journal of Econometrics, 1998, 87 (1): 211-217.

[9] B. Guy Peters, Frans K. M. van Nispen. Public Policy Instruments [M] . Northampton: Edward Elgar Publishing. Inc, 1998.

[10] Black, Sandra E. Do Better Schools Matter? Parental Valuation of Elementary Education [J]. Quarterly Journal of Economics, 1999, 114 (2): 577-599.

[11] Bassem Kahouli. The short and long run causality relationship among economic growth, energy consumption and financial development: Evidence from South Mediterranean Countries (SMCs) [J] . Energy Economics, 2017 (9): 19-30.

[12] Hood C. The Tools of Government [M] . London: Maemillan, 1983.

[13] Chor Foon Tang , Bee Wah Tan, Ilhan Ozturk. Energy consumption and economic growth in Vietnam [J] . Renewable and Sustainable Energy Reviews, 2016, 54 (2): 1506-1514.

[14] Holtz-Eakin D, Newey W K, Rosen H. Estimating Vector Autoregressions with Panel Data [J]. Econometrica, 1988, 56 (6): 1371-1395.

[15] Darren K Burns, Andrew P Jones , Yevgeniy Goryakin , et al. Is foreign direct investment good for health in low and middle income countries? An instrumental variable approach [J] . Social Science & Medicine, 2017, 181 (5): 74-82.

[16] Edgar A G, Robert R R. Financial development, income inequality, and the redistributive

effects of monetary policy [J] . Journal of Development Economics, 2017, 126 (5): 167-189.

[17] Ellene Kebede, John Kagochi, Curtis M. Jolly. Energy consumption and economic development in Sub-Sahara Africa [J] . Energy Economics, 2010, 32 (3): 532-537.

[18] Giuseppina Siciliano, Frauke Urban. Equity-based Natural Resource Allocation for Infrastructure Development: Evidence from Large Hydropower Dams in Africa and Asia [J] . Ecological Economics, 2017, 134 (4): 130-139.

[19] Hong Li, Wei Yang, Zhixiang Zhou, et al. Resource allocation models' construction for the reduction of undesirable outputs based on DEA methods [J] . Mathematical and Computer Modelling, 2013, 58 (9): 913-926.

[20] Hu Z F, Khan M S. Why is China growing so fast? [R] . IMF Staff Papers, 1997, 44 (1): 103-131.

[21] Hotelling H. The Economics of Exhaustible Resources [J], Journal of Political Economy, 1931 (2): 137-175.

[22] IPCC. 2006 IPCC guidelines for national greenhouse gas inventories: volume [EB/OL] . (2008-07-20) . http://www. ipcc. ch / ipcc reports / Methodology-reports. htm.

[23] Jane Leer. After the Big Bang: Estimating the effects of decentralization on educational outcomes in Indonesia through a difference-in-differencesanalysis [J] . International Journal of Educational Development, 2016, 49 (7): 80-90.

[24] Jennifer A Delaney, Tyler D Kearney. The impact of guaranteed tuition policies on postsecondary tuition levels: A difference-in-difference approach [J] . Economics of Education Review, 2015, 47 (8): 80-99.

[25] Katsuya Ito. CO_2 emissions, renewable and non-renewable energy consumption, and economic growth: Evidence from panel data for developing countries [J] . International Economics, 2017, 151 (10): 1-6.

[26] Khalid Zamana, Mitwali Abd-el Moemen. Energy consumption, carbon dioxide emissions and economic development: Evaluating alternative and plausible environmental hypothesis for sustainable growth [J] . Renewable and Sustainable Energy Reviews, 2017, 74 (7): 1119-1130.

[27] Kais Saidia, Mohammad Mafizur Rahman, Mounira Amamri. The causal nexus between economic growth and energy consumption: New evidence from global panel of 53 countries [J]. Sustainable Cities and Society, 2017, 33 (8): 45-56.

[28] Klein R S, Luss H, Rothblum U G. Multiperiod allocation of substitutable resources [J]. European Journal of Operational Research, 1995, 85 (3): 488-503.

[29] Kathia Pinzón. Dynamics between energy consumption and economic growth in Ecuador: A granger causality analysis [J] . Economic Analysis and Policy, 2017 (9): 1-14.

[30] Lal Kalu I, Nidhi Paudyal G, Das Gupta A. Equity and efficiency issues in irrigation water distribution [J] . Agricultural Water Management, 1995, 28 (4): 335-348.

[31] Luss H. On equitable resource allocation problems: A lexicographic minimax approach [J]. Operations Research, 1999, 47 (3): 361-376.

［32］ Mandell M B. Modelling effectiveness-equity trade-offs in public service delivery systems ［J］. Management Science, 1991, 37 （4）: 467-482.

［33］ Moon Y S, Sonn Y H. Productive Energy Consumption and Economic Growth: An Endogenous Growth Model and its Empirical Application ［J］. Resource and Energy Economics, 1996, 18 （2）: 189-200.

［34］ Muhammad Shahbaz , Thi Hong Van Hoang, Mantu Kumar Mahalik, etc. Energy consumption, financial development and economic growth in India: New evidence from a nonlinear and asymmetric analysis ［J］. Energy Economics, 2017, 63 （3）: 199-212.

［35］ Melike E Bildiricia, Seyit M Gökmenoğlu. Environmental pollution, hydropower energy consumption and economic growth: Evidence from G7 countries ［J］. Renewable and Sustainable Energy Reviews, 2017, 75 （8）: 68-85.

［36］ Hong-fang Lu, Bin-le Lin, Daniel E Campbell. Interactions among energy consumption, economic development and greenhouse gas emissions in Japan after World War Ⅱ ［J］. Renewable and Sustainable Energy Reviews, 2016, 54 （2）: 1060-1072.

［37］ Mehmet Akif Destek, Alper Aslan. Renewable and non-renewable energy consumption and economic growth in emerging economies: Evidence from bootstrap panel causality ［J］. Renewable Energy, 2017, 111 （10）: 757-763.

［38］ Nazim Habibov , Alex Cheung , Alena Auchynnikava. Does social trust increase willingness to pay taxes to improve public healthcare? Cross-sectional cross-country instrumental variable analysis ［J］. Social Science & Medicine, 2017, 189 （9）: 25-34.

［39］ Nick Deschacht, Katie Goeman. The effect of blended learning on course persistence and performance of adult learners: A difference-in-differences analysis ［J］. Computers & Education, 2015, 87 （9）: 83-89.

［40］ Qingyuan Zhu, Jie Wu, Xingchen Li, et al. China's regional natural resource allocation and utilization: a DEA-based approach in a big data environment ［J］. Journal of Cleaner Production, 2017, 142 （1）: 809-818.

［41］ Rasche R H, Tatom J A. The Effects of the New Energy Regime on Economic Capacity, Production and Prices ［J］. Federal Reserve Bank of St. Louis Review, 1974 （4）: 3-28.

［42］ Stinnett A A, Paltiel A D. Mathematical programming for the efficient allocation of health care resources ［J］. Journal of Health Economics, 1996, 15 （5）: 641-653.

［43］ Stiglitz Joseph E. Monopoly and the Rate of Extraction of Exhaustible Resources ［J］, American Economic Review, 1976 （4）: 655-661.

［44］ Solow Robert M. The Economics of Resources or the Resources of Economics ［J］. American Economic Review, 1974 （2）: 1-14.

［45］ Seema Narayan. Predictability within the energy consumption – economic growth nexus: Some evidence from income and regional groups ［J］. Economic Modelling, 2016, 54 （4）: 515-521.

［46］ Wey W M, Wu K Y. Using ANP priorities with goal programming in resource allocation in transportation ［J］. Mathematical And Computer Modelling, 2007 （46）: 7-8.

[47] Zhang Lanyuea, Li Yaoa, Zhang Jing. The relationships among energy consumption, economic output and energy intensity of countries at different stage of development [J]. Renewable and Sustainable Energy Reviews, 2017, 74 (7): 258-264.

[48] Zaichao Du, Renyu Li, Qinying He, et al. Decomposing the rich dad effect on income inequality using instrumental variable quantile regression [J]. China Economic Review, 2014, 31 (12): 379-391.

[49] Zibin Zhang, Wenxin Cai, Xiangzhao Feng. How do urban households in China respond to increasing block pricing in electricity? Evidence from a fuzzy regression discontinuity approach [J]. Energy Policy, 2017, 105 (6): 161-172.

[50] Zhao Xiaoli, Thomas P Lyon, Cui Song. Lurching towards markets for power: China's electricity policy 1985-2007 [J]. Applied Energy, 2012, 94 (6): 148-155.

[51] Zhao Xiaoli, Yin Haitao, Zhao Yue. Impact of environmental regulations on the efficiency and CO_2 emissions of power plants in China [J]. Applied Energy, 2015, 149 (7): 238-247.

[52] 包群, 邵敏, 侯维忠. 出口改善了员工收入吗? [J]. 经济研究, 2011 (9): 41-54.

[53] 曹洪华, 王荣城, 张广斌. 城镇上山的驱动机制与政策效应评价体系研究 [J]. 云南师范大学学报, 2014, 46 (4): 54-60.

[54] 崔宝玉, 谢煜, 徐英婷. 土地征用的农户收入效应——基于倾向得分匹配 (PSM) 的反事实估计 [J]. 中国人口·资源与环境, 2016, 26 (2): 111-118.

[55] 陈潇君, 金玲, 雷宇. 大气环境约束下的中国煤炭消费总量控制研究 [J]. 中国环境管理, 2015 (5): 42-49.

[56] 陈强. 高级计量经济学及 Stata 应用 [M]. 北京: 高等教育出版社, 2014.

[57] 崔百胜, 朱麟. 基于内生增长理论与 GVAR 模型的能源消费控制目标下经济增长与碳减排研究 [J]. 中国管理科学, 2016, 24 (1): 11-20.

[58] 蔡海霞. 能源约束、技术进步与中国经济增长可持续性 [J]. 资源科学, 2014, 36 (5): 946-953.

[59] 陈正惠, 何志毅. 基于效率与公平的我国天然气资源省际分配研究 [J]. 宏观经济研究, 2014 (9): 67-75.

[60] 陈晨. 能源消费总量控制下的电力消费量区域分解方法研究 [D]. 北京: 华北电力大学, 2013.

[61] 陈诗一. 中国工业分行业统计数据估算: 1980—2008 [J]. 经济学 (季刊), 2011, 10 (3): 735-771.

[62] 戴彦德, 吕斌, 冯超. "十三五" 中国能源消费总量控制与节能 [J]. 北京理工大学学报, 2015, 17 (1): 1-7.

[63] 丁忠明, 王海林. 基于 IEMMA 模型的我国 "十三五" 能源分配研究 [J]. 佳木斯大学学报 (自然科学版), 2016, 34 (1): 118-133.

[64] 邓鸿鹄. 北京市能源消费预测方法比较研究 [D]. 北京: 北京林业大学, 2013.

[65] 范群林, 邵云飞, 唐小我. 环境政策、技术进步、市场结构对环境技术创新影响的实证研究 [J]. 科研管理, 2013, 34 (6): 68-76.

[66] 冯阳, 路正南. 差别责任视角下碳排放权区域分配方法研究 [J]. 软科学, 2016, 30

(11)：122-126.

[67] 樊元，王红波．节能指标分解模型探析—基于甘肃省的实证分析 [J]．河南科技大学学报（社会科学版），2008，26（6）：78-81.

[68] 龚六堂，谢丹阳．我国省份之间的要素流动率和边际生产率的差异分析 [J]．经济研究，2004（1）：45-53.

[69] 盖伊·彼得斯冯尼斯潘．公共政策工具——对公共管理工具的评价 [M]．北京：中国人民大学出版社，2007.

[70] 国家统计局．中国统计年鉴 [M]．北京：中国统计出版社，2001~2016.

[71] 国家统计局．中国能源统计年鉴 [M]．北京：中国统计出版社，2001~2016.

[72] 国家统计局．中国工业经济统计年鉴 [M]．北京：中国统计出版社，2001~2016.

[73] 国家统计局．GB/T 4754—2017 国民经济行业分类 [S]．北京：中国标准出版社，2017.

[74] 葛洪磊，刘南．资源分配中的公平测度指标及其选择标准 [J]．统计与决策，2012（9）：50-53.

[75] 盖美，曹桂艳，田成诗，等．辽宁沿海经济带能源消费碳排放与区域经济增长脱钩分析 [J]．资源科学，2014，36（6）：1267-1277.

[76] 国家电力公司战略规划部．中国能源五十年 [M]．北京：中国电力出版社，2001.

[77] 胡延龙，马光文，王靖，等．基于层次分析法的"十二五"节能目标地区分解研究 [J]．水电能源科学，2011，29（7）：182-184.

[78] 何树全．中国农业支持政策效应分析 [J]．统计研究，2012，29（1）：43-48.

[79] 胡宏伟，张小燕，赵英丽．社会医疗保险对老年人卫生服务利用的影响——基于倾向得分匹配的反事实估计 [J]．中国人口科学，2012（2）：57-66.

[80] 赫永达，孙巍，张帅．我国经济增长与能源消费的非对称冲击效应研究 [J]．经济问题，2016（4）：33-40.

[81] 胡军峰，赵晓丽，欧阳超．北京市能源消费与经济增长关系研究 [J]．统计研究，2011，28（3）：79-85.

[82] 黄赜琳，朱保华．中国的实际经济周期与税收政策效应 [J]．经济研究，2015（3）：4-17.

[83] 霍增辉，吴海涛，丁士军．中部地区粮食补贴政策效应及其机制研究——来自湖北农户面板数据的经验证据 [J]．农业经济问题，2015（6）：20-29.

[84] 何在中，应瑞瑶，沈贵银．青海省生态畜牧业政策效应与评价研究 [J]．中国人口·资源与环境，2015，25（6）：174-178.

[85] 黄瑜．货币政策对房地产市场供求影响的动态测度——基于状态空间模型的实证 [J]．经济管理，2010，32（11）：16-20.

[86] 何春，刘来会．区域协调发展视角下西部大开发政策效应的审视 [J]．经济问题探索，2016（7）：72-78.

[87] 胡洋，陈闻君．新疆能源约束对经济增长阻力的实证分析 [J]．经济论坛，2015（5）：22-25.

[88] 黄鑫，陶小马，邢建武．两种节能政策工具的效率比较分析 [J]．财贸经济，2009（7）：112-116.

[89] 何小钢, 张耀辉. 行业特征、环境规制与工业 CO_2 排放——基于中国工业 36 个行业的实证考察 [J]. 经济管理, 2011 (11): 17-25.

[90] 经济合作与发展组织. 环境管理中的经济手段 [M]. 北京: 中国环境科学出版社, 1996.

[91] 李小胜, 张焕明. 中国经济增长、污染排放与能源消费间动态关系研究——基于面板 VAR 模型的实证 [J]. 山西财经大学学报, 2013, 35 (11): 25-34.

[92] 李佳路. 扶贫项目的减贫效果评估: 对 30 个国家扶贫开发重点县调查 [J]. 改革, 2010 (8): 125-132.

[93] 李树, 陈刚. 环境管制与生产率增长——以 APPCL2000 的修订为例 [J]. 经济研究, 2013 (1): 17-31.

[94] 李影. 中国区域经济增长的能源约束研究 [J]. 统计与决策, 2015 (17): 122-124.

[95] 刘红琴, 丁哲, 王泳璇, 等. 基于信息熵的省域内能源消费总量分配研究 [J]. 长江流域资源与环境, 2014, 23 (4): 482-489.

[96] 李明辉. 基于层次分析法的节能指标分解研究与分析 [D]. 长沙: 中南大学, 2011.

[97] 刘丹鹤. 环境规制工具选择及政策启示 [J]. 北京理工大学学报 (社会科学版), 2010, 12 (2): 21-26.

[98] 罗小芳, 卢现祥. 环境治理中的三大制度经济学学派: 理论与实践 [J]. 国外社会科学, 2011 (6): 56-66.

[99] 刘松灵. 命令控制与可交易环境政策下的碳排放强度减排效应 [D]. 长春: 吉林大学, 2015.

[100] 李如忠, 舒琨. 基于多目标决策的水污染负荷分配方法 [J]. 环境科学学报, 2011, 31 (12): 2814-2821.

[101] 刘爱芹. 基于组合模型的能源消费预测研究 [J]. 中国人口·资源与环境, 2010, 20 (11): 25-29.

[102] 刘满芝, 刘贤贤. 中国城镇居民生活能源消费影响因素及其效应分析——基于八区域的静态面板数据模型 [J]. 资源科学, 2016, 38 (12): 2295-2306.

[103] 李国志, 赵峰. 城镇居民直接生活能耗的空间计量分析 [J]. 人口与经济, 2015 (4): 1-8.

[104] 路江涌. 外商直接投资对内资企业效率的影响和渠道 [J]. 经济研究, 2008 (6): 95-106.

[105] 刘传江, 赵晓梦. 强 "波特假说" 存在产业异质性吗?——基于产业碳密集程度细分的视角 [J]. 中国人口·资源与环境, 2017, 27 (6): 1-9.

[106] 李小平, 卢现祥. 国际贸易、污染产业转移和中国工业 CO_2 排放 [J]. 经济研究, 2010 (1): 15-26.

[107] 刘勇, 汪旭辉. ARIMA 模型在我国能源消费预测中的应用 [J]. 经济经纬, 2007 (5): 11-13.

[108] 刘环环. 工业企业节能政策工具选择模型研究 [D]. 大连: 大连理工大学, 2009.

[109] 李百吉, 张倩倩. 我国煤炭工业科技进步贡献率的测算 [J]. 中国煤炭, 2016 (3): 19-23.

[110] 李百吉，张倩倩．京津冀地区碳排放因素分解——兼论"新常态"下的变动趋势［J］．生态经济，2017（4）：19-24．

[111] 李影，沈坤荣．能源约束与中国经济增长——基于能源"尾效"的计量检验［J］．经济问题，2010（7）：16-20．

[112] 李晓，李述山．能源约束对经济增长的"尾效"研究——以上海市为例［J］．煤炭经济研究，2015，35（4）：64-67．

[113] 刘冰，孙华臣．能源消费总量控制政策对产业结构调整的门限效应及现实影响［J］．中国人口·资源与环境，2015，25（11）：75-81．

[114] 刘生龙，周绍杰，胡鞍钢．义务教育法与中国城镇教育回报率：基于断点回归设计［J］．经济研究，2016（2）：154-167．

[115] 梁经纬，刘金兰，柳洲．基于半参数估计的能源消费与经济增长关系研究［J］．统计与信息论坛，2013，28（7）：49-53．

[116] 刘长生，郭小东，简玉峰．能源消费对中国经济增长的影响研究——基于线性与非线性回归方法的比较分析［J］．产业经济研究，2009（1）：1-9．

[117] 苗壮，周鹏，周德群，等．"十一五"省级能源强度约束指标效率分配研究［J］．中国人口·资源与环境，2013，23（5）：58-64．

[118] 马骥，唐任伍．能源约束对环渤海地区经济增长的影响［J］．经济管理，2008（9）：77-80．

[119] 马宏伟，刘思峰，袁潮清，等．基于生产函数的中国能源消费与经济增长的多变量协整关系的分析［J］．资源科学，2012，34（12）：2374-2381．

[120] 彭曦，陈仲常．西部大开发政策效应评价［J］．中国人口·资源与环境，2016，26（3）：136-144．

[121] 阮加，雅倩．能源消费总量控制对地区"十二五"发展规划影响的约束分析［J］．科学学与科学技术管理，2011，32（5）：86-91．

[122] 史记．碳排放权初始分配及公平性评价体系研究［D］．大连：大连理工大学，2016．

[123] 孙梅，陶阳威．节能降耗目标分解模型研究［J］．统计与决策，2011（5）：51-53．

[124] 石敏俊，周晟吕，李娜，等．能源约束下的中国经济中长期发展前景［J］．系统工程学报，2014，29（5）：602-611．

[125] 宋锋华，泰来提·木明．能源消费、经济增长与结构变迁［J］．宏观经济研究，2016（3）：73-84．

[126] 孙圣民，陈强．家庭联产承包责任制与中国农业增长的再考察——来自面板工具变量法的证据［J］．经济学（季刊），2017，16（2）：815-832．

[127] 单豪杰．中国资本存量 K 的再估算：1952—2006 年［J］．数量经济技术经济研究，2008（10）：17-31．

[128] 孙作人，周德群，周鹏，等．基于环境 ZSG-DEA 的我国省区节能指标分配［J］．系统工程，2012，30（1）：84-90．

[129] 宋德勇，徐安．中国城镇碳排放的区域差异和影响因素［J］．中国人口·资源与环境，2011，21（11）：8-14．

[130] 宋德勇，刘习平．中国省际碳排放空间分配研究［J］．中国人口·资源与环境，2013，

23（5）：7-13.

[131] 索瑞霞，王福林. 组合预测模型在能源消费预测中的应用 ［J］. 数学的实践与认识，2010，40（18）：80-85.

[132] 唐建荣，程静. 技术进步、劳动力投入和能源约束对内生经济影响的实证检验 ［J］. 统计与决策，2016（11）：129-132.

[133] 谭志雄. 能源消费总量与经济收敛的实证研究 ［J］. 统计与决策，2014（12）：113-115.

[134] 田中华，杨泽亮，蔡睿贤. 广东省能源消费碳排放分析及碳排放强度影响因素研究 ［J］. 中国环境科学，2015，35（6）：1885-1891.

[135] 王晓易. 6省市23城市发布雾霾红色预警 ［N］. 南方都市报，2016-12-17.

[136] 王文普，陈斌. 环境政策对绿色技术创新的影响研究——来自省级环境专利的证据 ［J］. 经济经纬，2013（5）：54-59.

[137] 王伟同，褚志明. 辽宁省城市化进程的能源约束"尾效"研究 ［J］. 东北财经大学学报，2012（2）：30-35.

[138] 王国庆，崔敏. 基于基尼系数的微观点源间污染物总量优化分配 ［J］. 科技管理研究，2012，32（20）：234-237。

[139] 王红梅，王振杰. 环境治理政策工具比较和选择——以北京PM2.5治理为例 ［J］. 中国行政管理，2016（8）：126-131.

[140] 王红梅. 中国环境规制政策工具的比较与选择——基于贝叶斯模型平均（BMA）方法的实证研究 ［J］. 中国人口·资源与环境，2016，26（9）：132-138.

[141] 王小鲁，樊纲. 我国经济增长的可持续性——跨世纪的回顾和展望 ［M］. 北京：经济科学出版社，2000.

[142] 吴文俊，蒋洪强，段扬，等. 基于环境基尼系数的控制单元水污染负荷分配优化研究 ［J］. 中国人口·资源与环境，2017，27（5）：8-16.

[143] 吴传清，万庆. 湖北省能源消费与经济增长关系研究 ［J］. 统计与决策，2014（2）：32-34.

[144] 王月红. 空气重污染来袭23市16日启动红色预警 ［N］. 新蓝网，2016-12-16.

[145] 魏玮，宋一弘，刘志红. 能源约束、环境规制对FDI流动的经济效应分析——来自215个城市的经验证据 ［J］. 审计与经济研究，2013（2）：106-112.

[146] 王媛，牛志广，王伟. 基尼系数法在水污染物总量区域分配中的应用 ［J］. 中国人口·资源与环境，2008，18（3）：177-180.

[147] 薛俊波，王铮. 中国17部门资本存量的核算研究 ［J］. 统计研究，2007，24（7）：50-54.

[148] 徐盈之，王进. 我国能源消费与经济增长动态关系研究——基于非参数逐点回归分析 ［J］. 软科学，2013，27（8）：1-10.

[149] 许冬兰，李琰. 能源约束对经济增长和城市化影响的实证研究——以山东省为例 ［J］. 北京理工大学学报（社会科学版），2012，14（4）：74-79.

[150] 项后军，何康，于洋. 自贸区设立、贸易发展与资本流动——基于上海自贸区的研究 ［J］. 金融研究，2016（10）：48-63.

[151] 许士春, 何正霞, 龙如银. 环境政策工具比较: 基于企业减排的视角 [J]. 系统工程理论与实践, 2012, 32 (11): 2351-2362.

[152] 徐盈之, 郭进, 王进. 能源消费、贸易开放与经济增长 [J]. 财贸经济, 2014 (12): 99-110.

[153] 徐步然. 灰色 GM (1, 1) 模型在能源消费预测中的应用 [J]. 重庆理工大学学报 (自然科学版), 2014, 28 (9): 130-133.

[154] 颜建军, 杨晓辉, 游达明. 企业低碳技术创新政策工具及其比较研究 [J]. 科研管理, 2016, 37 (9): 105-112.

[155] 余伟, 陈强, 陈华. 不同环境政策工具对技术创新的影响分析——基于 2004-2011 年我国省级面板数据的实证研究 [J]. 管理评论, 2016, 28 (1): 53-61.

[156] 尹建华, 王兆华. 中国能源消费与经济增长间关系的实证研究——基于 1953-2008 年数据的分析 [J]. 科研管理, 2011, 32 (7): 122-129.

[157] 郁培丽, 石俊国, 窦姗姗, 等. 技术创新、溢出效应与最优环境政策组合 [J]. 运筹与管理, 2014, 23 (5): 237-242.

[158] 杨柳. 二氧化碳排放权分配 [D]. 济南: 山东大学, 2014.

[159] 杨睿. 可再生能源发电的影响因素及政策效果评价 [D]. 北京: 华北电力大学, 2014.

[160] 杨子晖. 经济增长、能源消费与二氧化碳排放的动态关系研究 [J]. 世界经济, 2011 (6): 100-125.

[161] 袁程炜, 张得. 能源消费、环境污染与经济增长效应——基于四川省 1991~2010 年样本数据 [J]. 财经科学, 2015 (7): 132-140.

[162] 余鸿, 王军锋, 胡雷. 碳排放约束下的天津市能源区域分配研究——基于碳夹点模型分析 [J]. 环境污染与防治, 2014, 36 (6): 90-95.

[163] 杨宏林, 田立新, 丁占文. 西部开发中能源配置模型的研究 [J]. 数学的实践与认识, 2006, 36 (4): 12-18.

[164] 虞晓雯, 雷明. 面板 VAR 模型框架下我国低碳经济增长作用机制的动态分析 [J]. 中国管理科学, 2014, 22 (11): 731-740.

[165] 赵湘莲, 李岩岩, 陆敏. 我国能源消费与经济增长的空间计量分析 [J]. 软科学, 2012, 26 (3): 33-38.

[166] 张琳, 陈逸, 张群, 等. 基于基尼系数的耕地: 保有量分配优化模型 [J]. 经济地理, 2012, 32 (6): 132-137.

[167] 张文爱. 能源约束对经济增长的 "阻尼效应" 研究——以重庆市为例 [J]. 统计与信息论坛, 2013, 28 (4): 53-60.

[168] 张军, 吴桂英, 张吉鹏. 中国省际物质资本存量估算: 1952-2000 [J]. 经济研究, 2004 (10): 35-44.

[169] 赵进文, 范继涛. 经济增长与能源消费内在依从关系的实证研究 [J]. 经济研究, 2007 (8): 31-42.

[170] 周五七. 碳排放约束的中国工业生产率增长及其影响因素 [D]. 武汉: 华中科技大学, 2013.

[171] 张俊深, 袁程炜. 基于 BP 神经网络与修正 GM(1, 1) 模型的能源消费组合预测 [J].
统计与决策, 2016 (5): 90-93.

[172] 曾胜. 中国能源消费、经济增长与能源需求预测的研究 [J]. 管理评论, 2011, 23
(2): 38-44.

[173] 中华人民共和国国家统计局. 中国主要统计指标诠释 [M]. 北京: 中国统计出版
社, 2010.

[174] 张意翔, 成金华. 我国工业化过程中的能源约束分析: 基于情景预测视角 [J]. 中国
地质大学学报 (社会科学版), 2013, 13 (1): 38-43.

[175] 曾冰, 郑建锋, 邱志萍. 环境政策工具对改善环境质量的作用研究——基于 2001-2012
年中国省际面板数据的分析 [J]. 上海经济研究, 2016 (5): 39-46.

[176] 张成福, 党秀云. 公共管理学 [M]. 北京: 中国人民大学出版社, 2001.

[177] 赵景文. 资源分配模型的阶段寻优法 [J]. 数量经济技术经济研究, 1993 (10):
32-34.

[178] 中国产业信息网. 2017 年雾霾治理依然是重中之重, 污染整治力度仍将加大 [EB/
OL]. http://www.chyxx.com/industry/201704/518250.html.

[179] 郑义, 秦炳涛. 能源消费、碳排放与经济增长的关系研究——基于中国 (1970-2010
年) ARDL 模型的实证分析 [J]. 科研管理, 2016, 37 (8): 130-139.

[180] 赵细康. 环境保护与产业国际竞争力 [M]. 北京: 中国社会科学出版社, 2003.

[181] 张一清, 刘传庚, 谭玲玲. 强约束条件下我国化石能源优化配置研究 [J]. 中国矿业
大学学报 (社会科学版), 2015 (4): 68-75.

[182] 张川川, John Giles, 赵耀辉. 新型农村社会养老保险政策效果评估——收入、贫困、消
费、主观福利和劳动供给 [J]. 经济学 (季刊), 2014, 14 (1): 203-229.

[183] 翟雪玲, 张晓涛. 美国农业支持政策效应评估 [J]. 农业经济问题, 2005 (1):
75-79.

[184] 赵峦, 孙文凯. 农信社改革对改善金融支农的政策效应评估——基于全国农户调查面
板数据的倍差法分析 [J]. 金融研究, 2010 (3): 194-206.

[185] 张华, 魏晓平. "能源—经济—环境" 系统的约束与解约束: 理论与实证 [J]. 北京
理工大学学报 (社会科学版), 2015, 17 (3): 53-59.

[186] 张俊. 导向型环境政策对企业技术选择及其生产率的影响——来自中国发电行业的经
验证据 [J]. 财经研究, 2016, 42 (4): 134-144.

[187] 张卫东, 汪海. 我国环境政策对经济增长与环境污染关系的影响研究 [J]. 中国软科
学, 2007 (12): 32-38.

[188] 邹红, 喻开志. 退休与城镇家庭消费: 基于断点回归设计的经验证据 [J]. 经济研究,
2015 (1): 124-139.

[189] 张伟, 张金锁, 袁显平. 工业化、经济增长与能源消费——基于中国分省面板数据的
实证分析 [J]. 统计与信息论坛, 2012, 27 (1): 60-66.